Gisela Friedrichsen

Im Zweifel gegen die Angeklagten

Gisela Friedrichsen

Im Zweifel gegen die Angeklagten

Der Fall Pascal – Geschichte eines Skandals

Mit einem Nachwort von Günter Köhnken

Deutsche Verlags-Anstalt

FSC
Mix
Produktgruppe aus vorbildlich bewirtschafteten Wäldern und anderen kontrollierten Herkünften

Zert.-Nr. SGS-COC-1940
www.fsc.org

Verlagsgruppe Random House FSC-DEU-0100
Das für dieses Buch verwendete FSC-zertifizierte Papier *Munken Premium* liefert Arctic Paper Munkedals AB, Schweden.

1. Auflage

Typografie und Satz: DVA/Brigitte Müller
Gesetzt aus der Minion
Druck und Bindung: GGP Media GmbH, Pößneck
Printed in Germany
ISBN 978-3-421-04334-4

www.dva.de

Inhalt

Vom Vermisstenfall zum Missbrauchsfall

In Saarbrücken ist ein Kind verschwunden, Pascal, fünf Jahre alt. Vor allem die Einwohner Burbachs, des Stadtteils, in dem der Junge gewohnt hat, sind beunruhigt: Ein Kind löst sich doch nicht in Luft auf! Irgendwer muss doch wissen, wo es sich befindet! Die Polizei sucht fieberhaft, monatelang. Ohne Ergebnis. Ein Jahr später deutet sich endlich eine Spur an: Eine Pflegemutter glaubt, der geistig zurückgebliebene Junge, den sie vor Kurzem bei sich aufgenommen hat, sei früher einmal sexuell missbraucht worden – und mit dem verschwundenen Pascal wohl befreundet gewesen. Vielleicht, so ihre weitere Vorstellung, wurde ja auch Pascal am selben Ort, einer Burbacher Kneipe namens Tosa-Klause, und von denselben Tätern missbraucht wie ihr Pflegekind. Sie informiert die Polizei, die nun mit neuem Schwung wieder an die Ermittlungen geht – dieses Mal der Richtung folgend, die die Pflegemutter mit ihren Vermutungen vorgibt. Denn die Frau berichtet der Polizei gemäß den Empfehlungen einer Beratungsstelle fast täglich über ihre Gespräche mit dem Pflegejungen und was dabei über den von ihr vermuteten Missbrauch ans Tageslicht kommt. Dabei – und in der Folge auch in den polizeilichen Ermittlungen – rückt mehr und mehr der verschwundene Pascal in den Vordergrund. Aus dem Vermisstenfall wird ein Missbrauchsfall.

Doch Pascal bleibt unauffindbar. Die Polizei ermittelt zunächst gegen jene Personen, die der Pflegejunge in seinen Äußerungen über sexuellen Missbrauch gegenüber der Pflegemutter nennt. Die Polizei erkundet das Umfeld, in dem sich der mutmaßliche Kindesmissbrauch abgespielt haben soll und stößt in den Aussagen der zum Teil geistig beschränkten und sozial randständigen Verdächtigen auf allerlei Widersprüche und Ungereimtheiten. Ein Beamter konfrontiert einen wegen seiner Erfindungsgabe besonders problematischen Zeugen mit einer, wie er selbst sagt, frei erfundenen, wenn auch auf der Überzeugung der Pflegemutter basierenden Tatversion zum Missbrauch Pascals, die dieser Mann am Ende überraschend bestätigt. Vom Missbrauchsfall zum Mordfall ist es nun nicht mehr weit.

Jetzt geht es Schlag auf Schlag. Fünf Personen bezichtigen sich selbst des brutalen Missbrauchs und schließlich auch des Mordes an Pascal oder der Beihilfe dazu, in immer wieder neuen, widersprüchlichen Varianten, die sie früher oder später widerrufen, die Widerrufe bisweilen allerdings auch und die Widerrufe der Widerrufe ebenfalls. Ein Mann, der gesteht, Pascal und andere Kinder in besagter Tosa-Klause missbraucht zu haben, wird 2003 in einem gesonderten Verfahren nach zwei Tagen Hauptverhandlung von einer Jugendkammer vorweg verurteilt – wegen einer Tat, wie andere Richter später im Pascal-Prozess feststellen werden, die er schon aus Zeitgründen nicht begangen haben konnte. Gleichwohl benennt die Staatsanwaltschaft dieses umgehend rechtskräftig gewordene Urteil, ganz offensichtlich ein Fehlurteil, später als eine der Stützen ihrer Anklage im Pascal-Prozess. Fortan sehen die Ankläger zumindest den sexuellen Missbrauch in der Kneipe, belegt durch die Rechtskraft des Urteils, als zweifelsfrei erwiesen an.

Im Jahr 2004, drei Jahre nach dem Verschwinden des Fünfjährigen, legt die Staatsanwaltschaft insgesamt 13 Angeklagten in unterschiedlichen Anteilen folgendes zur Last: Pascal soll am Nachmittag des 30. September 2001 nach 17 Uhr in einem Nebenraum der Tosa-Klause von mehreren Angeklagten vergewaltigt worden sein; Christa, die Wirtin des Lokals soll dieses Geschehen fotografiert oder auf Video aufgenommen haben; die Tötung des Kindes geschah entweder bei der „finalen“ Vergewaltigung durch den Angeklagten R. oder danach durch die

Angeklagte Andrea. Die Leiche des Kindes sei in einen blauen Plastiksack gesteckt, in einem Auto von der Tosa-Klause zu einer Kiesgrube in Frankreich gebracht und dort verscharrt worden.

Der Mordprozess im Fall Pascal beginnt am 20. September 2004 und endet drei Jahre später, am 7. September 2007, trotz der Geständnisse mit zwölf Freisprüchen (ein Angeklagter war inzwischen verstorben). Wie kann das sein? Würde man heute eine Umfrage zum Stichwort „Pascal" starten, hielten die meisten Befragten die Überzeugung von Polizei und Staatsanwaltschaft, wie und von wem das Kind ermordet wurde, wohl für wahr und eindeutig bewiesen, obwohl die Angeklagten freigesprochen wurden. Dabei gibt es keine Leiche und keinerlei materielle, objektive Beweismittel, die die Richtigkeit der Anklage stützen könnten – keine Blutspur, keinen Fingerabdruck, keine Faser, keine DNA-Spur, kein Foto, keinen Film. Die französische Kiesgrube war unter Einsatz modernster Technik nach Pascals Leiche abgesucht worden, ohne Erfolg. In der Tosa-Klause und im Wohnhaus der Kneipenwirtin Christa wurden jeder Gegenstand, jeder Zentimeter Boden und Wand geprüft, das mutmaßliche Transportauto wurde auf den Kopf gestellt – nichts. Bewiesen ist noch nicht einmal, ob der Fünfjährige an jenem 30. September 2001 überhaupt in der Tosa-Klause war, wo er nach Auffassung der Staatsanwaltschaft kurz nach 17 Uhr umgebracht worden sein soll. Oder ob er um diese Zeit nicht doch schon zu Hause war. Zwischen 16.30 und 16.50 Uhr wurde er vermutlich letztmals mit seinem Fahrrad auf der Straße gesehen. Den Fahrradhelm, den er den Tag über getragen hatte, fand man um 17.30 Uhr im Hof der elterlichen Wohnung. Wie kam der Helm dorthin? Wo ist das Fahrrad geblieben? Bis heute hat die Polizei darauf keine Antwort.

Aber nicht die trotz allen Aufwandes ergebnislose Ermittlungsarbeit der Polizei ist das Besondere am Fall Pascal. Aus dem Rahmen fällt vielmehr die ungewöhnlich hohe Zahl an

Geständnissen – insgesamt sind es neun, die während der jahrelangen Suche nach dem Kind abgelegt wurden, ohne dass man ihnen Glauben schenken konnte. Das Saarbrücker Schwurgericht ging daher auch folgerichtig mit seinem freisprechenden Urteil darüber hinweg. Schon 2001, unmittelbar nach dem Verschwinden Pascals, hatte die Polizei drei Geständnisse erzielt, die zum Glück rechtzeitig als falsch identifiziert worden waren, so dass es zu keinem Strafprozess kam: Die Halbschwestern des Vermissten hatten sich erst gegenseitig und dann jeweils selbst bezichtigt, das Kind umgebracht zu haben. Eine 14-jährige Freundin der Mädchen gab zu, das Verbrechen beobachtet zu haben.

Kein einziger unter den Geständigen brach unter der Last der Beweise zusammen. Denn die fehlen ja. Gewiss war der Vernehmungsdruck, der auf die jeweils Verdächtigen oder Zeugen ausgeübt wurde, groß, schließlich ging es um ein verschwundenes Kind. Lag es bei den Halbschwestern an ihrem jugendlichen Alter, dass sie die Tötung ihres kleinen Bruders zugaben, ohne sie begangen zu haben? Oder an unzulässigen Vernehmungsmethoden? Wieso gestanden später fünf der im Pascal-Prozess Angeklagten, einen Mord begangen oder beobachtet zu haben, während die übrigen acht Angeklagten dies von Anfang an bestritten? Warum gestehen überhaupt Personen Taten, die sie nicht verübt haben? Gibt es gemeinsame Merkmale dieses Phänomens, die regelmäßig auftreten, wenn ein falsches Geständnis abgelegt wird? Um dies herauszufinden, müssen die Entstehung und die Entwicklung solcher Geständnisse im Detail nachvollzogen werden.

Der Pascal-Prozess wirft weitere Fragen auf. Dazu gehört etwa die Überlegung, ob die Saarbrücker Ermittler nicht auch vor übereilter und unkritischer Festlegung auf sexuellen Kindesmissbrauch hätten gewarnt sein müssen. Dem Fall Pascal gingen schließlich spektakuläre Strafverfahren voraus, aus denen wichtige Lehren zu ziehen waren.

In Münster stand von 1992 bis 1995 ein Kindergärtner vor Gericht, der angeblich 63 Jungen und Mädchen in einer Montessori-Einrichtung mehr als 750 Mal geschändet und gepeinigt hatte. Am 121. Verhandlungstag musste er freigesprochen werden, da die in der Anklage aufgeführten Vorwürfe jeden Beweises entbehrten. Damals hatte die deutsche Justiz noch keine Erfahrung mit solchen Massenbeschuldigungsverfahren wegen sexuellen Missbrauchs, denen immer absurder werdende Aussagen von Kindern zugrunde lagen. Nur aus den Vereinigten Staaten, Norwegen und Großbritannien waren bis dahin ähnliche Fälle bekannt; mit ihnen beschäftigte sich in Deutschland vornehmlich die psychologische Wissenschaft, nicht aber die Justiz.

In Mainz klagte die Staatsanwaltschaft in den neunziger Jahren 25 Mitglieder zweier verfeindeter Wormser Familien und Personen aus deren Umkreis an, sich trotz tiefster gegenseitiger Abneigung heimlich zum Kinderschänden zusammengefunden zu haben, um daraus als angebliche Teilnehmer eines Kinderporno-Rings auch noch Kapital zu schlagen. Von 1994 bis 1997 suchten drei Strafkammern nach Beweisen für die Behauptungen der Anklage – und fanden nichts. Alle 25 Angeklagten wurden freigesprochen.

Dass in Mainz überhaupt angeklagt worden war, lag trotz der Kuriosität der Vorwürfe an medizinischen Gutachten, die zunächst seriös zu sein schienen und eine Bestätigung des Missbrauchsverdachts nahelegten, sich jedoch bald als unhaltbar herausstellten. Auch psychologische Gutachter stützten zunächst den Tatverdacht. Als dann aber wissenschaftlich ausgewiesene Sachverständige wie die Psychologieprofessoren Max Steller, Burkhard Schade und Marie-Luise Kluck die Kinderaussagen analysierten sowie auf die Bedeutung von Entstehung und Entwicklung einer Aussage hinwiesen, brach das Anklagegebäude zusammen.

Nach diesen „Niederlagen“ der Staatsanwaltschaften in Münster und Mainz war anzunehmen, dass sich die Justiz beim

Anfangsverdacht des sexuellen Kindesmissbrauchs künftig auch nicht mehr so leicht von eifernden Kinderschützern, wie sie damals in einzelnen Beratungsstellen anzutreffen waren, in die Irre führen ließe, sondern dieses Thema mit ebensolcher professioneller Sorgfalt und Besonnenheit behandeln würde wie andere Fälle auch. Derartige Katastrophen im Namen des Kinderschutzes, so die Hoffnung, würden sich von nun an wohl nicht mehr ereignen. Denn nicht nur die einstigen Angeklagten tragen bis heute schwer an der öffentlichen Stigmatisierung. Die bürgerliche Existenz der meisten wurde vernichtet, Familien brachen auseinander. Doch am schlimmsten war es für die Kinder, die damals einem blindwütigen Aufdeckungsmarathon ausgesetzt waren und ihren Eltern und Verwandten für immer entfremdet wurden. Bei vielen von ihnen blieben nicht wiedergutzumachende psychische Schäden zurück.

Dann kam Saarbrücken. Erneut fehlte es bei Polizei und Staatsanwaltschaft an professioneller Skepsis gegenüber gut gemeinten, aber dilettantischen Versuchen, bei einem geistig zurückgebliebenen Pflegekind vermuteten sexuellen Missbrauch aufzudecken. Hinweise des Berliner forensischen Psychologen Max Steller auf die Fragwürdigkeit der Aussagen des Kindes wie auch auf die Problematik widersprüchlicher und vielfach widerrufener Geständnisse sozial randständiger Personen ignorierte die Staatsanwaltschaft.

Wieder mussten alle Angeklagten freigesprochen werden. Weder Missbrauch noch Mord waren nachzuweisen. Das lag nicht an der Raffinesse der Angeklagten, sondern an der blinden Entschlossenheit jener, die um jeden Preis eine Verurteilung erzwingen wollten, wo es nichts zu verurteilen gab.

Auch die Saarbrücker Freigesprochenen müssen mit dem Makel der Anklage weiterleben, der im Gedächtnis der Öffentlichkeit festsitzt. Der Pflegejunge, der monatelang einer peinigenden Aufdeckungstortur unterzogen worden war, trägt an dieser Hypothek vermutlich sein Leben lang. Die Gerichtsbarkeit des Saarlandes ist beschädigt, das Vertrauen in den Rechtsstaat angeschlagen. Von den Medien, die jahrelang einseitig über die angeblichen Verbrecher berichtet haben, ganz zu schweigen.

In jeder größeren Stadt gibt es soziale Brennpunkte wie Burbach und Kneipen wie die Tosa-Klause in Saarbrücken. Trotz allen Lokalkolorits ist der Fall Pascal keine saarländische Spezialität. Wer glaubt, er könne nie in einen unbegründeten Verdacht und mit der Justiz in Konflikt geraten – oder auch: er würde nie eine Tat zugeben, die er nicht begangen hat, irrt. Niemand kann sicher sein. Auch seiner selbst nicht.

Vom Schicksal nicht verwöhnt

Christa, die Wirtin der Tosa-Klause

Rechtsanwalt Teusch hatte ihr geraten zu schweigen. Es fiel ihr nicht schwer, seinen Argumenten zu folgen. Was sollte sie denn anderes sagen als „nein"? Nein, so war es nicht. Nein, das stimmt nicht. Nein, Sie irren sich. Bis zum Verrücktwerden hatte sie schon „nein" gesagt, auch wenn der Druck immer stärker wurde. Sie merkte, dass man sie in die Enge zu treiben versuchte, dass Fangfragen sie zum Straucheln bringen sollten. Dass sie irgendwann schon aufgeben und einen Fehler machen würde. Doch nein und nochmals nein!

Man glaubte ihr nicht. Je öfter sie nein sagte, desto weniger. Aber das Gegenteil konnte sie auch nicht beweisen. Also schwieg sie, wie Teusch es ihr nahegelegt hatte. So ließ man sie wenigstens in Ruhe.

Teusch wusste noch nicht, was in den Akten des Ermittlungsverfahrens stand, das gegen sie eingeleitet worden war. Auch einem psychiatrischen Gutachter gegenüber kein Wort, warnte er deshalb, falls sich einer melden sollte wegen der Frage der Schuldfähigkeit. Es müsse erst geprüft werden, worum es überhaupt gehe. Sie sah das ein.

Und dann passierte es doch. Sie hielt sich nicht an Teuschs Rat. Denn der Gutachter versicherte, er habe mit Teusch gesprochen und dessen Einverständnis gewonnen. Sie könne ruhig reden, Teusch habe zugestimmt. Es sei alles in Ordnung.

Sie hatte nicht gemerkt, dass man sie offenbar hereingelegt hatte. Es gab keine Abmachung zwischen dem Gutachter und Teusch. Sie beschwerte sich nicht, doch sie schwor sich, fortan nur noch Teusch zu vertrauen. Was auf sie zukommen sollte, ahnte sie noch nicht. Doch sie spürte, dass sie Hilfe brauchte wie noch nie zuvor.

1953, als Christa geboren wurde, war ihr Vater bereits lungenkrank. Die Eltern lebten mit dem älteren Sohn in einem Zimmer bei den Großeltern. Noch ein Kind! Um Himmels willen. Zeitlebens klagte die Mutter über die schwere Geburt. „Meine Großeltern waren anständige Leute. Der Opa schaffte als Steiger in der Grube. Die beiden waren die Einzigen, die mich geliebt haben."

Sie war eben nur ein Mädchen und ein Krüppel dazu. Wenn sie blonde Locken gehabt hätte wie ihre Cousine und eine schöne Figur, dann wäre auch sie mehr wert gewesen. Aber sie hatte einen großen Kopf und dünne Haare und ein breites Kreuz. Nach ihr schauten sich die Leute nicht um. Schon als sie laufen lernte, zog sie ein Bein nach.

Anfangs hieß es, sie habe halt Plattfüße. Also musste sie Einlagen tragen. Doch das Hinken wurde immer schlimmer. „Du machst das extra!", schimpften die Eltern.

Sie galt nichts, auch wenn der Vater bald merkte, dass sie intelligenter als der Bruder und weitaus mehr ihm, dem Vater, nachgeraten war. „Sie hat hundert Mal mehr Charakter als dein Sohn", schrie er manchmal die Mutter an, „sie ist ein sehr tapferes Mädchen." Aber es waren die fünfziger Jahre. „Da herrschten noch Ansichten wie unter Hitler: Behinderte sind Abschaum."

Der Bruder bekam Schläge, wenn er etwas angestellt hatte oder nicht kapierte. Sie, weil sie nicht ordentlich lief. Weil ihre Hüftgelenke fehlgebildet waren. Vier Wochen nach der Einschulung ging die Mutter mit ihr zum Arzt: Hüftgelenksluxation und Dysplasie, eine Fehlstellung und Missbildung der Gelenke. Die erste Operation. Dreizehn weitere folgten. Monatelang lag sie im Krankenhaus, die Beine gespreizt, in Gips, sechs Kinder in einem Saal. „Sie haben uns mit Schmerz- und Schlafmitteln vollgepumpt, damit sie ihre Ruhe hatten.

Denn alle haben geheult und gejammert. Und ich habe ein Lied angestimmt." Wenn dann der Gips wegkam und wieder alles umsonst war, gab es Schläge, bis sie der Länge nach hinfiel. Immer wieder hieß es: Lauf endlich anständig! Stell dich nicht so an! Was soll aus dir denn noch werden? Die Eltern stritten sich, von wem das Kind das wohl geerbt habe.

„Ich hab' mir das alles gemerkt. Ich habe mitbekommen, wie es hieß, dass ich bald im Rollstuhl landen würde und dass nichts mehr zu machen sei. Wenn ich ein Bub geworden wär' – vielleicht hätte ich es dann leichter gehabt."

Wochenlang musste sie der Schule fernbleiben. Nachhilfe gab es nie. „Das Lesen habe ich mir selbst beigebracht im Krankenhaus, weil der Vater sagte, ich müsse nun lesen. So hab' ich mir heimlich ein Buch besorgt und die Buchstaben zusammengesetzt. Eine andere Möglichkeit gab es ja nicht. Die Ärzte meinten, ich müsse wohl in eine Sonderschule. Aber ich hab' alles gelesen, was mir in die Finger kam." Die Hauptschule beendete sie mit 16, ohne auch nur einmal eine Klasse wiederholt zu haben. Eigentlich wollte sie auf eine höhere Schule gehen, aber die Mutter war dagegen. „Nein, das war keine schöne Zeit."

Sie kann noch heute nicht richtig gehen, sie wird es nie können. Jeder Schritt fällt ihr schwer, obwohl inzwischen beide Hüftgelenke durch künstliche ersetzt wurden. Schmerzen hat sie, seit sie denken kann. Sie fällt auf durch diese Behinderung, die ihrem stark pendelnden, humpelnden Gang jede Leichtigkeit und Anmut nimmt. Und sie fällt auf durch ihre Kleidung. Bunt gemusterte Blusen rebellieren gegen den massigen Oberkörper, und pludrige Hosen aus demselben Stoff verdecken zwar die vernarbten Beine, kaschieren aber nicht ihr Handicap. Stets ist sie perfekt geschminkt, als malte sie mit ihren fein manikürten und mit vielen Ringen geschmückten Händen täglich das Gesicht, das ihr gefällt. Denn sie findet sich alles andere als schön. Dabei sind ihre Züge ebenmäßig, ihre Haut ist zart, und ihre hellwachen Augen erfassen sofort jede Situation.

Sie ist anders als die meisten Menschen in ihrer Umgebung, nicht unsicher, unterwürfig und irritierbar, sondern von schier unerschöpflicher Vitalität, bisweilen verstörender Grobheit und bis ans Absonderliche grenzender Eigenheit. „Ich bin nicht vornehm. Ich will gar nicht vornehm sein! Mich kann man nicht vergleichen mit anderen. Zu mir kann man nicht sagen: Du musst so sein wie die anderen. Das kann ich gar nicht."

Sie denkt schneller als die Menschen in ihrer Umgebung. Sie begreift komplizierteste Sachverhalte im Handumdrehen und legt ein Durchhaltevermögen an den Tag, wenn andere längst aufgegeben haben. Sie ist die Chefin, und sie weiß das. „Deshalb haben es Männer mit mir immer schwer gehabt", sagt sie amüsiert. „Wenn mir einer erklären wollte, wo es langgeht …", sie winkt ab. Sie tut, was sie für richtig hält und was ihr gefällt, nicht launenhaft, sondern vom Verstand geleitet. Ihr Intelligenzquotient liegt bei etwa 140, sie gehört also zu den Hochbegabten. Aber was hat sie davon? „Ich bin halt Gottes zweite Garnitur", spottet sie über sich selbst. Das Leben bietet ihr nicht die Gelegenheit, aus dieser intellektuellen Potenz zu schöpfen. Sie hält nur mehr aus, weil sie diese Kraft in sich spürt.

In einer Abendschule lernte sie Steno und Schreibmaschinenschreiben und fand dann mit 18 eine Stelle als Bürogehilfin beim Diakonischen Werk, später bei der Commerzbank. „Eine jede Behinderung macht Probleme", sagt sie. Als jungem Mädchen war ihr stets bewusst, mit den Gleichaltrigen nicht mithalten zu können. Miniröcke, Ausgehen – alles undenkbar.

„Alle anderen hatten schon einen Freund. Da verliebte ich mich auch in einen Mann. Aber der sagte: Glaubst du, ich geh mit einer, die hinkt?"

Doch da gab es noch den Cousin jenes jungen Mannes. Er war in einem Heim aufgewachsen, also auch nicht gerade auf der Sonnenseite des Lebens. „Alle anderen Mädchen hatten jemanden, der sie heimbrachte. Nur ich nicht. Da sagte dieser Cousin: Komm, ich begleite dich nach Hause. Endlich wollte mich mal einer. Der wurde dann der Vater meines ersten Sohnes."

Ihre Mutter drängte zur Abtreibung. Sie weigert sich. Zu Fuß geht sie im Winter 1973 in die Klinik und bringt das Kind zur Welt. Zwei Monate später heiratet sie den Vater.

Doch der trinkt und schlägt zu und geht bald zu Prostituierten. Sie nimmt ihren Sohn und kehrt zu den Eltern zurück. Ihr Vater bestärkt sie: „Zu diesem Schwein gehst du nicht mehr!"

Das Leben verläuft nun wieder wie zuvor, nach dem Motto: Aus dir wird nie etwas. Sie besorgt den Haushalt, kümmert sich um den Sohn, arbeitet in einer Boutique, macht Schichtdienst in einer Taxizentrale. Es dauert Jahre, bis sie die Scheidung einreicht und beschließt, ihr Leben selbst in die Hand zu nehmen. „Eine feste Beziehung wollte ich nicht mehr nach dieser Erfahrung." Da weist eine Freundin sie auf eine Gaststätte in Malstatt hin, die geschlossen werden sollte. Das wäre doch vielleicht etwas für sie!

Die Eltern reagieren entsetzt: „Was? Das kannst du doch gar nicht! Du, als alleinstehende, behinderte Frau!"

Ihr Ehrgeiz erwacht. Oft genug hatte es geheißen: Du schaffst das nicht, du kannst nichts, du bist nichts. Nun war es genug. Sie ist 29 Jahre alt, als sie 1982 den „Check Point" als Konzessionsinhaberin übernimmt. Mit 32, bis dahin lebte sie bei den Eltern, heiratet sie einen 30 Jahre älteren Mann, einen Rentner, den sie als Stammgast kennt und von dem sie glaubt, er habe es nicht wie manch anderer darauf abgesehen, sich bei ihr in ein gemachtes Nest zu setzen. Und der auch mit ihrer Unvollkommenheit zurechtkommen würde.

Von der großen Liebe träumte sie schon damals nicht mehr. Männer, die ihren Lebensweg kreuzten, machten sich entweder rasch davon, weil sie dieser Frau nicht Herr wurden, oder sie wehrten sich gegen sie mit Schlägen. So blieben nur die sehr viel Älteren, Lebenserfahrenen, aber auch Hinfälligen, die sie zwar akzeptierten, ihr aber nicht mehr das geben konnten, was eine Frau von einem Partner erwartet. So entstand nach außen der Eindruck, Beziehungen reduzierten sich bei ihr aufs Geschäftliche: Du bekommst von mir Pflege und ich dafür dein Geld. Doch damit tut man ihr Unrecht.

Wenn es auch nicht Liebe war, sondern eher der Gedanke an Versorgung, der sie diese zweite Ehe eingehen ließ, so verstand sie sich doch zunächst gut mit dem Mann, der ein mathematisches Genie war. „Er hätte Universitätsprofessor werden können. Als Kind hatte er sich das Rechnen so beigebracht wie ich mir das Lesen!“ Das gefiel ihr. Endlich einer, mit dem sie etwas gemeinsam hatte. Aber das Glück war nicht von langer Dauer, denn der Mann spielte. Und er ging ins Bordell. Es kam vor, dass er binnen zwei Tagen die komplette Monatsrente durchbrachte. Auf Rat eines Nervenarztes stellte sie den Antrag auf Vermögenspflegschaft, der mit Einverständnis des Mannes auch bewilligt wurde. Trotzdem betrieb sie die Scheidung. Denn sie fürchtete um das bisschen Geld, das sie im Lauf der Jahre auf die hohe Kante gelegt hatte. Sie kaufte ein kleines Haus und renovierte es, um unabhängig zu sein. Die finanziellen Sorgen war sie nun zwar los, den unzuverlässigen, spielsüchtigen Mann auch. Doch die nächsten Sorgen standen schon vor der Tür.

1986 widerfährt ihr, womit sie fast nicht mehr gerechnet hat: Sie verliebt sich, heiratet und wird nochmals schwanger. Ein weiterer Sohn kommt zur Welt. Aber wieder hat sie kein Glück. Auch der Vater dieses Kindes trinkt und, was noch weit schlimmer ist, er mag ihren älteren Sohn nicht. Er schlägt den 13-Jährigen und tritt nach ihm, wenn sie nicht dabei ist. „Da war für mich die Verliebtheit gelaufen. Und die Ehe.“ Von da an, meint sie rückblickend, habe sich ihr Ältester mehr und mehr zurückgezogen und niemanden mehr an sich herangelassen.

Irgendwann merkt sie, dass er Rauschgift nimmt, erst Hasch, dann LSD und Speed. Und sie muss erleben, wie er mit dem Gesetz in Konflikt kommt, wieder und wieder. „Heute ist er 35 und hat 14 Jahre davon im Knast verbracht. Immer wieder wegen diesem verfluchten Zeug. Mittlerweile ist es Heroin."

1989 tauscht sie das kleine Haus gegen eine Eigentumswohnung und übernimmt die nächste Gaststätte, das „Benders Eck" in Saarbrücken-Malstatt. Allerdings nur für zwei Monate, da es dort ständig Schlägereien gibt. Ein Jahr später eröffnet sie die „Pilsstube", die sie zwei Jahre lang allein führt.

Es folgt die „Bülowschenke", die den Vorteil einer ausreichend großen Wohnung im oberen Stockwerk hat. Nun kann sie sich endlich besser um den inzwischen schulpflichtigen jüngeren Sohn kümmern. Sie vermietet die Eigentumswohnung und zahlt das Darlehen, das sie dafür hat aufnehmen müssen, zurück.

1993 geht sie die vierte und, wie sie sagt, wohl letzte Ehe ein. Sie ist jetzt vierzig und der Mann 34 Jahre älter als sie. Sie kennt ihn schon lange, auch er ist einer ihrer Stammgäste, Rentner und Mieter im Haus ihrer Eltern, in dem er nach der Eheschließung zunächst wohnen bleibt. Wieder ist es keine Liebesheirat, sondern eine Verbindung, die zum Ziel hat, sich gegenseitig zu helfen und zu unterstützen. „Er war krank, gehbehindert, lange schon bettlägrig und sollte in ein Heim abgeschoben werden, da niemand sich um ihn kümmern konnte. Ich habe ihn da herausgeholt und gepflegt. Im Gegenzug wollte er mich mit seiner Rente versorgt wissen für den Fall, dass er eines Tages nicht mehr sein würde. Er war ein feiner Mensch."

Sie erwirbt ein Reihenhaus in einer gutbürgerlichen Gegend Saarbrückens und zieht mit ihm und ihren Söhnen dort ein. Und mit Andrea, einer geistig behinderten Frau, deren Betreuerin sie ist. Andrea hilft bei der Pflege, so gut sie kann. Doch der Mann erholt sich von zwei Schlaganfällen nicht mehr. Den Einzug in das neue Haus überlebt er nur ein knappes Jahr.

Obwohl sie inzwischen eigentlich genug von Gaststätten hat, eröffnet Christa 1999 die „Tosa-Klause", eine Steh-Bierkneipe mit Straßenverkauf. Allein zu Hause sitzen und warten, wie der Tag vergeht? Finanziell kommt sie über die Runden. Also kümmert sie sich um andere, die es schlechter haben als sie. Wenn einer kein Dach mehr über dem Kopf hat, gewährt sie ihm Unterkunft; wer nicht weiterweiß, dem hilft sie, bis er wieder auf den Beinen ist. Die Zahl der Menschen, mit denen sie sich umgibt und für die sie sich verantwortlich fühlt, wächst.

Mit der Nachbarschaft aber gibt es regelmäßig Streit, vor allem wegen Andrea, die immer mal wieder Freier mitbringt. „Nur Bekloppte und Behinderte", heißt es, wohnten jetzt hier. Da verkauft Christa das Haus und zieht nach Riegelsberg am Stadtrand Saarbrückens, wo sie in einem großen Haus bald eine Wohngemeinschaft aus Menschen um sich schart, für die es allemal besser ist, auf diese Weise miteinander zu leben, als allein zu sein. Neben ihrem jüngeren Sohn und Andrea wohnt Luddi bei ihr, dem sie ein Zimmer vermietet, als er obdachlos zu werden droht. Ein guter Mensch sei er gewesen, sagt sie über den mittlerweile Verstorbenen, aber alkoholkrank und bisweilen laut, wenn er getrunken hat. Und als Kurt, den sie schon lange kennt, auf der Straße landet, gibt sie auch ihm ein Zimmer und ein Zuhause. „Ich sitze noch im Boot", sagt sie oft. „Bevor einer ertrinkt, hol' ich ihn rein. Denn die gehen doch sonst unter."

Im Erdgeschoss, wo Küche und Esszimmer sind und ein opulent ausgestattetes Wohn- und Schlafzimmer, wohnt sie. Auch der jüngere Sohn hat dort sein Zimmer. Der erste Stock ist für Andrea freigehalten und ihre wechselnden Bekanntschaften, selbst wenn Christa dies missfällt. So findet sich noch für Dieter Platz und vorübergehend für Teddy. Unterm Dach liegen Luddis und Kurts Zimmer. Das Bad wird von allen benutzt. Und im Esszimmer im Erdgeschoss wird gemeinsam gefrühstückt und zu Abend gegessen, manchmal sieht man zusammen fern. Christa kocht täglich für alle, und wer nicht rechtzeitig kommt, dem stellt sie das Essen zurück. Jeder zahlt für Kost und Logis um die 250 Euro, alle übrigen Kosten – Müllabfuhr, Strom, Heizung und so fort – trägt sie. Das Telefon ist so geschaltet, dass die Bewohner nur angerufen werden können. Sonst, da sind sich alle einig, würde es zu teuer werden. Sie verwaltet das Geld einiger ihrer Mieter, weil sie die Einzige ist, die zu wirtschaften versteht.

Reich wird dabei niemand, aber man kommt über die Runden. Als Luddi stirbt, sitzt sie als Einzige an seinem Krankenbett. Sein Zimmer vermietet sie später an Horst.

Und dann gibt es da noch Michael, den sie seit etwa zehn Jahren nun schon als ihren Lebensgefährten bezeichnet. Sie kennen sich seit Jahrzehnten, hatten sich aber zwischenzeitlich aus den Augen verloren. Als sie sich zufällig wieder begegnen – er geschieden, sie Witwe –, kommen sie ins Gespräch miteinander. Sie verstehen sich auf Anhieb. „Er ist meine dritte asexuelle Beziehung", sagt sie lachend.

Michael ist jetzt 51 Jahre alt, ein ansehnlicher, aber schwieriger und in sich gekehrter Mann, Vater einer Tochter und, obwohl hochbegabt, ebenso wenig vom Glück verwöhnt wie Christa. Sein Intelligenzquotient liegt sogar noch etwas über dem ihren. Er hat Abitur und spricht mehrere Fremdsprachen. Doch auch er fand keinen Platz im Leben, an dem seine Talente hätten Früchte tragen können. Er wurde Bürokaufmann, dann Lagerarbeiter und schließlich arbeitslos. Christa und er tauschen sich auf einer Ebene aus, die den meisten Menschen verschlossen ist. „Mit seiner Frau kam er nicht zurecht", sagt sie. „Aber ich nehm' es schon auf mit ihm. Ich vergöttere ihn nicht, ich liebe ihn nicht mal. Aber ich treib' ihn an, ich schikanier' ihn, damit er aus seiner Lethargie aufwacht."

Er ist wohl der einzige Mann, mit dem sie es auf Dauer aushält, selbst wenn er ihr manchmal auf die Nerven geht. „Er trinkt wieder", sagt sie bekümmert, „und die Haare fallen ihm stellenweise schon wieder aus. Das kommt immer, wenn ihn innerlich etwas quält. Er sagt nichts. Er lässt es nicht raus. Ich mache mir große Sorgen um ihn." Er fühle sich oft ohnmächtig und hilflos und stehe sich mit seinen Skrupeln selbst im Weg. „Ja, die Behinderten, die haben bei dir alles!", wirft er ihr manchmal vor. Sie hält dagegen. „Von mir heißt es, ich sei dominant. Das stimmt. Ich mische mich auch in Dinge ein, die mich nichts angehen, wenn ich sehe, dass etwas falsch läuft. Doch das ist eben meine Art der Zuwendung."

Andrea, haltlos und verführbar

So lange wie in Christas großem Haus in Riegelsberg hat Andrea es noch nirgends ausgehalten. Ein Freier, er gab sich als Kriminalpolizist aus, hatte sie 1990 auf der Straße von Saarbrücken nach Saarlouis aufgelesen und damals einfach bei Christa abgeliefert. Er sagte, sie solle bei ihr, seiner Schwester, auf ihn warten. Aber er ließ sich nie wieder blicken. Da saß sie nun, heulend wie ein Häufchen Elend. Sie hatte doch niemanden, zu dem sie gehen konnte. Ihre Mutter war von einem Kerl umgebracht worden. Und sonst gab es niemanden. Sie habe nichts, keinen Menschen, sagte sie zu Christa, keine Familie, kein Geld, kein Dach über dem Kopf. Seit eineinhalb Jahren lebe sie nun schon auf der Straße.

„Ja, wenn das so ist", sagte Christa. „Es hat wohl keinen Zweck, noch länger auf den sauberen Herrn, der mein Bruder ist, zu warten. Ich habe noch ein Zimmer frei. Wenn du das willst, dann geh' ich mit dir zum Sozialamt, denn ich kann dich nicht durchfüttern. Und du musst hier mithelfen. Alle, die in diesem Haus wohnen, helfen mit." So wurde Christa zu ihrer „Mutsch", einer Art Mutter, bei der sie lebt – mit Unterbrechungen.

Wo hatte man Andrea schon überall hingesteckt, und nie schlug sie Wurzeln: in Pflegefamilien, Erziehungsheime, Anstalten, Wohnheime, Kliniken, in die Psychiatrie, in Frauenhäuser. Fünf Mal, sagt sie selbst, sei sie schon in der „Klappsmühle" gewesen. Sie hätte eine Hauswirtschaftsschule besuchen sollen. Sie hätte in Behindertenwerkstätten arbeiten sollen. Sie hätte in einer Gärtnerei aushelfen sollen. Doch sie mochte das eine nicht und auch nicht das andere. Von sich aus fand sie nie eine Ordnung für ihr Leben. Sie mochte die Leute nicht mit ihren Vorschriften, Verboten und Drohungen. Sogar mit denen, die ein ähnliches Schicksal hatten wie sie, kam sie nicht aus. Sie brach Regeln, lehnte sich gegen alles und jeden auf und begriff nicht, dass manche Dinge einfach aus Prinzip getan oder gelassen werden müssen.

Sie lässt sich leicht beeinflussen und ist schnell bereit zu glauben, was man ihr erzählt. Wie ein Kind kann man sie mit ein wenig Geschick verleiten und verführen und benutzen, wenn man nur den richtigen Ton, das rechte Wort zur rechten Zeit trifft. Unter Zeitdruck gerät sie schnell an ihre Grenzen und verliert den Überblick. Oft begreift sie nicht, worum es geht, oder sie deutet die Situation falsch. Sie lacht freundlich, selbst dann, wenn es nichts zu lachen gibt. Wird sie unsicher, grimassiert sie und schaut einen unverwandt an, ohne nachzudenken, worum es eigentlich geht. Nur wenige Erinnerungen setzen sich in ihrem Gedächtnis fest, und wenn sie etwas erzählt, dann weiß man nie, ob das Erzählte wirklich der Wahrheit entspricht oder nur etwas ist, was sie im Augenblick für wahr hält. Langsamer im Denken, Begreifen und Reden als andere, schwankt sie seit jeher zwischen übermäßiger, oft unangebrachter Anhänglichkeit, die manchmal auch Abwehr hervorruft, und verstörender Gleichgültigkeit. Ihre Gedanken schweifen umher und lassen sich häufig nicht mehr einfangen. Ein Amtsarzt schrieb über sie 1984 in einem Gutachten, sie leide unter Oligophrenie, einer anlagebedingten oder durch eine frühkindliche Hirnschädigung erworbenen Minderbegabung und unvollständigen geistigen Entwicklung.

In älteren Lehrbüchern heißt es, solche Menschen seien besonders triebhaft. Der Begriff ist aus der Mode gekommen. Heute würden Psychiater von einer erheblichen Persönlichkeitsfehlentwicklung oder kombinierten Persönlichkeitsstörung mit deutlichen dissozialen Elementen sprechen, also einer die strafrechtliche Schuld mindernden „schweren anderen seelischen Abartigkeit". Neben sexuellen Auffälligkeiten zeigt sich dies in Bindungsarmut, Standpunktlosigkeit, mangelnder Antriebskoordination und vor allem einem stark beeinflussbaren Verhalten sowie einer Neigung, erfundene Erlebnisse wie selbst erlebte zu schildern. Wer sich mit Andrea – oder auf sie – einlässt, dem springen die geistigen Defizite sofort ins Auge.

Mit Christa gab es natürlich bald Reibereien. Vor allem, nachdem Andrea mal in einem Frauenhaus war. „Du musst dich gegen diese Christa durchsetzen", sagten sie dort, „du musst dein eigenes Ding durchziehen und nicht immer nach der Pfeife von anderen tanzen. Diese Christa nützt dich doch nur aus!" Das leuchtete ihr sofort ein, denn es war nicht schwer, ihren Hang zu Trotz und Selbstbehauptung zu unterstützen. Das eigene Ding durchziehen, klar. Sich durchsetzen. Nicht mehr fragen oder Rede und Antwort stehen. Wenn sie wieder bei Mutsch ist, das nahm sie sich vor, dann wird sie ihr die Meinung sagen.

So krachte es ab und zu mal im Riegelsberger Haus, der Ton war stets rau. Andrea kam und ging, ohne zu sagen, woher und wohin. Sie zog mal zu diesem, mal zu jenem Freier. Sie hielt sich nicht sauber. Ihr Zimmer verwahrloste, sobald es ihr allein überlassen war. Wie oft versuchte Christa, sie davon abzuhalten, anschaffen zu gehen, schon wegen der Gefahr, schwanger zu werden! Dreimal war es schon passiert. Wie oft denn noch? Es fruchtete nichts. Wenn du es schon nicht lassen kannst, sagte Christa manchmal zu ihr, dann nimm wenigstens Geld dafür, bei anderen Frauen kostet es schließlich auch. Denn mal verlangte Andrea Geld für ihre Dienste, dann wieder nicht. Sie nahm es nicht so genau.

Nur wenn sie gerade einen festen Freund hatte, am besten einen, der wesentlich älter war als sie – darauf stand sie, weil sie ohne Vater groß geworden war –, führte sie ein einigermaßen geregeltes Leben. Sonst aber zog sie immer wieder los und machte Männer an. „S' Andrea vögelt halt gern", sagte man abfällig über sie. Oder: „Am Ficken hat sie Freud."

Vielleicht hielt sie dies für jene Selbstbestimmung und Freiheit, die man ihr im Frauenhaus eingeredet hatte. Warum tat sie es sonst? Sie hatte doch alles bei Christa – ein Zuhause, jemanden, der sich um sie kümmerte, der für Ordnung sorgte, Rat und Hilfe und Zuwendung gab. Mutsch, das wusste sie, warf sie nicht hinaus. Mit Mutsch konnte man streiten und wieder lachen, pampig sein und gleich wieder lieb. Über die Jahre war ein außergewöhnliches Vertrauensverhältnis zwischen beiden entstanden. Von niemandem ließ Andrea sich etwas sagen. Nur auf Mutsch hörte sie – manchmal.

Es muss 1992 gewesen sein, als Andrea eines Tages fragte, ob sie zwei Leute mitbringen dürfe. „Ich habe es ihr erlaubt, denn ich wollte sie auch nicht immer nur reglementieren", erinnert sich Christa. Am nächsten Morgen stürzte einer der Männer entsetzt aus Andreas Zimmer und stammelte um Fassung ringend, dass sie in der Nacht über Bauchschmerzen geklagt, die Decke bis zum Kinn hochgezogen und immer wieder gestöhnt habe. Es sei immer schlimmer geworden, so dass er sich die Sache näher besehen habe. Und da kam plötzlich ein Kind heraus! Leichenblass war der Mann damals aus dem Haus gerannt. „Ich hatte nicht gemerkt, dass sie wieder schwanger war", sagt Christa bedrückt. „Ich habe nicht damit gerechnet, dass sie so etwas vor mir verheimlicht." Andrea sei im Lauf der Zeit und nach den vielen Schwangerschaften immer pummeliger geworden. Eng anliegende Kleidung habe sie ohnehin nie getragen, so dass etwas mehr Leibesfülle bei ihr nicht aufgefallen sei.

„Der Mann war bekannt in der Stadt. Die Nachricht verbreitete sich wie ein Lauffeuer, denn seine Frau lag damals gerade im Krankenhaus. Und dann so etwas. Noch heute reden die Leute darüber!“

Das Kind wurde Andrea sofort weggenommen und zur Adoption freigegeben. „Meine Mutter sagte immer: Schmeiß sie raus! Doch ich brachte das nicht übers Herz. Sie kann doch nichts dafür.“ Dieser Satz fällt oft, wenn Christa über Andrea spricht. Nach diesem Vorfall zog Andrea zu einem älteren Mann. Zwei Jahre später hielt sie sich vorübergehend in einer Frauenwohngruppe auf. Jäh machte sie sich auch dort wieder davon. Irgendetwas hatte ihr nicht gepasst. Das Zimmer, das sie zurückließ, befand sich in einem unbeschreiblichen Zustand, voller Müll und Schmutz. Sie klopfte wieder bei Christa an.

Eines anderes Mal verkündete sie Christa stolz, sie werde demnächst heiraten. Das Aufgebot sei schon bestellt. „Ich fiel aus allen Wolken, aber bitte.“ Doch dann kam heraus, dass Andrea nicht einmal den Namen des Bräutigams kannte. „Da hatte ihr irgendein Albaner den Floh ins Ohr gesetzt, er liebe sie. Dabei wollte der nur nicht ausgewiesen werden.“

Inzwischen ist Andrea 43, rundlich und blondiert. Vor Kurzem war sie noch schwarzhaarig, dann rot. Christa riet ihr: „Schwarz ist nichts, und Rot steht dir nicht, du bist doch noch jung, es macht dich alt. Nimm etwas Helleres.“ Blond gefällt Andrea. Eigentlich ist sie ja schon grau.

„Ich fragte sie mal“, sagt Christa, „warum sich ihr Vater nach dem gewaltsamen Tod der Mutter nicht um sie kümmerte. Sie meinte, zu diesem Schwein würde sie nie mehr gehen, denn er habe sie sexuell missbraucht, als sie sieben oder acht Jahre alt war. Irgendwann kam dann mal der Halbbruder von Andrea zu mir in die Kneipe. Er ist nicht geistig behindert. Er erzählte mir, Andrea habe ihren Vater mit zwanzig das erste Mal gesehen. Also stimmte die Sache mit dem sexuellen Missbrauch überhaupt nicht.“ Andrea könne wie keine zweite Geschichten erzählen, sagt Christa, die hinten und vorn nicht stimmten, aber überzeugend klängen. „Auch ich bin anfangs darauf hereingefallen."

Ein anderes Mal erzählte Andrea, sie habe einen Hirntumor. Oder: Sie habe den Beruf einer Kraftfahrzeugmechanikerin in einer Lehrwerkstatt erlernt. Oder: Sie sei vergewaltigt worden. Der Mann, den sie beschuldigte, war ein Nachbar. Christa ging mit ihr zur Polizei, wo eine Anzeige aufgenommen wurde. „Dann kam ein anderer Polizist und hat mit Andrea geredet. Nach dem fünften Satz war die Sache erledigt. Es stellte sich heraus, dass sie mit dem Mann freiwillig angebandelt hatte. Als Motiv für die Anzeige gab sie an, er habe nach ihrem Hund getreten. Das fand sie unerhört. Deshalb zeigte sie ihn an – wegen Vergewaltigung."

Andrea hat fünf Kinder, von keinem kennt sie den Vater. Sie hat mit so vielen Männern geschlafen, dass sie sich weder an Namen noch an Gesichter erinnert. Vier Babys wurden gleich nach der Geburt zur Adoption freigegeben, darunter auch der Junge, der eines Nachts unter der Bettdecke zur Welt gekommen war und den gerade anwesenden Freier in Panik versetzt hatte. Zwei Jahre nach diesem Vorfall fragte sie Christa nach einem Frauenarzt. „Ich hoffte, sie will nur zur Vorsorge. Und dann kam sie doch mit einem Mutterpass wieder!" Christa schüttelt resigniert den Kopf.

Das fünfte Kind. Andrea bringt es im Januar 1995 im Krankenhaus zur Welt. Christa ist dabei. Der Junge sollte nach Christas verstorbenem Ehemann heißen. Als zweiten Vornamen gab Andrea dem Kind den Namen eines älteren Mannes, der damals gerade ihr Freund war. Obwohl nicht der Vater, kümmerte er sich um Mutter und Kind und erkannte – nachdem das Jugendamt schon wieder Adoptiveltern besorgt hatte –, dass es mit den vielen Schwangerschaften und dem Weggeben der Säuglinge so nicht weitergehen konnte. Er redete Andrea ins Gewissen und brachte auch Christa auf seine Seite. „Wenn sie mal älter ist, heult sie sich die Augen aus dem Kopf! Versucht es! Behaltet das Kind!“, drängte er. Er hatte ja recht, Christa sah es genauso. Wie teuer sie dieser Entschluss einmal zu stehen kommen würde, ahnte sie damals nicht.

Andi, das Problemkind

Fünf Jahre lang geht es mit Andrea und ihrem Sohn Andi, der in Wirklichkeit anders heißt, mehr schlecht als recht. Christa bemerkt als Erste, dass der Junge auf manche Reize, Licht etwa, nicht so reagiert, wie Säuglinge es sonst tun. Er hat offenbar etwas an den Augen. Sie bringt ihn mit Andrea zum Arzt, der den Verdacht bestätigt. Andi entwickelt sich auch sonst nicht normal. Bereits im Alter von zwei Jahren wird eine psychomotorische Retardierung bei ihm festgestellt. Es dauert, bis er endlich anfängt zu laufen. Auch mit dem Sprechen hapert es. In dem Alter, in dem Kinder normalerweise verständlich zu sprechen beginnen, produziert er zwar Laute, aber keine richtigen Wörter und Sätze.

Er ähnelt seiner Mutter nicht nur im Aussehen und in seinen Bewegungen verblüffend. Mittlerweile spricht er wie sie und ist von ähnlich übertriebener Anhänglichkeit und irritierender Gleichgültigkeit zugleich. Er leidet an denselben Leistungseinschränkungen und kommt wie sie mit alltäglichen Anforderungen nicht oder nur unzureichend zurecht. Das Unglück, das Andreas Lebensweg immer wieder aus den Fugen geraten lässt, hat ihn von Kindesbeinen an in den Fängen.

Die Aufmerksamkeit und Fürsorge, deren er bedurft hätte, konnte seine Mutter ihm nicht geben. Ihre Aufgabe war es, ihn morgens zu waschen, anzuziehen, ihm ein Frühstück zuzubereiten und ihn dann in den Kindergarten zu bringen. Es war zu viel für sie. Sie vergaß manches einfach oder dachte nicht daran. Sie zog ihm im Winter Sommerschuhe an und im Sommer Winterschuhe. Oder ließ ihn ohne Socken oder Unterhose aus dem Haus gehen, weil sie die gerade nicht fand.

Nach dem Kindergarten aber kümmerte sich Christa um ihn, gab ihm zu essen und ging mit ihm einkaufen und zur Bank. Wenn sie mal keine Zeit hatte, gab es immer jemanden, der für ihn da war. Luddi nahm ihn mit, wenn er nüchtern war und mit den Hunden spazieren ging. Kurt spielte mit ihm, und bei Christas Sohn durfte er manchmal fernsehen. Allein war er nie.

Als er größer wurde, nahm Christa ihn nachmittags manchmal in die Tosa-Klause mit. Alle, die im großen Riegelsberger Haus wohnten, halfen dort mit – Andrea, Luddi, Kurti, Horst und Dieter, der die Kneipe täglich vormittags aufschloss, außerdem Erika, die putzte, Gabi, Tanja und viele andere. Es war eine bunte Gesellschaft, die sich in dieser Burbacher Kneipe täglich zusammenfand: von der bürgerlichen Gesellschaft Abgeschobene und Abgeschriebene, Gescheiterte, Einsame, Verlassene, die ihren Kummer ertränkten, aber auch Leute, die einfach ihr Feierabendbier tranken, Dartspieler und jede Menge Laufkundschaft. Es gab eine Musikbox und ein großes Fenster zur Straße hin für den Straßenverkauf. In einem Abstellraum, dem „Kämmerchen", standen Getränkekisten, Putzzeug und eine Liege, auf der Dieter manchmal übernachtete, wenn es mal wieder spät geworden war.

Was aber hatte ein kleiner Junge in einer Kneipe zu suchen, unter lauter „Pennern", wie es später empört hieß? Das ideale Milieu war es sicher nicht, das schlechteste aber auch nicht. Andi war immer unter Leuten in der Nähe seiner Mutter, die ihn, wenn sie ihn schon nicht erzog, doch liebte. Christa erklärte ihm, was er nicht verstand, und achtete darauf, dass er nicht nur in der Wirtsstube herumtobte, sondern auch im Kämmerchen seinen Nachmittagsschlaf hielt.

Nur wenn Christas Bruder zu Besuch kam, wurde es für Andi ungemütlich, denn der zog ihn oft auf. Er hielt ihm zum

Beispiel Bonbons hin, um sie, wenn Andi danach griff, wieder wegzuziehen. Er füllte Salz in die Zuckerdose, aus der Andi gern naschte, und lachte sich über die Reaktion des Kindes kaputt, wenn es von dem Salz kostete. Er hielt ihm eine brennende Zigarette vors Gesicht und amüsierte sich königlich, wenn Andi das Gesicht verzog und den Rauch wegblies.

Eine Sozialpädagogin des Jugendamts Burbach, die regelmäßig Hausbesuche in Riegelsberg machte, um zu überprüfen, wie Andrea mit dem Kind zurechtkam, hielt den Jungen für ein fröhliches, sehr aktives Kind. Die Familiensituation sei nicht zu beanstanden und unter den gegebenen Umständen noch immer das Beste für das Kind, stellte sie fest. Wegen seiner Entwicklungsverzögerung kam Andi mit knapp drei Jahren zur Frühförderung in den Sonderkindergarten der Lebenshilfe. Die Mitarbeiterin des Jugendamts erinnert sich an Christas Sorge, er könnte die geistige Behinderung seiner Mutter geerbt haben.

Eine weitere Betreuerin, die einmal pro Woche vorbeikam, erklärte Christa die Kennzeichen von Oligophrenie, etwa dass bei erwachsenen Personen der Sexualtrieb gesteigert und die Grob- oder Feinmotorik gestört sei. Diese Menschen neigten außerdem zu Konfabulationen, sagte die Frau, sie erzählten also Dinge aus der Vergangenheit oder der Gegenwart, die nicht stimmten, die sie aber gleichwohl selbst glaubten. Und sie seien sehr freundlich und entgegenkommend, was auf Andrea genau zutraf und zum Teil auch schon auf Andi. „Er fragte etwa fremde Leute im Bus, ob er sie mal drücken oder küssen dürfe. Nun verstand ich das“, sagt Christa. „Ich sehe die geistige Behinderung anders als andere Leute. Wir haben nicht das Recht, uns über solche Menschen zu erheben, nur weil sie geistig nicht so fit sind wie wir.“

Im Sonderkindergarten kam Andi gut zurecht. Er war beliebt unter den zum Teil mehrfach behinderten Kindern und bei den Kindergärtnerinnen. Vor allem eine von ihnen unterhielt regen Kontakt zu Andrea und Christa. Eine andere Mitarbeiterin aber wunderte sich über das Milieu, aus dem er kam: „Wie kann es sein, dass eine Frau wie diese Christa Wirtshäuser betreibt, daneben die Pflegschaft innehat für ein behindertes Kind und dessen ebenfalls behinderte Mutter obendrein?" Auch der Geschäftsführerin der Einrichtung missfielen die Familienverhältnisse, vor allem dass Andi sich fast ausschließlich unter Männern, darunter Alkoholiker, aufhielt.

In einem Arztbericht einer Kinderklinik vom 4. April 2001 wird bei ihm ein „globaler Rückstand der psychomotorischen und sprachlichen Entwicklung um gut ein Viertel des Lebensalters mit unterdurchschnittlicher Intelligenz, vermutlich im Sinn einer stärkergradigen Lernbehinderung und eine starke Einschränkung des Sehvermögens links" diagnostiziert. Ursache: pränatale Risikofaktoren und genetische Faktoren. Darüber hinaus wird festgestellt, dass die Mutter oft nicht verstehe, was mit dem Jungen los sei, dass sie dem Kind hilflos gegenüberstehe und es nicht unterstützen könne. Sie verhalte sich vielfach gereizt und aggressiv, auch ihrer Betreuerin Christa gegenüber, und habe diese sogar schon körperlich angegriffen. Die Betreuerin, also Christa, sei oft nicht in der Lage, sich gegen Andrea durchzusetzen und die häufig wechselnden Männerbesuche einzudämmen. Andrea reagiere auf Versuche, dies zu unterbinden, aggressiv.

So wurde Christa eines Tages zum Vormundschaftsgericht zitiert. Was blieb ihr anderes übrig als zuzugeben, dass Andrea mit ihrer Mutterrolle nicht klarkam? Dass sie das Kind nicht immer der Witterung angepasst anziehe und mit der Erziehung eindeutig überfordert sei. Als daraufhin vorgeschlagen wurde, die Vormundschaft dem Jugendamt zu übertragen, den Jungen aber in seiner gewohnten Umgebung zu belassen, stimmte sie zu. Eigentlich, dachte sie bei sich, gehöre Andi in eine Einrichtung, in der er die ganze Woche über untergebracht ist und nur am Wochenende nach Hause kommt. Denn Andrea würde sich niemals ordentlich um das Kind kümmern können, und sie, Christa, würde wohl nie genügend Zeit aufbringen können, sich so intensiv mit dem Kind zu beschäftigen, wie es nötig wäre.

Sie sprach mit der zuständigen Dame im Jugendamt darüber. Die aber schlug ihr die Alternative Pflegefamilie vor. Christa wusste, dass man Andrea damit nicht kommen durfte. Andi war das einzige Kind, das man ihr gelassen hatte. Freiwillig würde sie nie auf ihn verzichten.

Der neidische Bruder

Mit ihrem Bruder verstand Christa sich nie. „Bis zwölf war ich Bettnässerin. Mein Bruder behauptete immer, ich machte das extra. Und daher bekam ich dann jedes Mal Prügel." Oder es wurde ihr ein heißer Löffel ins Gesicht gedrückt. „Ich habe mal ein paar Wochen kein Wort geredet, mit niemandem. Wenn ich die Eltern bloß sah, hatte ich schon einen Kloß im Hals." Im Gegensatz zum Bruder durfte Christa keinen Beruf erlernen. „Aus dir wird doch eh nichts, so wie du aussiehst", hieß es immer. „Und Kinder kriegst du ja wohl auch nicht", sagte ihre Mutter.

Anfang der neunziger Jahre aber vermachte der Vater ihr und nicht dem Bruder das Elternhaus unter der Bedingung, dass sie den jeweils überlebenden Elternteil bis zum Tod betreue. Beiden Eltern blieb der Nieß- und Nutzbrauch des Hauses. Grund für die Schenkung war, erzählt Christa, dass der Bruder damals hoch verschuldet gewesen sei und einen Kredit über 96 000 Mark in Anspruch genommen hatte, für den der Vater bürgte, und den der Bruder, wie sie sagt, nicht zurückzahlte. Sie verpflichtete sich, im Gegenzug für das Haus diesen Kredit abzulösen. Das Haus war also keine reine Schenkung.

Trotzdem verschärfte sich der Ton zwischen den Geschwistern. Es gab immer wieder Streit. Nach dem Tod des Vaters klagte der Bruder vor Gericht, weil er der Auffassung war, ihm stünden aus der Erbmasse etwa 100 000 Mark zu. Ohne Erfolg. „Daraufhin versuchte er mit anderen Mitteln, mir zu schaden. Er redet schlecht über mich. Er zeigte mich wegen angeblicher Drogengeschäfte an, die sich nicht bewahrheiteten. Vor allem neidet er mir das Haus. Das ist meine Meinung", sagt Christa. Ihre vitale Energie – trotz der angeborenen Gehbehinderung – und das Talent, nicht zu verzweifeln und zu scheitern, missgönne er ihr sicherlich auch.

Ihre Mutter stand laut Christa seit jeher auf der Seite des Sohnes. „Inzwischen ist sie geradezu die Untergebene meines Bruders." Daher unterstütze die Mutter auch all seine tückischen Aktionen. So meldete sie zum Beispiel dem Sonderkindergarten, Andi werde „bis nachts im Bierkeller eingesperrt". Man müsse Christa das Pflegekind unbedingt wegnehmen. Auf dem Höhepunkt des Zwists zeigte der Bruder sie erneut an: wegen Kindesmisshandlung und Förderung der Prostitution. Weil Andrea immer wieder auf den Strich ging.

Dass es so weit kam, kann Christa sich nur mit blankem Hass wegen ihrer Andersartigkeit und Energie erklären. Eine Anzeige wegen Misshandlung und Verwahrlosung Andis, für den sie sorgte! Gegen sie, die sich um Andrea kümmerte, als der Herr Bruder keine Lust mehr hatte auf die „Bekloppte", wie er sie nannte. Gegen die eigene Schwester, die sich bemühte, Menschen wie Andrea, Luddi und Kurt in ihrer Trostlosigkeit ein Zuhause zu geben. Warum konnte er ihr nicht das bisschen Leben gönnen, an dem ihr Herz hing?

Sie war nun mal nicht fürs Konventionelle. Sie fühlte sich wohl unter Menschen, die auch ihr Päckchen zu tragen haben. Ihrem Eindruck zufolge hatte der Bruder sein eigenes Leben ruiniert. Er hat mal eine florierende Werbefirma betrieben, diese aber in den Sand gesetzt, ebenso wie seine Ehe. Seitdem schien er bemüht, möglichst viel Schaden anzurichten, damit es den Menschen in seiner Umgebung, voran seiner Schwester, nicht besser ergehe als ihm. „So sehe ich das jedenfalls", sagt Christa.

Der Bruder behauptete, Andi werde geschlagen, müsse sich in ungeheizten Räumen aufhalten, bekomme verdorbenes Essen vorgesetzt, bekomme keine saubere Kleidung, müsse in der Kneipe Alkohol trinken und Zigaretten rauchen und werde dort in der Abstellkammer eingesperrt. Ihr Lebensgefährte Michael habe ihm einen „Spezialtrunk" verabreicht aus Wasser mit Spülmittel. Und außerdem sei seine Schwester nur auf das Geld aus, angeblich 1200 Mark monatlich, die sie für die Pflegschaft kassiere.

Am 24. Januar 2001 – Andrea hatte den Jungen morgens in den Kindergarten gebracht – kommt ein Anruf vom Jugendamt: Man brauche Andi nicht abzuholen, er werde bei einer anderen Familie untergebracht und kehre nicht mehr zurück. „Von der Stunde an war er weg." Andrea gerät außer sich. Sie begreift überhaupt nichts mehr. Wieso nahm man ihr das Kind? Wieso reichten die Beschuldigungen von Christas Bruder aus, um Andi in eine Pflegefamilie zu geben? Wieso hat sich niemand ein Bild von den tatsächlichen Lebensverhältnissen des Kindes gemacht?

Am 26. Januar 2001 wird gegen sie und Christa ein Strafverfahren wegen Kindesmisshandlung eingeleitet. Christa ist entsetzt. Als die Polizei sie vorlädt, macht sie ihrer Empörung Luft: Ungeheizte Räume? Richtig, das Schlafzimmer des Jungen wurde nicht geheizt, wie die anderen Schlafzimmer im Haus auch. Aber im Winter, wenn es besonders kalt war, habe Andrea einen Elektroofen angeschaltet, damit die Raumtemperatur wenigstens überschlagen war. Tagsüber habe sich Andi in ihrer, Christas, Wohnung aufgehalten oder in der Gaststätte, wo er es überall warm hatte. Verdorbenes Essen? Bananen, deren Schalen ein paar braune Flecken hatten, oder Brot und Kaffeestückchen vom Vortag, die es beim Bäcker gratis gab – wer ist davon je krank geworden?

Natürlich habe es Andrea mit dem Waschen und Anziehen des Kindes nicht immer genau genommen, sie hielt sich ja selbst nicht sauber. Man müsse schon immer hinterher sein. Es sei auch mal vorgekommen, dass Andrea den Jungen unpassend angezogen habe. Und dass er nachts lange einnässte, stimmte auch. Aber kommt das bei anderen Kindern nicht auch vor? Sind das Gründe, um einer Mutter ihr Kind wegzunehmen?

Der Vorwurf wegen Alkohol, Zigaretten – gelogen. In einer Kneipe werde immer mal ein derber Scherz gemacht und herumgeredet, aber geschadet habe dem Kind niemand. Da passe sie schon auf. Und von wegen Einsperren im Kämmerchen: Natürlich habe Andi geheult, wenn er sich hinlegen sollte und nicht schlafen wollte. So etwas komme bei jedem Kind vor. Oder er kam mal ins Kämmerchen, weil er nicht gehorcht hatte. Aber eingesperrt wurde er nie, die Tür habe immer einen Spalt offen gestanden, damit er sich jederzeit bemerkbar machen konnte. Es gebe ja nicht mal einen Schlüssel. Und einen „Bierkeller" gebe es auch nicht.

„Wenn je einer Schabernack mit Andi trieb und ihn quälte, dann war es mein Bruder. Und ausgerechnet der zeigt mich an!", sagt sie bitter.

Die Pflegemutter, selbst traumatisiert

Die Kindheit von Andis neuer Pflegemutter war gezeichnet von traumatischen Erlebnissen. Im Alter von knapp einem Jahr kam sie wegen Vernachlässigung in ein Kinderheim. Zweimal ergab sich die Gelegenheit zur Adoption, doch ihre Mutter stimmte nicht zu. Wenn sie mal kam, was selten genug der Fall war, versprach sie, die Tochter bald nach Hause zu holen. Das Kind packte also immer wieder den Koffer, setzte sich auf die Treppe des Heimes und wartete. Und wartete. Erst mit zehn begriff das Kind, dass die Mutter es wohl nie aus dem Heim holen würde.

Dann aber nahm sich eine Pflegefamilie ihrer an, der sie bis heute dankbar ist. Noch während der Ausbildung zur Krankenschwester – ein Beruf, den sie mit viel Freude ausübt – wurde sie schwanger und heiratete überstürzt. 1989 kam ein Sohn zur Welt. Die Ehe hielt nur vier Jahre.

Sie heiratete ein zweites Mal und bekam drei weitere Kinder: 1994, 1995 und 1998, alles Mädchen. „Ich bin sehr glücklich in meiner Familie, und ich habe sehr gelungene Kinder. Da dachte ich mir, für ein zusätzliches Kind wäre doch noch Platz. Was ich Schönes in meiner Pflegefamilie erlebt habe, wollte ich zurückgeben." Das erste Pflegekind nahm sie auf Anfrage einer Jugendhilfeeinrichtung 1997 auf, ein blindes und taubes Kind, das zu krank war fürs Heim. „Mein Haus war gleichsam eine Außenstelle des Heims." Im März 2001 starb das Kind. Es war nur vier Jahre alt geworden. „Es war eine sehr schwere Zeit. Ich schwor mir, nie wieder einen solchen Fall aufzunehmen, unter dem die ganze Familie leidet."

Vier Monate später schon, im August 2001, legte der Stadtverband Saarbrücken ein neues Konzept für Pflegefamilien vor, das ihr „total gut" gefiel: Wenn Pflegemutter oder Pflegevater eine entsprechende Ausbildung haben oder schon jahrelang in der Pflege tätig sind, wird die Aufnahme eines Pflegekindes besser honoriert; es gibt Pflegegeld und mindestens das Vierfache der üblichen Erziehungsaufwandspauschale (400 Euro) dazu. „Das ist dann Sache des Jugendamts und der Familie, die Höhe individuell abzusprechen." Und was für sie besonders wichtig war: Man konnte das Pflegekind auch mal „abgeben" an eine andere Familie, „damit man mit der eigenen Familie etwas unternehmen kann". Unter diesen Umständen konnte sie sich vorstellen, nochmals ein Pflegekind aufzunehmen.

Kaum war der Tod des ersten Pflegekindes halbwegs überwunden, präsentierte das Jugendamt im August 2001 Andi, der seit dem 24. Januar 2001, also knapp ein Dreivierteljahr lang, schon in Bereitschaftspflege war. Eine erste Anbahnung mit Pflegeeltern auf Dauer war schiefgegangen. Die Leute hatten sich offenbar mit derartiger Intensität auf ihn gestürzt, dass er in Panik geraten war.

Sie schaute ihn sich an und wunderte sich, dass er „die ganze Zeit am Strahlen“ und „total aufgedreht“ war. In Begleitung von Mitarbeitern des Jugendamts und ihrer Kinder nahm sie ihn mit in den Tierpark. „Es war ein schöner Tag. Ich dachte, das ist ja ein Sechser im Lotto!“ Andi schien ein echter „Sonnenschein“ zu sein.

Dann durfte er mal über Nacht bei ihr bleiben oder zum Mittagessen kommen. Er kam gerne, freute sich aber jedes Mal auch wieder, wenn er gehen durfte. Zwölf bis fünfzehn solcher Treffen fanden in der zweiten Jahreshälfte 2001 statt.

In jenem Herbst 2001 verschwindet Pascal.

Die Frage, ob der gleichaltrige Andi ihn eventuell gekannt haben könnte, beschäftigt die Pflegemutter zu der Zeit noch nicht. Andi hatte noch nie von einem Freund, einem früheren Spielkameraden namens Pascal gesprochen. Selbst als der Vermisstenfall Stadtgespräch wird und in den Medien immer wieder Fotos des verschwundenen Jungen gezeigt werden, die auch Andi zu sehen bekommt, selbst als die Bevölkerung zur Mithilfe bei der Fahndung aufgerufen wird, deutet noch nichts darauf hin, dass Andi und Pascal irgendetwas miteinander zu tun gehabt haben könnten. Das sollte sich allerdings im Lauf der Zeit immer mehr ins Gegenteil verkehren.

Pascal, vermisst

Der fünfjährige Pascal wird von vielen Zeugen beschrieben als „e hübsch' Bübche, das ned mit fremde Leut' mitgange' wär". Er war 110 Zentimeter groß und sehr schlank. Ein Bein war verkürzt, so dass er auf den Zehen gehen musste. Wenn er lachte, wurde eine Zahnlücke sichtbar. Er wuchs in einem etwa hundert Meter von der Tosa-Klause entfernten heruntergekommenen Mietshaus bei seiner Mutter auf, die als Beruf „Küchenhilfe" angab, jedoch keiner geregelten Arbeit nachging. Sein Vater, arbeits- und berufslos, ein mehrfach vorbestrafter Alkoholiker, kam nur gelegentlich zu Besuch. Pascals Eltern waren nicht miteinander verheiratet.

Im Kindergarten galt Pascal als ruhiges, unauffälliges Kind, das aber allerlei Unsinn im Kopf hatte. Auf die Idee, er könnte sexuell missbraucht worden sein, kam niemand; es gab keinen Anhaltspunkt dafür. Im Gegenteil: Eine Kindergärtnerin lobte die Fürsorge seiner Mutter. Von der Polizei befragt, ob sie es für möglich halte, dass Pascal vielleicht zu einem Fremden ins Auto gestiegen war, sagte die Kindergärtnerin: „Es gibt Kinder, die das nie tun würden. Aber Pascal war ja kein reiches Kind. Wenn ihm einer was bietet, was verspricht – da könnte ich mir schon vorstellen, dass er dann mitgeht. Das ist so mein Gefühl."

Der Kinderarzt, bei dem Pascal, seit er drei Wochen alt war, behandelt wurde und der ihn letztmals im Juni 2001 gesehen hatte, stellte noch immer eine geringfügige Entwicklungsverzögerung fest. Aber er fand keinerlei Spuren von sexuellem Missbrauch. Die Physiotherapeutin, die Pascal wegen verkürzter Bänder zuletzt am 1. September 2001 sah, nahm ebenso wenig wie seine Mutter blaue Flecken oder andere Spuren von Gewaltanwendung an ihm wahr. Überall kannte man ihn nur als freundliches, etwas scheues, doch insgesamt fröhliches Kind.

Am 30. September 2001, einem Sonntag, verließ Pascal nach dem Frühstück gegen neun Uhr die elterliche Wohnung, um zur Kirche zu gehen. Auf dem Weg dorthin holte er einen Freund ab. Erst gegen 11.30 Uhr kam er mit diesem nach Hause. Die beiden wollten spielen, nachdem sie im Kindergarten das Erntedankfest gefeiert hatten. Um 12 Uhr traf Pascals Vater ein, der sich zu jener Zeit wegen seiner Alkoholsucht in einer Klinik aufhielt und für diesen Tag Urlaub bekommen hatte. Um 13 Uhr aß die Familie zu Mittag. Kurz nach 14 Uhr klingelte Pascal bei einem Nachbarjungen, der Geburtstag hatte, und fragte, ob er mit ihm Rad fahren wolle. Da dieser wegen der Geburtstagsfeier nicht durfte, zog Pascal unverrichteter Dinge wieder ab. Um halb drei Uhr sah ihn seine Mutter im Hof spielen. Gegen drei Uhr läutete er bei einem Nachbarn aus dem Haus und sah sich dessen Aquarium an, was er schon öfter getan hatte. Gegen halb vier, vier Uhr kreuzte er erneut zu Hause auf und klagte, ihm sei langweilig, er finde niemanden zum Spielen. Er bat seine Eltern, mit ihm zum Oktoberfest auf dem nahen Kirmesplatz zu gehen. Seine Mutter lehnte dies ab und verwies auf den kommenden Donnerstag, den sogenannten Familientag. Da sei es billiger. Daraufhin wollte Pascal noch eine Weile mit seinem Rad umherfahren. Seine Mutter erlaubte ihm dies, mahnte ihn aber, spätestens zwischen 18 und 19 Uhr zu Hause zu sein. Da Pascal nicht gern allein unterwegs war, klingelte er um 16.15 Uhr nochmals bei dem Freund, der Geburtstag hatte. Wiederum vergeblich. Gegen 16.30 Uhr fiel einem Autofahrer Pascal auf. Der Mann wunderte sich, „dass ein so kleines Kind allein mit dem Rad unterwegs ist“. Ein weiterer Zeuge, der letzte mutmaßlich, sah den Jungen kurz vor 17 Uhr in Richtung Bahnhof radeln. Bis zu diesem Zeitpunkt ist Pascals Tagesablauf also minutiös belegbar.

Nach Angaben seiner Eltern trug er am Nachmittag jenen Tages eine dunkelblaue Jogginghose, ein T-Shirt, einen Pulli und blaue Turnschuhe. Und er hatte, als er zuletzt von zu Hause wegfuhr, seinen neuen Fahrradhelm auf, den er vormittags bei einer Tombola gewonnen hatte. Seine Mutter fand den Helm gegen 17.30 Uhr im Hof auf dem Boden liegend. Wie aber war er dorthin gekommen? Hatte das Kind ihn abgenommen, ehe es losfuhr? Oder war Pascal doch noch einmal zurückgekommen? Und wie verschwand der Junge dann? Und wo ist das Rad?

Gegen Pascals Vater wurde damals ein Ermittlungsverfahren eingeleitet, weil seine Zeitangaben zum Teil voneinander abwichen und sein Verhalten auffällig erschien. Zum Beispiel konnte er nicht erklären, warum er offenbar schon gegen 18 Uhr nach dem Jungen zu suchen begann, zu einer Zeit also, als noch kein Grund zur Besorgnis bestand; Pascal war öfter erst um 19 Uhr heimgekommen. Auch soll er zu einer Burbacher Kneipenwirtin nach dem Verschwinden des Kindes gesagt haben, die Polizei solle doch mal „im Burbacher Wald" suchen. Man kann ihn nicht mehr fragen: Am 2. Juli 2005 erlag er im Zusammenhang mit einer Schlägerei einer Herzattacke. Siebzehn Tage zuvor, am 14. Juni 2005, war Pascals Mutter im Alter von 46 Jahren an einer Hirnblutung gestorben.

Wegen Kirmes war an jenem 30. September 2001 in Saarbrücken-Burbach alles auf den Beinen. Als die Polizei später den Tagesablauf Pascals rekonstruierte und dabei auch Kirmesbesucher befragte, behaupteten einige, das Kind gesehen zu haben. So meinte sich eine Luftballonverkäuferin an ihn zu erinnern; andere sahen ihn angeblich am Autoscooter stehen. Ob es sich dabei tatsächlich um Pascal handelte oder ein anderes Kind im gleichen Alter, blond und zierlich, es ist bis heute nicht geklärt.

Ein Zeuge sah zwischen 17 und 18 Uhr auf einem Weg zum Kirmesgelände ein größeres rotes und ein kleines blau-gelbes Fahrrad in einer Wiese liegen. Als der Mann gegen 19.30 Uhr nach Hause ging, war nur noch das blau-gelbe Kinderrad da. Pascals Rad? Es war auch blau-gelb.

Die ersten drei Geständnisse

Maria und Daniela

Das Verschwinden des fünfjährigen Pascal versetzte die Menschen in Burbach in helle Aufregung. Zwei Wochen lang lief die Suche auf Hochtouren. Die Ermittlungen der Polizei umfassten verschiedene Arbeitshypothesen: Unglücksfall, Entführung, Tötungsdelikt mit und ohne sexuelle Motivation. Und unzählige Personen fühlten sich bemüßigt, sie dabei zu unterstützen. Jedermann in Burbach hatte seine eigene Meinung über das Verschwinden des Kindes. Es wurde verleumdet und verdächtigt, Gerüchte blühten, Wichtigtuer hatten ihre große Stunde, genauso Wünschelrutengänger und Wahrsager. Die Polizei, die unter erheblichem Druck stand, das Kind zu finden, nahm Hunderte von Hinweisen auf und ging ihnen nach. Taucher wurden zu Hilfe geholt, ebenso Hunde. Zeitweise waren 150 Beamte im Einsatz. Spielkameraden Pascals wurden vernommen, weil man von der Möglichkeit eines Unfalls beim Spielen ausging. Nachbarn, Angehörige, Passanten, alle 67 Schausteller der Kirmes wurden befragt – keine Spur.

Ein Nachbar von Pascals Familie geriet in Verdacht, nachdem er sich in Widersprüche verstrickt hatte und in seiner Wohnung ein Blutfleck an der Tapete gefunden wurde, für den er keine Erklärung hatte. Die Ermittlungen ergaben aber, dass es nicht Pascals Blut war.

Ein Fernfahrer wurde anonym denunziert, das Kind nach Südfrankreich verkauft zu haben; Passanten am Bahnhof wollten gesehen haben, wie ein Junge in ein schwarzes Auto gezerrt worden war. Andere sahen Pascal in einen Zug nach Frankreich steigen. Die Nachforschungen verliefen im Sande.

Schließlich fiel der Verdacht auf einen pädophilen Taxifahrer, der Kinder, darunter Pascal, öfter zum Kindergarten gefahren hatte und sich zur Zeit des Verschwindens angeblich im Ausland aufhielt. Ob dem wirklich so war, konnte nicht geklärt werden. Der Mann ist inzwischen untergetaucht. Die Variante, dass Pascal zu diesem Mann, den er ja kannte, möglicherweise ins Auto gestiegen ist, lässt sich bis heute nicht ausschließen.

Zu den Ersten, die von der Polizei befragt wurden, gehörten die Halbschwestern Pascals, die damals 18-jährige Maria und die gerade 17 Jahre alt gewordene Daniela (Namen geändert). Sie lebten damals beide bei ihrer Mutter, der geschiedenen Frau von Pascals Vater, und waren an jenem Kirmessonntag nach dem Mittagessen mit dem Bus zum Festplatz gefahren, den sie gegen 15 Uhr betraten. Erste Unsicherheiten: Waren sie vor der Kirmes schon kurz bei ihrem Vater zu Besuch gewesen oder erst später? War Pascal da anwesend gewesen? Oder waren sie sie gleich auf die Kirmes gegangen und hatten dort Freundinnen getroffen und Pascal womöglich erst später zu Hause gesehen? Mit wem hatten sie auf der Kirmes gesprochen und wo? Und vor allem wann?

Zunächst deckten sich die Angaben der Mädchen weitgehend. Offenbar waren die Schwestern ohne ihren kleinen Bruder auf dem Festplatz gewesen. Als sie sich danach zur Wohnung des Vater aufmachten, um Pascal abzuholen, sei er nicht da gewesen, sagt Maria am 3. Oktober 2001 bei der Polizei. Daniela, die bei dieser Vernehmung anwesend ist, bestätigt die Aussage ihrer Schwester. Gegen 17.15 Uhr seien sie schließlich nochmals auf die Kirmes gegangen, um 18 Uhr zum Vater zurückgekehrt und dann mit dem Bus nach Hause gefahren.

Pascals Mutter hingegen meinte sich zu erinnern, dass das Kind in der Wohnung war, als die Schwestern vorbeischauten. Auch Pascals Vater war dieser Meinung. Die Aussagen der Eltern und der Schwestern Pascals passten nicht zueinander.

Ein zwölfjähriger Schüler wiederum gab an, Pascal zwischen viertel nach vier und halb fünf in Begleitung dreier Mädchen auf der Kirmes gesehen zu haben. Auf Nachfrage rückte er diese Behauptung ins Ungefähre: Die drei Mädchen hätten nur in der Nähe von Pascal gestanden; sie hätten das Kind aber wahrnehmen können.

Warum, fragte man sich bei der Polizei, wollen ausgerechnet die Schwestern Pascal nicht gesehen haben, wenn andere ihn doch gesehen haben? Was steckte hinter diesem Widerspruch?

Zu Beginn der Ermittlungen stellte sich heraus, dass Maria am Tag nach dem Verschwinden des Kindes ihren Vater anrief, um sich zu vergewissern, falls sie bei der Polizei nach den Uhrzeiten gefragt würde. Im Vernehmungsprotokoll steht:

„Bist du dir sicher?"

„Ja."

„Wieso bist du dir so sicher?"

„Weil ich meinen Vater gefragt habe."

„Warum hast du deinen Vater gefragt, wenn du dir so sicher bist?"

„Bevor ich was Falsches sage, habe ich gefragt."

„Wieso hast du vor der Vernehmung durch die Polizei deinen Vater angerufen?"

Maria fängt an zu weinen. Sie wollte nichts Falsches sagen und hat sich genau dadurch nun verdächtig gemacht. Sie fühlt sich in die Enge getrieben. Alles, was sie sagt, so ihr Eindruck, kommt bei den Beamten offenbar als Lüge an.

Als Daniela am 12. Oktober 2001 erstmals vernommen wird, verwechselt sie einmal den Sonntag mit dem darauffolgenden Montag. Sofort bezichtigen sie die Vernehmer der Lüge und halten auch alles andere, was sie sagt, für falsch. Sie ist sich der Uhrzeiten nicht sicher – wieder ein Beleg für die Ermittler, dass sie nicht bei der Wahrheit bleibt.

„Wir haben jemanden, der sagt, dass Pascal in eurer Nähe gewesen ist!"

„Das stimmt nicht“, erwidert Daniela, „wer sagt das?“

„Wir haben jemanden, der uns ganz sicher sagt, dass der Pascal bei euch war!“

Immer wieder hört sie: Du lügst. Du sagst nicht die Wahrheit. Warum sagst du nicht die Wahrheit? Was hast du zu verbergen? Wir glauben dir nicht. Sag endlich die Wahrheit!

Eine Beamtin nimmt sie beiseite und erklärt ihr, wie wichtig es für die Polizei sei zu wissen, ob Pascal auf der Kirmes war oder nicht. Denn wenn er nicht mit den Schwestern mitgegangen sein sollte, müssten ganz andere Suchmaßnahmen eingeleitet werden.

„Ich kann mir schon vorstellen“, sagt die nette Beamtin, „weshalb ihr abstreitet, Pascal mit auf die Kirmes genommen zu haben. Ihr hattet sicher Angst, dies zuzugeben, weil er doch eigentlich nicht mit durfte, und ihr gewiss mit Vorwürfen zu rechnen hattet. Aber du verstehst das doch – für uns ist es enorm wichtig, die Wahrheit zu erfahren.“

Daniela schaut zu Boden und schweigt. Was passiert, wenn sie jetzt ja sagt? Lässt man sie dann in Ruhe?

„Ich will jetzt die Wahrheit sagen“, antwortet sie dann. „Ja, es war so. Der Pascal war mit uns auf der Kirmes. Mit der Maria und mir.“

Die Vernehmungsbeamten eilen von einem Zimmer zum anderen, wo ihre Schwester angehört wird. Der Druck auf Maria wächst:

„Mir wurde eben mitgeteilt, meine Schwester habe gesagt, wir seien mit dem Pascal an dem Sonntag auf der Kirmes gewesen. Ich kann dazu nur sagen, dass ich ihn nicht gesehen habe. Ich weiß nicht, dass der Pascal mit auf der Kirmes war.“

Auf „erneuten Vorhalt“ widerspricht sie nicht mehr:

„Ich gebe jetzt zu, dass wir an dem Sonntag, an dem Pascal verschwand, mit ihm auf der Kirmes waren. Wir haben ihn am Autoscooter verloren. Ich will jetzt genau erzählen, wie das abgelaufen ist.“

Beide Mädchen tragen nun nur gering voneinander abweichend die Geschichte vor, wie ihnen der kleine Bruder am Autoscooter abhanden gekommen sei.

„Wann habt ihr dann noch mal über die Sache gesprochen?"

„Das war Montag oder Dienstag. Ich habe die Dani gefragt, was wir denn der Polizei sagen sollen. Die Dani hat nur geheult. Am nächsten Tag habe ich sie dann noch einmal gefragt, was wir sagen, wenn wir vernommen werden. Die Dani hat wieder nur geheult. Ich habe dann meiner Schwester gesagt, dass ich behaupten werde, wir hätten den Pascal an dem Tag überhaupt nicht gesehen. Sie solle das auch sagen. Mehr haben wir über die Sache nicht gesprochen."

„Warum habt ihr bis heute nicht die Wahrheit gesagt?"

„Wir hatten Schiss, dass wir eine hinter die Ohren kriegen. Wir hatten Panik, weil wir ihn nicht mehr gefunden haben."

Danach wird eine Pause gemacht. Die Beamten reden auf Maria ein. Man glaubt ihr nicht.

Nun sagt sie, dass sie mit Pascal nicht zur Kirmes, sondern zum Hof der Weihersbergschule gegangen seien. Dort sei der Kleine zwei Mal mit dem Fahrrad gestürzt, habe sich verletzt und das Bewusstsein verloren. Sie hätten ihn daraufhin mitsamt dem Rad in eine Hecke gelegt.

Die Polizei sucht mit Maria besagten Ort auf und belehrt sie auf der Fahrt als Beschuldigte. Aber man findet weder das Kind noch das Rad.

„Wir sind mit dir jetzt zu dem Schulhof gefahren, haben Pascal aber nicht gefunden. Was sagst du dazu?"

„Warum beschuldigen Sie mich und meine Schwester?"

Maria ist verzweifelt. Sie kommt gegen die Geschichte, die man aus ihr herauslocken will, nicht an.

„Wir haben mit der Sache nichts zu tun!"

„Warum hast du uns dann diese Story erzählt und zu dem Schulhof geführt?"

„Das weiß ich nicht."
Es ist 22 Uhr.

Während Maria vernommen wird, bedrängt man Daniela mit Nachdruck, endlich die Wahrheit zu sagen. In den Vernehmungspausen kommt es zu Gesprächen, die im Protokoll nicht festgehalten sind. Worum es dabei jeweils geht, ist später nicht mehr nachvollziehbar. Daniela bricht immer wieder in Tränen aus. Dabei lässt sie sich zu der Bemerkung verleiten, sie vermute, ihre Schwester sei wahrscheinlich froh, dass Pascal nun weg sei, denn Maria habe den kleinen Bruder nie gemocht und ihn einen ‚Spasti' gescholten, weil er nicht so laufen konnte wie andere Kinder. Dann erzählt sie, dass sie an jenem Sonntagnachmittag auf dem Weg zur Kirmes vor der Tosa-Klause gestanden und sich mit Nadja und Tanja unterhalten hätten; gegen 15 Uhr sei Pascal dazugekommen und habe mit auf die Kirmes gewollt.

Tanja und Nadja bestreiten ein solches Zusammentreffen. Sie habe nachmittags als Bedienung in der Kneipe ausgeholfen, sagt Tanja, und Nadja habe ihr dabei Gesellschaft geleistet. Sie wisse ganz sicher, dass weder die Schwestern noch Pascal vorbeigekommen seien. Auf die Schwestern seien sie erst kurz nach 18 Uhr vor dem Bierzelt der Kirmes gestoßen. Der kleine Bruder sei nicht dabei gewesen. Nadja warnt die Polizeibeamten vor den Schwestern – die beiden „schwätzen vill Scheiß". Die jüngere habe zum Beispiel einmal behauptet, von einem Türken vergewaltigt worden zu sein, was nicht gestimmt habe. Und die ältere sei auch nicht viel besser, die sei eine noch größere „Schwätzerin" und die Wortführerin.

Was stimmt nun?

„So", sagt der Vernehmungsbeamte zu Daniela, „jetzt hast du uns erneut sechs Seiten lang die Unwahrheit gesagt. Jetzt reicht's. Überleg' dir gut, was du jetzt sagst. Wir haben dir schon heute Mittag gesagt, dass du uns nicht verarschen sollst!"

Daniela vergräbt ihr Gesicht in den Händen und weint.

Die Polizisten lassen nicht locker:

„Deine Schwester fährt gerade mit Kollegen raus, um denen zu zeigen, wo Pascal liegt! Was weißt du darüber? Ich muss dich jetzt belehren, dass wir dich als Tatverdächtige ansehen. Wir glauben, dass du gemeinsam mit deiner Schwester etwas mit dem Verschwinden Pascals zu tun hast. Du hast ein Aussageverweigerungsrecht. Was möchtest du sagen?"

„Ich weiß es nicht."

„Irgendetwas weißt du sehr wohl! Erzähl' es uns!"

„Ich hab' nichts damit zu tun."

„Du weißt aber doch was! Erzähl' uns, was du weißt! Du hast keinen Grund mehr zu lügen."

Daniela weint nur noch. Sie könne nichts sagen, schluchzt sie, sie wisse nicht, was passiert sei. Sie wisse auch nicht, wo Pascal sei.

Die Vernehmung wird für eine halbe Stunde unterbrochen. Dann sagt Daniela:

„Er war auf der Affenschaukel auf dem Spielplatz am Burbacher Markt. Da hab' ich ihn fest angestupst, und da ist er runtergefallen."

Er habe geblutet und um Hilfe gerufen. Sie habe ihm aber nicht helfen können. Mehr wisse sie nicht. Der Beamte fährt sie harsch an:

„Weißt du, warum du dann nichts mehr weißt? Weil jetzt die Sache erst anfängt!"

Auch Daniela kommt nun aus der Sache nicht mehr heraus. Sie fährt also fort und erzählt, wie sie Pascals Hose hochgekrempelt und ihn getragen habe. Am Burbacher Markt seien sie und ihre Schwester auf die Toilette gegangen.

„Als wir dann rauskamen, war er weg."

„Willst du uns verarschen? Du lügst doch!"

Die Beamten registrieren Danielas wachsende Unsicherheit. Ihr Ton wird sogleich barsch. Sie unterbrechen wieder die

Vernehmung. Daniela heult unablässig. Irgendwann fällt das Wort Saar. Dass sie an der Saar gewesen seien. Sie könne es nicht sagen.

Die Polizisten reden auf sie ein, weil sie vermuten, dass an der Saar etwas mit dem Kind geschehen sein könnte. Sie müsse nur die Stelle zeigen, drängen sie, mehr nicht. Sie brauche nicht nah ranzugehen, sondern nur zeigen, wo man das Kind finden könne.

Daniela will nichts mehr sagen. Sie beteuert, nicht genau zu wissen, wo die Stelle überhaupt sei. Sie könne ihnen nichts zeigen.

„Darf ich jetzt heim?", fragt sie immer wieder weinend. „Darf ich heim?"

Wie kann man nur so naiv sein? Die Beamten schauen sich an und schütteln die Köpfe.

„Nach jetzigem Kenntnisstand nicht."

Im Protokoll heißt es, dass Daniela nun mit geschlossenen Augen seitlich auf einem Stuhl liege, mit dem Kopf auf der Lehne, und angebe, schlafen zu wollen; sie wolle heute nichts mehr sagen; sie wolle morgen die Wahrheit erzählen.

Trotzdem geht es weiter.

„Wir möchten dich noch einmal fragen. Willst du heute keine Angaben mehr machen?"

„Nein."

„Wir müssen dir sagen, dass du wegen des dringenden Verdachts, etwas mit dem Verschwinden deines Halbbruders Pascal zu tun zu haben, vorläufig festgenommen bist und heute Nacht in einer Polizeizelle schlafen musst. Morgen werden wir dir nochmals Gelegenheit geben, eine weitere Aussage zu machen. Hast du das verstanden?"

„Ja."

Es ist 22.45 Uhr.

Die Beamten nehmen keine Rücksicht auf Danielas Erschöpfung. Sie muss noch einmal in den Polizeiwagen. Es geht nach

Burbach. Auf der Fahrt schläft sie. Man lässt sie für kurze Zeit in Ruhe.

Plötzlich hält der Wagen an. Sie sind an der Saar. Einer der Beamten setzt sich zu ihr auf den Rücksitz, denn sie will um keinen Preis aussteigen. Fünf Minuten lang redet der Beamte auf sie ein. Man werde sie notfalls zu der Stelle tragen, falls sie sich weiterhin weigere, die „Ablegeörtlichkeit“ zu zeigen, droht er. Widerwillig steigt Daniela schließlich aus.

Die Beamten gehen mit ihr zu einem Abenteuerspielplatz. Sie murmelt etwas von einem Unfall und dass Pascal sich am Knie verletzt und sie ihn dann getragen habe.

„Wo genau ist Pascal gestürzt?“

Daniela zeigt vor sich auf den Boden.

„Hier.“

„Warum hast du ihn dann den ganzen Weg getragen, wenn er erst hier gestürzt ist?“

Die Frage war zu erwarten. Daniela fällt keine Antwort ein. Sie schweigt.

In einem Vermerk zu dieser „Ortsbesichtigung“ heißt es, die 17-Jährige habe von da an immer nur das bestätigt, was man ihr in den Mund gelegt habe.

Auf dem Rückweg zur Polizeiwache schläft sie schon wieder.

Es ist 23.01 Uhr und das Verhör noch immer nicht zu Ende.

Nach einer einstündigen Vernehmungspause, es ist nun Mitternacht, unternimmt ein älterer Kriminalhauptkommissar „noch einen letzten Versuch“, von Daniela eine Aussage zu erlangen, wo sie und ihre Schwester den kleinen Pascal „bzw. dessen Leiche“ und dessen Fahrrad hingeschafft oder versteckt hätten. Die offizielle Nachvernehmung beginnt um vier Uhr früh. Daniela kann die Augen kaum offenhalten.

„Wir müssen davon ausgehen, dass ihr beide den Pascal entweder fahrlässig oder sogar vorsätzlich getötet habt und dass ihr beide nach dieser Tat die Leiche und das Fahrrad beseitigt habt. Bis du dir bewusst, welch ungeheurer Vorwurf das ist?

„Ich weiß nicht, wo Pascal ist! Ich weiß es wirklich nicht!“, flüstert Daniela.

„Ich möchte es dir noch mal sagen: Du und deine Schwester Maria stehen in dem dringenden Tatverdacht, euren Stiefbruder getötet zu haben. Wenn euch das nachgewiesen werden kann, kannst du dafür zehn Jahre Haft bekommen! Bist du dir darüber im Klaren?“

„Ich weiß wirklich nicht mehr als das, was ich bisher gesagt habe. Ich bin müde.“

„Ich sehe, dass du müde bist. Bist du vielleicht dennoch in der Lage, mir noch einige Fragen zu beantworten? Du bist doch erst 17 Jahre alt. Ich möchte dir helfen! Wir möchten auf keinen Fall, dass deine Schwester Maria und du zu Unrecht ins Gefängnis kommt und dass ihr zu Unrecht für etwas bestraft werdet, was ihr gar nicht getan habt. Durch deine bisherigen umfangreichen Vernehmungen zieht sich wie ein roter Faden ein Gerüst aus lauter Lügen! Wenn du mit dem Verschwinden von Pascal etwas zu tun hast, dann sage es. Aber bitte, bitte, bitte die Wahrheit! Bist du trotz deiner Müdigkeit bereit, mir einige Fragen zu beantworten?“

Der Kriminalhauptkommissar gewährt Daniela fünf Minuten Ruhe. Dann geht es weiter. Todmüde und in höchster Bedrängnis stößt sie hervor:

„Die Maria war’s.“

Der Beamte lässt ihr keine Zeit zum Nachdenken. Fragen prasseln auf sie nieder.

„Was war die Maria? Was hat sie getan? Was ist passiert?“

„Die hat ihn auf dem Spielplatz umgeschubst. Da ist der Pascal nach hinten gefallen, auf das Knie, das hat geblutet, und auf den Kopf ist er gefallen.“

Während Daniela sich unter den Fragen des Kriminalhauptkommissars windet, muss nun Maria mit Polizeibeamten zur

Saar fahren. Auf dem Weg dorthin spricht sie von einem Unfall, bei dem Pascal ohnmächtig geworden sei und sie Mund-zu-Mund-Beatmung gemacht habe; sie kenne das aus dem Fernsehen. Doch er sei nicht mehr zu sich gekommen. Also habe man ihn, obwohl er noch atmete, in die Saar geworfen.

Die Beamten nehmen ihr dies nicht ab, befindet sich die von Maria angegebene Stelle doch in der Flussmitte, also vier bis fünf Meter vom Ufer entfernt. Auf Nachfrage, wie sie es denn geschafft hätten, den leblosen Körper so weit zu werfen, sagt Maria, dass ihre Schwester den Fünfjährigen am Kopf gepackt habe und sie selbst ihn an den Füßen, dass sie bis drei gezählt und dann losgelassen hätten. Er sei erst untergegangen, dann aber wieder aufgetaucht und abgetrieben. Allerdings wisse sie nicht, in welche Richtung.

Die Polizisten brechen die Suche ab, denn sie glauben Maria nicht und sagen ihr dies auch. Soll das die Wahrheit sein? Zwei Mädchen, die ein halb totes Kind unbemerkt durch die Stadt tragen, ohne Aufsehen zu erregen, um es dann in den Fluss zu werfen? Darauf erklärt Maria, die erste Version sei wahr – nämlich dass sie Pascal an jenem Sonntag überhaupt nicht gesehen habe.

Gegen zwei Uhr morgens wird sie in ihre Zelle zurückgebracht. Am nächsten Tag widerruft sie noch einmal alles, was sie bisher an Tatschilderungen zum Besten gegeben hat. Sie sei sich ganz sicher, dass Pascal an jenem 30.September 2001 nicht auf der Kirmes gewesen sei.

Der Kriminalhauptkommissar leistet inzwischen ganze Arbeit. Bei beiden Schwestern war es bis zu seinem Eingreifen nur um ein Unfallgeschehen gegangen. Dies ändert sich erst, als der erfahrene Kripomann Daniela in den frühen Morgenstunden des 13. Oktober weiter in die Zange nimmt. Ihre Müdigkeit und Erschöpfung und ihre Angst nützt der Vernehmer, um doch noch etwas aus ihr herausbekommen. Irgendwann zwischen vier und fünf Uhr morgens, als der Kommissar Daniela zum wiederholten Mal klarmacht, was er von ihr hören will, wimmert sie:

„Da ist was ganz Schlimmes passiert."

Der Beamte hat das Mädchen nun im Griff. Jetzt sagt sie endlich, was er hören will.

„Dann hat es richtig gekracht … das war ganz schlimm …ich hab' gesehen, wie die Maria mit etwas in beiden Händen auf den Pascal geschlagen hat, wie der noch am Boden lag."

Womit hat sie geschlagen? Wie hat sie geschlagen? Warum hat sie auf den Bruder eingeschlagen?

„Vielleicht ein Holz, ich weiß es nicht. Dann bin ich zu Pascal, der noch immer auf dem Boden lag. Er hat noch gesprochen. Er hat zu mir gesagt ‚Daniela, hilf mir!' Ich hab ihn aufgehoben und auf den Arm genommen … so kniend. Er hat im rechten Stirnbereich geblutet. Mit einer Hand bin ich ihm über die Stirn gefahren und hab' das Blut abgewischt. Dann hab ich ihn wieder auf den Boden gelegt. Ich hab' gesagt: ‚Pascal, ich kann dir jetzt nicht helfen.' Dann bin ich ein Stück vom Spielplatz weg. Die Maria war mit ihm alleine. Ich hab' dort herumgestanden und wusste nicht, was ich machen soll. Dann bin ich zum Bus. Dort habe ich vielleicht eine Viertelstunde gewartet."

„Um wie viel Uhr war das?"

„Gegen halb sieben Uhr abends."

Daniela erzählt stockend. Als der Beamte nach dem Verbleib von Pascals Fahrrad fragt, bringt sie den früheren Freund ihrer Tante ins Spiel. Der Mann sei mit seinem Motorroller zum Spielplatz gekommen und habe das Rad mitgenommen.

„Ist das nun Fantasie oder Wahrheit, dass dieser Mann mit seinem Roller gekommen ist? Du weißt doch aus dem Radio, dass wir einen Rollerfahrer suchen, der mit einem Kinderfahrrad gesehen wurde."

Daniela bleibt bei ihrer Version der Geschichte.

„Letzte Frage: Wo ist Pascal?"

Was soll sie sagen? Wo? Wo? Wo?!

„Ich weiß es nicht. Vielleicht hat der Ex-Freund meiner Tante ihn mitgenommen.“

„Habt ihr den Pascal in die Saar geworfen?“

Sie schüttelt den Kopf. Sie ist fertig. Sie ist nicht einmal mehr in der Lage, das Protokoll durchzulesen und zu unterschreiben. Sie wird in den Polizeigewahrsam „eingeliefert“. Es ist fünf Uhr früh.

Am nächsten Morgen, während Maria gerade ihre Aussage vom Vortag widerruft, bestätigt Daniela das nächtliche Geständnis. Ihre Schwester sei es gewesen. Sie weint. Und wieder geht es von vorne los.

Die Schwester habe den Kleinen noch nie leiden können, weil er vom Vater immer bevorzugt worden sei. Sie habe ihm einen Schubs gegeben und ihm einen Gegenstand auf den Kopf gehauen. Daniela zeigt eine Spanne von etwa 70 Zentimeter. Der Gegenstand sei wohl aus Holz gewesen. Das Kind habe noch gesagt, dass es Angst vor Maria habe. Und sie, Daniela, habe geantwortet, sie würde ihm ja gerne helfen, wisse aber nicht, wie. Den hölzernen Gegenstand habe die Schwester vom Boden aufgehoben, damit zugeschlagen und ihn dann weggeworfen.

„Als das passiert war, da war ich im Kopf irgendwie richtig weg! Ich wusste gar nichts mehr“, sagt Daniela und beschreibt dann die Stelle an Pascals Kopf, die auf den Schlag hin geblutet habe.

„Hat deine Schwester mit dem Gegenstand mehrmals auf Pascal eingeschlagen?“

„Zwei Mal.“

„Hast du nicht versucht, deine Schwester davon abzuhalten?“

„Ich hab’ es versucht. Ich hab’ bestimmt drei Mal zu ihr gesagt, sie solle den Kleinen in Ruhe lassen, er könne doch nichts dafür, dass er so läuft und alles kriegt, was er will.

Pascal habe abermals um Hilfe gefleht.

„Ich bin dann noch mal zu ihm hin und hab' gesagt, dass ich ihm nicht helfen könne. Dann bin ich gleich wieder weg. Ich konnte das nicht mehr sehen."

„Wieso konntest du das nicht mehr sehen?"

„Weil ich kein Blut sehen kann."

Danach sei sie weggelaufen und habe nicht mehr erkennen können, was Maria weiter mit Pascal getan habe. Aber er habe keinen Mucks mehr gemacht. Sie sei dann nochmals hingegangen und habe ihn leicht auf die Wangen geschlagen.

„Ich weiß nicht, ob er bewusstlos war oder tot."

Sie habe zu Maria gesagt, es sei eine Schweinerei, was sie mit dem Kind gemacht habe.

„Hast du nicht gesagt, dass sie den Pascal umgebracht hat?"

„Das hab' ich nicht so aus mir rausgelassen, weil ich gemeint habe, sie sagt dann, dass ich es war."

„Wieso sollte sie das sagen?"

„Ich weiß nicht, aber sie schiebt immer die Schuld auf mich."

„Wir glauben eher, dass du doch etwas gemacht hast!"

„Nein!"

„Schiebst du jetzt die Schuld auf Maria?"

„Ich glaube, die schiebt die Schuld auf mich, weil ich hab' mit der Sache wirklich nichts zu tun."

„Also irgendetwas stimmt hier nicht. Überleg' mal genau, was du weiter erzählst!"

„Das stimmt alles, wirklich! Ich habe mit der Sache nichts zu tun. Das schwör ich auf meine Brüder daheim!"

„Dann sag uns mal, wo Pascal liegt!"

Das aber kann sie nicht. Sie verrennt sich in Angaben über den Freund ihrer Tante, der das Rad Pascals auf seinem Motorroller mitgenommen habe. Wie? Hochkant oder quer? Sie weiß es nicht. Sie kann es nicht beschreiben.

„Warum weinst du jetzt? Du weinst doch nur, weil du noch immer nicht alles erzählt hast und wir dies merken! Richtig?"

Was ist weiter mit Pascal passiert? Sie weiß es nicht.

„Wieso weißt du das nicht? Du warst doch dabei! Du weißt es! Erzähl' mal! Kannst du uns den Platz zeigen, wo Pascal lag?"

„Der liegt da nicht mehr."

„Wer hat ihn denn weggebracht? Wer hat ihn weggetragen? Der Freund der Tante?"

„Ich weiß nicht, wer ihn weggetragen hat!"

„Um wie viel Uhr wart ihr denn auf dem Spielplatz? Das hast du uns nämlich auch noch nicht gesagt."

„So um halb vier, vier."

„Das stimmt auch nicht! Pascal ist nämlich nach vier Uhr noch lebend gesehen worden! Du siehst also, Lügen haben kurze Beine. Also – wie war's?"

Nach einer längeren Vernehmungspause spricht der Polizeipsychologe mit ihr. Es dauert eine ganze Weile, bis Daniela endlich wieder zugibt, mit Pascal auf der Kirmes gewesen zu sein. Sie erzählt nun aber eine neue Version.

„Als er fragte, ob er mit einem Karussell fahren dürfe, habe ich die Kontrolle verloren. Ich hab' Krämpfe in die Hände gekriegt und bin ihm an den Hals gesprungen. Da hat meine Schwester noch gesagt: Hör auf, der wird blau. Ich bin ausgerastet, habe ihn getreten und gewürgt. Ich habe ihn mit den Schuhen getreten, die meine Mutter heute zur Dienststelle gebracht hat. Seitdem ziehe ich diese Schuhe nicht mehr an."

„Was hast du dem Pascal noch gemacht?"

„Ich habe ihn am Hals gehabt und an den Armen und habe ihn dann auf einmal getreten."

„Was hat deine Schwester gemacht?"

„ Sie hat ihn in den Arm genommen und gesagt, ich solle ihn auch in den Arm nehmen. Das konnte ich aber nicht, weil ich ihm ja weh getan habe."

„Was meinst du denn, wo der Pascal jetzt ist?"
„Ich weiß das nicht! Ich wäre froh, ich wüsste es."
„Was wäre passiert, wenn deine Schwester dich nicht zurückgehalten hätte?"
„Ich hätte ihn umgebracht. So außer mir war ich! Ich habe gar nicht gewusst, was ich mache. Ich war weg vom Fenster. Das ist jetzt die ganze Wahrheit. Ich bin froh, dass ich es jetzt gesagt habe.
„Glaubst du, dass der Pascal tot ist?
„Ich weiß nicht."
„War der Pascal verletzt?"
„Nein. Dem haben die Arme und der Hals weh getan. Es hat ihm alles weh getan, wo ich ihm weh getan habe."
„Wo ist denn das alles passiert?"
„Das war hinter den Autoscootern auf der Kirmes."

Mittlerweile ist es nach 20 Uhr. Kurze Pause. Dann geht es weiter.

„Hast du mal darüber nachgedacht, dass du deinen Bruder verloren hast?"
„Ja. Ich habe vor ihm gekniet und hatte ihn am Hals. Er war ganz blau. Er hat aber die Augen noch auf gehabt. Sein Kopf ist so zur Seite gefallen. Dann hat er auf dem Boden gelegen. Er hat noch die Hand nach mir ausgestreckt und mich festgehalten. Dann bin ich weggelaufen. Weil ich ihn nicht so da liegen sehen konnte. So tot. Es kann nicht sein, dass ich das war. Ich kann das nicht begreifen."
„Ist dir klar, was du uns hier gesagt hast?"
„Ja."
„Was denn?"
„Dass ich meinem Bruder weh getan habe."

An jenem 12. Oktober wird Maria unter dem dringenden Verdacht festgenommen, Pascal erschlagen zu haben. Später ergeht auch Haftbefehl gegen Daniela. Als man der Mutter der beiden Mädchen dies mitteilt und dass ihre ältere Tochter bereits auf dem Weg in die Justizvollzugsanstalt sei, bricht die Frau weinend zusammen. Sie fleht die Mädchen an, die Wahrheit zu sagen. Die jüngere Schwester legt nun unter Tränen wieder ein neues Geständnis ab:

Sie sei mit Maria und Pascal auf der Kirmes gewesen, als der Freund der Tante gekommen sei und ihr 30 Mark dafür gegeben habe, dass er Pascal für eine Stunde mitnehmen dürfe. Als der Mann nach zwei Stunden noch immer nicht mit dem Kind zurückgekehrt war, seien sie zur Wohnung von Pascals Vater gegangen und hätten nach dem Fünfjährigen gefragt.

„Ihr hättet doch Hilfe holen können! Warum habt ihr das nicht gemacht?"

Keine Antwort.

„Habt ihr eurem Vater gesagt, dass der Pascal beim Freund eurer Tante ist?"

„Nein."

„Daniela! Nach dem Pascal wird jetzt schon vierzehn Tage lang gesucht! Und ihr wisst oder du gibst zumindest vor, ihr habt gewusst, wo ihr den Pascal hingegeben habt. Dort ist noch nicht gesucht worden. Das weißt du ganz genau. Wieso gehst du denn dann nicht hin und sagst irgendwann mal, dass der Pascal mit dem Mann mitgegangen ist? Wieso nicht?"

Keine Antwort.

„Wieso hast du uns diese Story erzählt, dass die Maria den Pascal quasi totgeschlagen hat? Fandest du das weniger schlimm als das, was der Mann mit ihm gemacht hat? Wieso diese vielen Versionen?"

Keine Antwort.

Einen Tag nach ihrer älteren Schwester widerruft auch Daniela alle Angaben. Sie habe Pascal den ganzen Kirmessonntag über nicht gesehen, beteuert sie.

Trotz der Widerrufe teilt die Polizei der Presse mit, die ältere von Pascals Halbschwestern sei von der jüngeren schwer belastet worden. Diese habe gesehen, wie die Ältere den Bruder nach einem Streit mit „einem schweren Gegenstand" niedergeschlagen habe. Am 15. Oktober berichtet die *Saarbrücker Zeitung* unter der Überschrift „Wurde Pascal erschlagen? – Familientragödie: 18-jährige Stiefschwester des vermissten Fünfjährigen unter schwerem Verdacht – Haftbefehl erlassen" über die angebliche Wende in dem mysteriösen Fall.

Die Zeugin Anna

Die gerade 14-jährige Anna (Name geändert) ging damals in die 8. Klasse. Sie kannte Daniela von der Schule. Auf der Kirmes hatte sie sich mit ihrem Freund treffen wollen, war aber zuvor den Pascal-Schwestern und anderen Freundinnen über den Weg gelaufen. Die Mädchen standen zunächst am Autoscooter und spazierten dann von einem Stand zum anderen, kauften aber nichts, weil sie kein Geld hatten.

Am 18. Oktober 2001, als Marias Rechtsanwalt Lars Nozar die Aufhebung des Haftbefehls gegen seine Mandantin beantragt, wird Anna von der Kripo als Zeugin vorgeladen. Denn die Zweifel an den Aussagen der Pascal-Schwestern wachsen stündlich. Doch der Verdacht gegen sie besteht weiter.

Die Vernehmung läuft genauso ab wie bei Maria und Daniela. Erst geht es um die Uhrzeit, dann um die Frage, ob Anna Pascal auf dem Festplatz gesehen habe.

„Nein."

„Bist du dir da ganz sicher?"

„Ja. Ich kenne den doch gar nicht."

„War ein kleinerer Junge bei den Mädchen?"

Nein, sie ist sich auch hierbei ganz sicher.

„Aber ein Klassenkamerad von euch, der Benjamin, hat bei uns erzählt, dass er dich zusammen mit den Schwestern und dem Pascal auf der Kirmes gesehen habe. Was sagst du dazu?"

Anna schüttelt den Kopf. Das sei nicht wahr.

Die Beamten verunsichern Anna. Mit wem hast du dich unterhalten? Mit niemandem? Du hast eben gesagt, die Christine habe sich mit der Sabine unterhalten. Jetzt sagt uns die Christine aber, sie habe sich mit einer anderen unterhalten, nicht mit Sabine. Warum hast du uns nicht die Wahrheit gesagt?

Warum? Warum nicht? Wieso sagst du jetzt so, wenn du es vorhin anders gesagt hast? Woher weiß du das? Wann war das? Hast du denn überhaupt eine Uhr? Warum hast du eben behauptet, dass du den Benjamin nicht gesehen hast? Und jetzt hast du ihn doch gesehen. Eben war er noch gar nicht da! Wieso sagt der Benjamin, er habe dich schon früher gesehen? Das stimmt doch alles nicht.

Anna verstummt.

Ihr Schulkamerad Benjamin wird auf die Wache geholt. Er soll vor Anna wiederholen, dass er Pascal auf der Kirmes gesehen hat. Ja, sagt er, Pascal habe an einem Karussell gestanden; die Schwestern seien mit Anna an ihm vorbeigegangen.

Die Beamten werden nun ärgerlich und fahren sie an:

„Was sagst du nun dazu? War es so?"

Anna zögert und nickt dann. Widerstand ist zwecklos.

Sie beteuert, mit dem Verschwinden nichts zu tun zu haben. Und erzählt dann auf die Fragen der Beamten, was schon in der Zeitung stand: dass die große Schwester ihrem Bruder einen schweren Gegenstand auf den Kopf geschlagen habe, und die jüngere Schwester ihr mit Schlägen gedroht habe, falls sie dies weitererzähle.

„Hast du noch mehr gesehen?"

Sie nickt. Und schweigt. Und beißt auf ihrer Lippe herum.

„Ich habe gesehen, wie der eine Eisenstange auf den Kopf gekriegt hat. Die Große hat mit der Stange geschlagen."

Sie beschreibt den Tatort auf der Brücke, wo der Wald ist und unten die Saar fließt, auf der Burbacher Seite.

„Wir sind da hingegangen. Die wollten mir zeigen, wie man einen umbringt. Das haben sie gesagt. Ich habe gedacht, die wollen mich verarschen. Doch dann haben sie ihn geschlagen."

Anna zeigt den Beamten, wie Maria die Stange aus ihrer Tasche nahm und auf das Kind zwei Mal einschlug. Sie sagt, Pascal habe rund zwei Minuten lang geschrien; sie habe das noch gehört, als sie weggelaufen sei.

Beim Durchlesen des Vernehmungsprotokolls allerdings streicht sie die meisten Sätze durch, in denen es um die Beschreibung des Tathergangs geht. Zwei Seiten versieht sie pauschal mit der Bemerkung „alles falsch". Die Beamten brechen die Vernehmung ab und leiten Ermittlungen wegen Beihilfe zur mutmaßlichen Tötung Pascals ein.

Maria sitzt trotz aller Zweifel an ihren Aussagen und denen ihrer Schwester zu der Zeit noch immer in U-Haft. Der Schüler, der Pascal auf der Kirmes gesehen haben will, hat inzwischen zugegeben, sich mit seiner Aussage nur wichtig gemacht zu haben. Morgens um drei Uhr gelingt es Rechtsanwalt Nozar endlich, den Haftbefehl gegen Meldeauflagen wenigstens außer Vollzug setzen zu lassen.

Formell aufgehoben wurden die Haftbefehle gegen Maria und Daniela erst rund eineinhalb Jahre später, am 26. März 2003, nachdem zuvor zwölf andere Tatverdächtige, die später im Pascal-Prozess vor Gericht standen, festgenommen und inhaftiert worden waren. „Einen Menschen kann man nur einmal umbringen", so Nozar. „Der Mordverdacht richtete sich 2003 gegen andere Personen; folglich kann Pascal nicht auch noch von seinen Halbschwestern umgebracht worden sein." Im April 2003 beantragte der Anwalt, das Verfahren gegen Maria und Daniela endlich einzustellen. Das Oberlandesgericht Saarbrücken verwarf den Antrag. Nun erhob Nozar Verfassungsbeschwerde, da Maria massiv darunter leide, von der Staatsanwaltschaft weiterhin als Täterin angesehen zu werden. In der Öffentlichkeit werde sie als „Kindermörderin“ beschimpft.

Wie kann so etwas sein? Warum wurden die Schwestern jahrelang als Beschuldigte geführt, obwohl nichts gegen sie vorlag? Ihre Geständnisse, die, wie die Polizei rasch feststellte, eindeutig falsch waren, hatten sich wie auch das ihrer Freundin Anna als Produkte eines Vernehmungsdrucks herausgestellt, dem die jungen Mädchen psychisch und physisch nicht gewachsen gewesen waren.

Laut eines Vermerks der Staatsanwaltschaft lastete dessen ungeachtet noch im August 2003 auf beiden Schwestern Verdacht. Und zwar wegen „Tatverdachts der Beihilfe zum schweren sexuellen Missbrauch zum Nachteil Pascals“. Es gehört zu den unergründlichen Geheimnissen der Saarbrücker Staatsanwaltschaft, was die Halbschwestern des verschwundenen Jungen mit Kindesmissbrauch zu tun haben sollten.

Erst im Februar 2004 wurde das Ermittlungsverfahren gegen die jungen Frauen eingestellt. Rechtsanwalt Nozar fürchtete bis zum Ende des Pascal-Prozesses im Jahr 2007, die Staatsanwaltschaft könnte neuerlich auf die Schwestern zurückgreifen.

Der Verdacht

Die Pflegemutter bei der Beratungsstelle

Wenn Andis Pflegemutter von ihrem Pflegekind erzählt, klingt das nicht liebevoll, sondern abwehrend. Immer wieder kommt sie auf dasselbe Thema zu sprechen: „Er stellt sich körperlich ständig ganz nah dran. Das nervt. Ich will das nicht! Er setzt sich ja auch nicht normal auf den Schoß, sondern er fällt einen richtig an! Er fängt an, den Hals zu küssen! Ganz schlimm! Ich finde das körperlich eklig." Auch ihre eigenen Kinder reagierten so. Wenn die Familie zusammen im Auto fahre, sei es mittlerweile so, dass Andi allein in der Mittelreihe des Wagens sitzen müsse, „weil er einfach zu nah auf die Pelle rückt und einen auch minutenlang anstarrt". Er belästige jedermann. Doch dann fügt sie hinzu, sie habe ihn richtig ins Herz geschlossen. Er sei ein ganz besonderes Kind.

Nach den ersten drei Monaten in der Pflegefamilie, Anfang 2002, fängt der inzwischen Siebenjährige an, Tante Christa und seine leibliche Mutter Andrea zu erwähnen, denen er ein Jahr zuvor vom Jugendamt weggenommen worden ist. Er nennt Christa eine „bescheuerte Kuh" und wiederholt bald gebetsmühlenartig, dass er sie hasse. „Und wenn man an ihm vorbeiging, zuckte er zusammen. Er wurde dort wohl auch geschlagen", mutmaßt die Pflegemutter.

Juli 2002. Die Pflegemutter hält sich im Wintergarten auf. Von dort aus geht es in den Garten zum Pool. Ihre Jüngste, knapp vier, läuft nackt draußen rum. Man hört sie schimpfen: „Lass mich, hör auf!" Streiten die Kinder schon wieder? Die Pflegemutter geht nach draußen. „Und da sehe ich, wie der Andi auf meiner Tochter liegt! Wie ein Mann auf einer Frau liegt, gegen ihren Willen! Er spielte den Liebesakt zwischen Mann und Frau! Das hatte für mich ganz klar den Touch eines sexuellen Akts. Ich riss ihn weg und nahm meine Kleine auf den Arm. Sie weinte, ich habe sie getröstet. Und ihn hab' ich geschüttelt und angebrüllt! Ich hab' ihn richtig zur Schnecke gemacht: ‚Wenn du das noch einmal tust, knall ich dir eine!' Er war anschließend so voller Schuldgefühle, dass er mir fast schon wieder leidtat. Denn er selbst hat sich ja nicht in Richtung Sexuelles geäußert." Sie droht Andi mit Nachdruck: „Wenn so etwas noch mal vorkommt, fliegst du raus!"

Dass es sich lediglich um eine harmlose Balgerei unter Kinder gehandelt haben könnte und keineswegs um etwas Sexuelles, kommt ihr nicht in den Sinn: „Das schließ' ich aus! So blöd bin ich nun auch wieder nicht!" Es war *ihre* Fantasie, die Sache mit dem „Liebesakt gegen den Willen der Frau", nicht die des Kindes. Sie meldet die Begebenheit der Kripo: „Der Junge zeigt Verhaltensauffälligkeiten."

Ihr Mann sagt später bei der Polizei, seine Frau habe bei Andi „Bewegungen" eindeutiger Art und eine Erektion gesehen. Sie streitet das ab: „Der Junge hatte eine Badehose an. Das stimmt nicht, was mein Mann sagt. Was redet er da für einen Mist?" Allerdings hat sie selbst damals der Polizei mitgeteilt, der Junge habe ihre kleine Tochter ausgezogen und sich auf sie gelegt, um den sexuellen Akt nachzuspielen. „Das ist nicht richtig dokumentiert", wiegelt sie heute ab, „so hab' ich das nicht gesagt."

„So richtig hellhörig wurde ich erst, als mein ältester Sohn von seinen Kumpels erzählte." Die hätten gesagt, Andi zeige sich auch am Sportplatz. Auch das meldet sie der Kripo: „Er zeigt demonstrativ am Sportplatz vor mehreren Jugendlichen seinen Penis."

Ob überhaupt etwas am Sportplatz geschehen war, weiß bis heute niemand. Keiner war dabei. Es sind nur Gerüchte vom Hörensagen.

Am 15. August 2002 nimmt sich die Pflegemutter Andi deswegen vor. Hat sie ihm solche Handlungen nicht strengstens verboten? Hat er vergessen, was sie ihm angedroht hatte? „Er war voller Schuldgefühle und schaute bedrückt an sich herunter", erinnert sie sich. Und auf ihr weiteres Drängen sagt er: „Der Mann" habe das von ihm verlangt. Welcher Mann? „Ich wollte mit ihm schon zum Sportplatz gehen, damit er mir den Mann zeigt. Aber Andi schüttelt den Kopf: Nein, nicht ein Mann vom Sportplatz, sondern in der Tosa-Klause habe er sich in die Ecke stellen müssen und sein Teil zeigen."

Sie fragt, wo seine Mama währenddessen gewesen sei? „Die war auch da." Und Tante Christa? „Die war auch da." Der Pflegemutter verschlägt es die Sprache: „Ich war total verunsichert. Bisher hatte Andi nie etwas Derartiges aus der Kneipe erzählt!" Ihr ungutes Gefühl gegenüber dieser Christa und Andrea war also doch nicht unbegründet. Sie beruhigt den Jungen: „Erwachsene dürfen so etwas nicht von einem Kind verlangen. Wenn es etwas gibt, was du mir sagen möchtest, dann kannst du jederzeit zu mir kommen."

Hatte Andi in seiner Erklärungsnot einfach etwas erzählt, um sich zu rechtfertigen, in dem Bewusstsein, er würde rausfliegen, wenn noch mal etwas vorkomme? Oder war ihm wieder eingefallen, wie er früher mal ohne Windeln in der Kneipe herumgerannt war und sich von seiner Mutter nicht hatte einfangen lassen zum Gaudium der Gäste? Oder war vielleicht doch etwas mit älteren Jugendlichen am Sportplatz vorgefallen? Hatten sie ihn gehänselt oder gedemütigt?

Am 1. September 2002 fährt die Pflegemutter mit Andi zu einem der regelmäßigen Treffen jener Pflegefamilien, die in das Projekt des Stadtverbandes eingebunden sind. „Mehrere Leute sprachen mich an, weil der Junge so total einsam wirkte!" Eine Frau vom Jugendamt sagt: „Dieses Kind ist das auffälligste, das wir hier haben!" Da habe sie angefangen, den anderen Eltern ihre Erlebnisse mit Andi aufzuzählen: was angeblich am Sportplatz war, was er der kleinen Tochter angetan hat, dass er sich mehrfach den Mädchen „gezeigt“ habe, was er über Bier und Zigaretten erzählte. Sie stößt auf jede Menge Anteilnahme und Aufmerksamkeit und atmet auf, weil sie nun nicht mehr allein ist mit ihrer Vermutung, „dass da was ist“.

Obwohl sie ihm fortan mehrfach anbietet, wenn er etwas loswerden wolle, solle er es tun, sie sei immer für ihn da, schweigt Andi.

Ihrem Verdacht und ihren Ahnungen tut dies aber keinen Abbruch. Sie entschließt sich, professionellen Rat einzuholen. Sie will vor allem wissen, wie sie ihre eigenen Kinder von dem Jungen abgrenzen und vor ihm „schützen“ kann.

Sie geht zur Lebensberatungsstelle des Bistums Trier, die unter anderem Hilfe anbietet bei Verdacht des sexuellen Kindesmissbrauchs. „Da war fachspezifische Kompetenz“, sagt sie. Hier fühlt sie sich gut aufgehoben, auch, weil eine Beraterin, eine Psychologin und Psychotherapeutin, ihre Ahnungen ernst nimmt. Sie rät ihr, dem Jungen zu erklären, was gute und schlechte Geheimnisse seien. Denn das, was Andi im Kopf habe, müsse ja irgendwie dort hineingekommen sein. Daher müssten ihm Gesprächsangebote gemacht werden – natürlich keine Vorgaben, sonst gebe es später Probleme im Falle eines Ermittlungsverfahren, warnt die Beraterin, die einen Strafprozess wegen Kindesmissbrauchs schon kommen sieht. „Denn er hat ja etwas im Kopf, was er eventuell mit einem anderen Kind macht! Und er lebt in einer Familie mit drei Mädchen!“ Für die Dame von der Lebensberatung liegen die Dinge auf der Hand.

Sie schickt die Pflegemutter zur Beratungsstelle „Nele“; dort habe man Erfahrung, wie man mit Kindern über solche Dinge redet. Doch die Pflegemutter ist enttäuscht: „Die haben da gesprochen wie Hausfrauen. Ich bekam irgendein bescheuertes Material und Videofilme. Mein Mann und ich beschlossen, dass wir das den Kindern gar nicht zeigen.“ Sie sucht wieder die katholische Beratungsstelle auf.

Laufend holt sie sich dort Rat, bis Juni 2003. „Es kam sicher zu 150 Beratungsgesprächen", sagt sie. Anfangs ging es hauptsächlich um die Frage, ob der Junge in der Familie bleiben könne. Denn nach ihrem Eindruck steckte etwas in dem Kind, was nicht herauskommt, aber die Familie belastet: „Es ist eine enorme Unruhe in ihm, ein Konflikt." Es geht der Pflegemutter auch darum, die Gespräche mit dem Jungen zeitlich zu begrenzen beziehungsweise auf eine Zeit zu verlegen, in der die anderen Kinder nicht zuhören. Schon einmal hatte Andi beim Frühstück erzählt, er habe „Pornos" schauen müssen, worauf die Mädchen fragten, was Pornos seien. „Also abends", schlägt die Beraterin vor, „da ist es am einfachsten".

„Wir haben alle Ratschläge vermieden, die Erinnerungen verändern", beteuert die Lebensberaterin. „Wir rieten, das Kind zeichnen oder an Puppen zeigen zu lassen, was es erlebt hat. Wir haben dann einen Tresor eingerichtet. Falls der Junge etwas erzählt – kommt es in den Tresor. Dann gibt es eine Figur, die aufpasst, dass diese Erinnerungen nicht mehr herauskommen und ihn bedrücken." Andi habe keine Sprache gefunden für das, was er mitteilen wollte. Man habe sich auf Fragen nach dem Wo und Wer beschränkt.

Die Beraterin hat den Eindruck, die ganze Familie brauche Hilfe. Es stellen sich viele Fragen: Kann die Familie ein solches Kind auf Dauer überhaupt verkraften? Was tun gegen die distanzlosen Küsse des Jungen? Wie gewinnt man den Ehemann der Pflegemutter für mehr Unterstützung, zumal der mit dem Thema ‚sexueller Missbrauch' nichts zu tun haben will? Und vor allem: Wie stärkt man die Pflegemutter? Denn der macht der Umstand, einen sexuell missbrauchten Jungen im Haus zu haben, am meisten zu schaffen.

„Ich riet, das aufzuschreiben, was Andi erzählt. Dadurch bekommt man am besten Abstand. Und die Fakten sind gespeichert!", sagt die Beraterin. Bald habe man sich gefragt, ob man die Polizei einschalten müsse. Denn sexueller Kindesmissbrauch sei schließlich ein schweres Verbrechen. Die Pflegemutter sollte mit Andi erarbeiten, ob er aussagen wolle. Die Frage, ob der Junge anlässlich eines solchen Verdachts (oder einer solchen Gewissheit) nicht besser zu einem sachkundigen Psychologen gebracht werden müsste, wird nicht ernsthaft erwogen: „Andi hatte sich ja der Pflegemutter offenbart", befindet die Beraterin, „da war also schon eine Schiene da. So etwas muss ja eingebettet sein in eine Bindung."

„Sexueller Missbrauch", erklärt sie weiter, „ist verbunden mit einem Schweigegebot. Andi war bereits ein Jahr in Therapie und hat dort nichts gesagt, also unterlag er einem solchen Gebot. Und nun sagt er vielleicht Dinge, die möglicherweise ermittlungsrelevant sind. Außerdem besteht die Gefahr, dass er das, was er im Kopf hat, mit anderen Kindern ausagiert. Das muss natürlich verhindert werden. Mein Rat lautet: Es soll sich immer jemand in Hörweite aufhalten, damit nichts passiert." Und dem Jungen müsse klargemacht werden, dass so ein Vorfall wie mit der jüngeren Schwester am Pool nie, nie, nie wieder vorkommen dürfe. „Die Dinge müssen schließlich zurechtgerückt werden", bekräftigt die Beraterin, „damit er so etwas nicht mit anderen Kindern spielt."

Andi quäle sich wohl auch damit, fährt sie fort, „dass er genitale Reaktionen hatte, wenn er stimuliert wurde. Wir brachten ihm dann bei, dass der Körper manchmal reagiert, obwohl man es gar nicht will. Beim Kitzeln zum Beispiel – da muss man lachen, auch wenn es schon längst nicht mehr schön ist."

Ob er tatsächlich missbraucht worden war, fragen sich Pflegemutter und Beraterin schon längst nicht mehr. Sexueller Missbrauch: Das war die Lösung jeden Rätsels, das der behinderte, zurückgebliebene, traumatisierte Junge aufgab. Die beiden Frauen tauschen sich über „möglicherweise ermittlungsrelevante Angaben" Andis und seine Verhaltensauffälligkeiten aus. Und ob er wohl in seiner Herkunftsfamilie missbraucht worden sei. Dass der mittlerweile knapp achtjährige Junge zur

Zeit des mutmaßlichen Missbrauchs höchstens sechs Jahre alt oder noch jünger war, irritiert die Frauen nicht. Mindestens zwei Jahre lang hat er demnach die Quälereien für sich behalten, sorgfältig getrennt von weniger brisanten Erinnerungen an zu Hause. Kann ein Kind das überhaupt?

In der Familie, die von Januar 2001 an die Bereitschaftspflege von Andi übernommen hat, war nie ein Wort über sexuelle Übergriffe gefallen; die Bereitschafts-Pflegemutter hatte bis 2002 nichts bemerkt, was einen derartigen Verdacht hätte aufkommen lassen. Selbst in der neuen Pflegefamilie vergingen mehrere Monate, bis es zu Äußerungen sexuellen Inhalts kam. Und dies auch erst, nachdem sich bei der Pflegemutter, die sich einschlägig hatte beraten lassen, eine entsprechende Besorgnis ausgebildet hat. Andi hätte demnach ein blendender Schauspieler sein müssen, dem es gelungen war, sich zahllose erlittene Gewalterlebnisse schlimmsten Ausmaßes über Jahre hinweg nicht anmerken zu lassen.

Ehe die neue Pflegemutter sich endgültig entschließt, Andi in die Familie aufzunehmen, erkundigt sie sich beim Jugendamt nach dem Milieu, aus dem er stammt. Sie erfährt, dass seine leibliche Mutter selbst in Pflegschaft sei und sich prostituiere. Vor allem Letzteres stößt sie ab. Dass ein Kind bei einer solchen Frau nicht gut aufgehoben ist, leuchtet ihr sofort ein. Außerdem deutet man ihr an, dass das Kind missbraucht worden sei.

Die Pflegemutter ist entsetzt. Ein missbrauchtes Kind wollte sie noch nie. Dafür hält sie sich nicht für kompetent. Doch die Mitarbeiterin des Jugendamtes beruhigt sie: Der Junge sei nicht sexuell, sondern wirtschaftlich missbraucht worden – weil Christa Geld für die Pflegschaft genommen habe (allerdings längst nicht so viel, wie es das neue Konzept der Stadt Saarbrücken für Pflegeeltern vorsieht!). Es sei eine Unterbringung auf Dauer beabsichtigt, da er keinesfalls mehr zu seiner leiblichen Mutter zurückkehren dürfe.

Einzig Andis Herkunft irritiert die Pflegemutter, über alles andere setzt sie sich hinweg. Hatten Psychiater und Sozialpädagogen ihn als geistig und körperlich behindert eingestuft, tut sie das als unbeachtlich ab: „Ich halte ihn nicht für geistig behindert, sondern nur etwas weniger weit entwickelt. Eine Psychologin, bei der er schon ein Jahr lang in Therapie war, unterstützt mich in meiner Meinung. Er hat maximal eine leichte Lernschwäche.“ Ist Andi erst einmal von dieser schrecklichen Mutter getrennt, glaubt sie, werde seine Entwicklung auch schneller vorangehen. Zwar hatte sie bei einer Fortbildungsveranstaltung mal gehört, „dass jedes Kind traumatisiert ist, das von seiner Mutter getrennt wird“. Für Andi lässt sie dies aber nicht gelten, im Gegenteil. Sie geht von einer zunehmenden Traumatisierung aus, je länger er seiner leiblichen Mutter ausgesetzt bleibt.

Sie geht mehr und mehr auf Abstand zu Andi. Es missfällt ihr, wie er ihrer Meinung nach versucht, Personen in seiner Umgebung „um den Finger zu wickeln“. „Der wäre auf der Straße nicht verhungert!“, sagt sie abfällig, auch wenn sie wisse, dass das ein Zeichen für Vernachlässigung sei. „Solche Kinder verhalten sich so, um ihre Versorgung zu gewährleisten.“

Mit ihm in die Stadt zu gehen ist ihr ein Graus. „Er ging auf Säufer und alte Knacker zu, als ob er sie kennt. Ich will mit solchen Leuten nicht kommunizieren.“ Andi aber versteht ihren Abscheu nicht. Auch begreift er nicht, warum sie sich darüber aufregt, dass er viele Biersorten kennt. Das hat er doch bei Tante Christa in der Kneipe gelernt oder beim Einkaufen mit ihr. „Im Getränkemarkt machte er mir Vorschläge, was ich nehmen sollte und was nicht. Er kannte sich genau aus. So dumm kann er also nicht sein!“

Auch mit Gelddingen scheint er sich auszukennen. Er weiß, was eine Bank ist und ein Euroscheck und eine Überweisung. „Offenbar war er oft auf der Bank. Manchmal hat er auch ‚Kasse‘ gespielt und gerechnet. Das fiel mir auf.“

Überhaupt: Wie er manchmal spielt! „Er wollte immer Disco spielen, mit einem Mikrofon in der Hand. Dabei hat er gesungen und getanzt und sich bewegt wie die alten Knacker!" Alte Knacker, das seien Männer, sagt die Pflegemutter, die in Weinzelten auf Tischen stünden und sängen, so wie sie es in ihrer Jugend mal beobachtet habe. „Dieser Hüftschwung", fährt sie fort, „der war nicht kindgemäß! Heute, im Nachhinein, sage ich, das waren sexualisierte Bewegungen. Das ist meine Interpretation. Er wollte sich damit immer in den Mittelpunkt stellen. Anfangs haben wir ja noch gelacht, aber dann reichte es uns bald."

Nun ist er nicht mehr länger ihr „Sonnenschein". Sie kritisiert sein Essverhalten. Einen „großen fetten Schokoriegel" habe er mal innerhalb von einer Minute aufgegessen. „Er aß und aß. Er hat kein Gefühl für Sättigung. Er würde essen bis zum Platzen."

Weil er frischen Salat liebt, mutmaßt sie, dass er so etwas in dieser Spelunke unter all den „Säufern und alten Knackern" nicht bekommen habe. Essen bedeute ihm sehr viel, sogar Schnecken und Muscheln esse er. „Wenn wir in ein Restaurant gehen, sucht er sich immer die delikatesten Dinge aus", sagt sie tadelnd. All das stört sie. Auch wenn er sagt: „Welchen Gaumenschmaus bereitest du heute wieder zu?" Das sei doch nicht kindgemäß.

„Von außen gesehen wirkt er wie ein sehr gut erzogenes Kind aus gutem Haus, ja wie gedrillt. Ganz, ganz unnormal und überhaupt nicht asozial. Ich wurde überall gelobt für seine Höflichkeit."

Weil sie fürchtet, dass er irgendwann auch wieder Kontakt zu seiner leiblichen Mutter aufnehmen würde, baut sie dem vor. Mit Andrea will sie nun wirklich nichts zu tun haben: „Wir vermittelten ihm, er dürfe groß werden bei uns. Unsere Kinder empfahlen ihm, Mama und Papa zu uns zu sagen." Obwohl sie aus eigenem Erleben weiß, wie schmerzhaft es für ein Kind ist, vergeblich auf seine Mutter zu warten, tut sie alles, um Andrea aus dem Gedächtnis des Jungen zu löschen.

Und noch etwas irritiert sie. Als Andi im Herbst 2001 wieder einmal zu Besuch kam, das genaue Datum lässt sich nicht mehr feststellen, lief im Fernsehen ein Bericht über die Suche nach Pascal; es ist die Rede von der Tosa-Klause, in der Pascals Vater verkehrte, und ob der Junge dort am Kirmessonntag gesehen worden sei. „Da fiel mir auf", erinnert sich die Pflegemutter, „wie er auf das Bild von Pascal gestiert hat. Ich fragte ihn, ob er Pascal kenne. Er verneinte. Doch er war ganz fixiert auf dieses Bild. Das fiel mir auf, weil ich keinen Bezug dazu hatte.

Am 9. Dezember 2001 zieht Andi zu der neuen Familie. Er bekommt ein eigenes Zimmer und jede Menge Spielsachen. Dennoch bleibt ihm nicht verborgen, dass lange ungewiss ist, ob er wirklich auf Dauer bleiben kann. Die Familie nimmt ihn nur unter der Bedingung auf, ihn während der Ferien oder auch mal am Wochenende bei anderen Leuten unterbringen zu können, was auch mehrfach geschieht, „damit die Kernfamilie Ruhe findet". Kurz vor Weihnachten kommt er auf Betreiben der Pflegefamilie in die Psychiatrie, obwohl er nicht krank ist. Er fragt: „Warum muss ich in die Psychiatrie?" Und erfährt, dass einer, der so schlimme Dinge erlebt habe wie er, eine Therapie brauche; und dass der Aufenthalt zu seinem Schutz sei; und dass die Familie Zeit brauche, zu entscheiden, ob er bleiben dürfe oder nicht.

Da saß Andi dann Heiligabend mutterseelenallein auf der Station. Die anderen Kinder waren zum Fest alle heimgeholt worden, nur er nicht. Andrea und Christa wussten nichts davon. Sie erfuhren erst Jahre später, wie man mit Andi umgegangen war.

Als er im Januar 2002 aus der Klinik entlassen wird, bestätigt er alle Vorbehalte, die die Familie gegen ihn inzwischen aufgebaut hatte. „In den ersten Wochen hat er mehrfach vor meinen Töchtern die Hose heruntergelassen und sich gezeigt", sagt die Pflegemutter. Für sie ein sexualisiertes Verhalten, wie ihre Wortwahl verrät: Er hat sich gezeigt – wie ein Exhibitionist also. „Meine Kinder waren ganz entrüstet und haben dann losgedonnert, und so hat er es dann gelassen." Und er habe häufig Personen mit dem männlichen Geschlechtsteil gemalt. Auch das wird gleich unterbunden. Einen Namen für das, was er da zeichnet, hat er nicht. Den lernt er erst von den Mädchen.

Die Pflegemutter legt eine Akte an, in der sie derartige Vorfälle vermerkt. Die erste Frage, die sie dokumentiert, lautet: „Wie kommst du dazu, ständig deinen Penis zu zeigen?"

Dann meldet sich Andrea beim Jugendamt: Sie will ihren Sohn besuchen, mit ihm telefonieren, sie will wissen, wie es ihm geht. Von April an, so wird daraufhin vereinbart, dürfe sie sonntags bei der Pflegefamilie anrufen. Es sei auffallend, wie Andi jedes Mal, wenn er mit seiner Mutter gesprochen habe, im Haus herumzappele und in eine Kleinkindsprache verfalle, notiert die Pflegemutter in ihrer Akte.

Als Nächstes wird auf Betreiben Andreas ein Besuchskontakt im Jugendamt im Beisein der Pflegemutter gestattet. „Er krabbelte auf ihren Schoß und küsste sie am Hals wie verrückt. Dann sagte er zu ihr, sie solle ihre Zähne besser pflegen. Darüber war sie ganz erstaunt", vermerkt die Pflegemutter.

Am 22. Juni 2002 steht Andrea schließlich vor der Tür. Andi wird bald eingeschult, und sie will ihm aus diesem Anlass einen kleinen Stoffpinguin schenken. Die Pflegemutter reagiert panisch. „Ich war entsetzt! Die Frau soll sich an die Regeln halten und nicht einfach außer der Reihe bei uns zu Hause erscheinen!" Sie wird laut, Andi kommt herbeigelaufen, fängt an zu weinen und schreit „Mama, Mama!" Die Pflegemutter packt ihn, um ihn von Andrea fernzuhalten, es entsteht eine wüste Schreierei, an der sich auch Christa beteiligt, die auf der Straße im Auto wartet. Die Pflegemutter droht angesichts einer „solchen Unverschämtheit" und „Grenzüberschreitung" lauthals mit der Polizei. Christa brüllt zurück, sie sei ja nur aufs Geld aus, das sie an dem Jungen verdiene. Andrea, in ihrer Hilflosigkeit, ist fassungslos und heult.

Es ist das letzte Mal, dass sie ihr Kind sieht.

Als die beiden Frauen schließlich wieder fahren, sagt der aufgewühlte Junge zur Pflegemutter: „Gell, du magst meine Mama nicht." Er spürt es, trotz aller Aufregung. Sie widerspricht: „Natürlich mag ich sie. Aber deine Mama muss lernen, sich an Regeln und Vereinbarungen zu halten." Und im Übrigen brauche er keine Angst zu haben. Die Tante Christa dürfe ihr Haus niemals betreten; darauf könne er sich verlassen. Sie werde ihn immer vor dieser Person schützen.

Bis zu diesem Vorfall hat Andi nie Angst vor Tante Christa gehabt. Die Pflegemutter bestätigt das: „Die Angst trat erst auf, als diese Christa erstmals hier war." Andi verstand damals nicht, was an dem Besuch so schlimm gewesen war, warum die Pflegemutter gleich mit der Polizei drohte. Es ging doch nur um ein Geschenk zum Schulanfang.

Von da an war es vorbei mit den sonntäglichen Telefonaten. Andrea durfte laut Absprache zwischen dem Jugendamt und der Pflegefamilie höchstens alle zwei Wochen anrufen. „Weil es zu viel wird für den Jungen", sagt die Pflegemutter. Weil er danach immer so aufgeregt durchs Haus renne. Und weil er auch von den Töchtern der Familie erzählte, was der Pflegemutter sehr missfiel: „Ich wollte das nicht. Das ging niemanden etwas an. Mir wurde es einfach zu viel, ehrlich gesagt."

Die Notizen

Die Pflegemutter deckt auf

Seit September 2002 notiert die Pflegemutter gemäß den Ratschlägen der Beraterin regelmäßig, was ihr am Verhalten ihres Pflegekindes auffällt und was sie sich nicht oder nur mit sexuellem Missbrauch erklären kann. Sodann diktiert sie ihrem Mann das, wovon sie meint, dass es für die Kripo interessant sein könnte, und mailt diese Notizen umgehend der Polizei. Was Andi in den Gesprächen mit ihr erzählt, fasst sie in ihren eigenen Worten ab, zum Teil aktuell, zum Teil aber auch erst nachträglich, interpretiert und zusammengefasst. Details, die Andi wieder und wieder vorbringt, lässt sie der Einfachheit halber weg. Ihrer Meinung nach unwichtige Dinge ebenfalls. Wert legt sie jedoch auf Namen. Das „ganze Drumherum" festzuhalten habe sie gar nicht geschafft, sagt sie. Die Notizen sind also alles andere als Originaläußerungen Andis, ganz zu schweigen von den ungeklärten äußeren Umständen, unter denen sie entstehen.

5. September 2002
Andi erzählt, er habe in der Tosa rauchen müssen. Der Sohn von Tante Christa habe ihm gedroht, wenn er nicht rauche, verhaue er ihn. Es habe in seinem Hals „schlimm gebrannt".

7. September 2002
„Mama, mir fällt was ganz Schreckliches ein. Ich musste Bier trinken. In der Tosa-Klause waren Männer, die gaben mir immer wieder Bier."

10. September 2002
„Mama, mir fällt etwas ein. Immer, wenn ich ins Bett oder in die Hose gemacht habe, hat mich der Sohn von der Tante Christa kalt geduscht."

11. September 2002
„Ich hasse die Tante Christa!"

16. September 2002
„Mir fällt wieder etwas ganz Schreckliches ein. Es ist bitter schlimm. Du bist mir sicher böse, wenn ich das sage." Ich bestärke ihn: „Sei stark! Du schaffst das!" „Mama, ich musste bei dem Sohn von der Tante Christa diese bescheuerten Pornofilme gucken. Ich musste das tun, sonst hätte er mich ganz schlimm geschlagen!"

Geht es in den Unterhaltungen anfangs nur ums Rauchen, Biertrinken und kalte Duschen, kommen bald andere Themen zur Sprache. Denn die Pflegemutter erklärt Andi auch, wie Erwachsene sich Kindern gegenüber verhalten sollten und was sie alles nicht tun dürften. Es geht um Sexualität, Andi lernt neue Worte und Begriffe.

Er verändert sich. Immer öfter sagt er, er hasse die Tante Christa. „Er isolierte sich zunehmend. Er stand völlig neben sich", erinnert sich die Pflegemutter. Er habe auch nicht frei und offen erzählt, sondern er habe sich irgendwann nur noch die Ohren zugehalten, unter dem Tisch versteckt, laut geschrien und geweint und Wörter gerufen wie „ficken" oder „bumsen". Dem Eindruck der Pflegemutter nach war er „also so richtig voll in der Szene". Seine Fröhlichkeit sei damals schlagartig verloren gegangen. Sie habe hin und her überlegt, was sie tun solle.

Was in den abendlichen Gesprächen zwischen Pflegemutter und Andi geschieht, welche Interaktionen stattfinden – zum

Beispiel darf Andi, wenn er die Ahnungen und Vermutungen der Pflegemutter bestätigt, auf ihren Schoß, was ihm sonst meist verwehrt wird – , lässt sich heute nicht mehr rekonstruieren. Gegenüber der Psychologin von der Lebensberatung spricht die Pflegemutter von einem emotionalen Ausnahmezustand, in den Andi jedes Mal gerate, wenn er von „diesen Sachen" erzähle. Er sei mit Worten dann nicht mehr erreichbar; er quäle sich, sei oft klatschnass geschwitzt, ja regelrecht aufgelöst.

„Er sagt oft ‚weiß ich nicht', wenn er etwas nicht sagen will oder kann. Ich stabilisiere ihn dann und mache ihm Mut. Ich frage ihn: Weißt du es wirklich nicht? Du weißt es doch! Ich bestärke ihn nur, dass er ruhig alles sagen darf." Sie erwähnt eine Situation im Keller bei der Waschmaschine, als er erzählt habe, wie ihm mal Waschpulver in die Augen gemacht worden sei; das Waschpulver sei der Auslöser für diese Erinnerung gewesen. „Immer wenn ihm was Furchtbares einfällt, haut er sich auf den Kopf und reißt die Augen auf", fügt sie hinzu. Sie glaube, dass häufig Dinge, Gerüche oder Geräusche schlimme Erinnerungen bei ihm auslösten.

18. September 2002
„Es fällt mir wieder was ganz Schlimmes ein. Ich kann es nicht sagen. Ich hasse die Tante Christa." Er versteckt sich unter dem Schreibtisch, hält sich die Ohren zu und schreit: bums, bums, bumsen. Die Tante Christa habe gesagt, seine Mama solle bumsen und er auch. Daraufhin gerät er in Panik und schreit weiter: „Ich hab' so schrecklich bitter Angst!" Ich halte ihn fest: „Lass die Bilder, die du im Kopf hast, raus! Pack sie in Worte und sag es! Sei stärker als deine Angst! Ich beschütze dich! Hier tut dir niemand etwas! Ich verspreche dir, dass ich auf dich aufpasse. Wenn du mal ein großer Mann bist, stehst du vor der Tante Christa und kannst ihr auf den Kopf spucken!" Andi schluckt. „Da kommt ein Mann rein, es ist so schlimm, ich kann das nicht sagen!" Ich beruhige ihn: „Ich bin erwachsen, ich kann das ver-

kraften, du musst nicht mehr alle Last selber tragen, ich trage für dich mit!" Andi heult. „Mama, es war einer nach dem anderen. Meine Mama kam rein und hat den Mann geholt und hat in ihrem Zimmer weitergemacht. Ich hab's gehört. Der Sohn von der Tante Christa hat das auch gemacht bei mir." Ich lobe ihn: „Du warst jetzt mutig und stark, jetzt müssen wir aber schauen, dass du dich wieder beruhigst. Kanntest du einen der Männer?" „Wie die heißen, weiß ich nicht." Ich schalte den Fernseher an, damit sich der Junge ablenkt, und gehe. Nach 20 Minuten kommt der Junge zu mir: „Jetzt geht es mir besser. Weißt du, was ich denke?" „Nein." „Ich denke, ich bin jetzt tot."

Die Ahnungen der Pflegemutter bestätigen sich. Eineinhalb Stunden dauert das Gespräch mit Andi an jenem Septemberabend – bei dem er weint, schreit und sich unter dem Tisch verkriecht. Das Kind ist außer sich. Tags darauf, am 19. September 2001, ruft sie bei der Polizei an und erstattet Anzeige gegen Andrea und Christa. Und fährt umso eifriger fort mit den abendlichen Gesprächssitzungen und der regelmäßigen Berichterstattung an die Kripo.

20. September 2002
„Mama, mir ist wieder etwas eingefallen. Ich kann es nicht sagen. Ich hasse diese Tante Christa. Ihr Sohn und sie haben was ganz Schlimmes zu mir gesagt, was bitter Schlimmes. Ich kann es nicht sagen, sonst magst du mich nicht mehr." Ich sage zu ihm: „Du kannst mir das Allerschlimmste sagen und ich mag dich trotzdem. „Es fängt mit ‚f' an. Dann kommt ein ‚i'." Ich: „Ich glaube, ich kenne das Wort, doch du musst es selber formulieren." „Ficken haben sie gesagt, ich soll ficken gehen. Ich hab' so Angst. Ich bin in mein Zimmer und dann kam einer rein." Ich sage zu ihm: „Das hat dir sicher sehr weh getan!" „Ja, ich habe geweint, dann haben sie mich geschlagen und gesagt, sei ruhig, du Wichser, du Ficker!" Ich sage:„Du bist kein Wichser und kein Ficker.

Sie haben einfach deinen Körper genommen. So etwas darf kein Mensch, die müssen bestraft werden!" „Die Tante Christa und ihr Sohn haben noch was Schlimmes gesagt. Ich hab' so schlimm Angst." Ich: „Sei stark, ich helfe dir beim Tragen!" „Sie haben gesagt, dass sie mich totschlagen und in drei Stücke schlagen, wenn ich etwas sage."

Eine Stunde später: „Mama, mir fällt wieder was ein. Der Sohn von der Tante Christa hat gesagt, ich soll mit seinem Freund Mehmet ficken gehen. Das war so schlimm!" Ich sage zu ihm: „Der Sohn von der Tante Christa ist ein Schwein. So etwas hätte er nie tun dürfen. Der wird sicher hart bestraft. Du warst heute sehr mutig und hast sogar einen Namen genannt." Mehmet sei ein Türke mit einem fetten Bauch. „Ich musste sein Teil in den Mund nehmen. Der hatte eine Kamera im Zimmer oben in der Ecke montiert. Da war auch ein Fernseher. Er wohnt die Straße schräg runter, um die Kurve nach dem Kreisverkehr, weißes Haus.

Am 23. September 2002 fährt die Kripo mit Andi und der Pflegemutter die Umgebung des Riegelsberger Hauses ab. Der Junge deutet auf ein weißes Haus: „Da, an den Fenstern ist ein Schmetterling, und da sind Vögel, die erkenne ich." Ein Kripobeamter fragt ihn, wie denn das Haus innen aussehe. Andi: „Weiß ich nicht." Die Wände seien weiß. Die Möbel? An die erinnere er sich nicht. Dann zeigte er auf ein anderes weißes Haus; in dem wohne der Mehmet. Die Kripo befragt den Hausbesitzer, der keinen Mehmet kennt. Man fährt weiter. Andi zeigt auf weitere Häuser: Dieses könnte es auch sein oder jenes. Am Ende der Fahrt passiert man die Tosa-Klause. Andi: „Da war ich auch schon mal drin." Da sei eine Kammer, die er ebenfalls kenne.

Die Kripo vermerkt, der Junge habe einen offenen und freundlichen Eindruck gemacht; man habe sich mit ihm über Baustellen, Autos und Tankstellen unterhalten. Ermittlungsergebnis: null.

24. September 2002
Andi erinnert sich an einen Mann, der häufig bei ihm im Zimmer war und „das" mit ihm gemacht hat. Seine Name ist Tom, Haarfarbe blond, trägt Jeans und einen Gürtel mit Drachenschnalle. Auf der Backe hat er eine Narbe, auch am Hals. Auf der Nase hat er ein linsengroßes Muttermal. Dieser Tom habe dem Jungen Spüli, Waschpulver und Weichspüler in die Augen gegossen, auch Augentropfen, die furchtbar gebrannt haben, so dass er nichts mehr sehen konnte. Dieser Mann habe geschrien: Ich will nicht, dass du etwas siehst! Er sei der Schlimmste von allen gewesen. Er sei Franzose und habe mit Akzent gesprochen. Sein Nachname klinge wie ‚Siggi'. Er sei mit Tante Christa, seiner Mutter und Michael öfter zu Tom gefahren. Dort seien sie in ein blaues Haus gegangen, wo sie übernachtet hätten. Tom hatte einen Hund. Er fuhr einen schwarzen Ford Focus. Der Junge habe mit diesem Tom immer in ein düsteres Zimmer gemusst; an der Wand hingen pornografische Darstellungen von Kindern. Dort habe Tom ihm die Substanzen in die Augen geschüttet, gefilmt und fotografiert.

Zwei Stunden später erzählt Andi, dass er mit Luddi und Tante Christa an einen See oder einen Fluss gefahren sei, wo Luddi seine Mama ins Wasser geworfen und ihn hämisch aufgefordert habe, seine Mutter doch zu retten. Der Junge war dabei regelrecht aufgelöst.

Alle Nachforschungen zu diesen Angaben verlaufen ergebnislos. Christa und Andrea waren zwar mehrfach im französischen Forbach gewesen, wo Andreas damaliger Freund Dieter eine Eigentumswohnung hatte. Und möglicherweise war Andi mal dabei. Tatsächlich wohnen in dem graufarbenen Haus im Stockwerk über Dieter auch ein blonder Mann namens Christian sowie dessen Mutter und eine behinderte Schwester. Andi kannte die Personen offensichtlich. Was er schildert, ist also nicht reine Fiktion. Weitere Details seiner Aussage aber lassen sich nicht verifizieren, zumal sie sich auch nicht mit den späteren Aussagen seiner Mutter zu den Besuchen in Frankreich decken.

27. September 2002
„Luddi wollte mir mit der elektrischen Säge die Finger absägen. Er hat mir schon die Haut durchgesägt. Ich war auch beim Doktor deshalb."

28. September 2002
„Mama, mir fällt was ganz Schreckliches ein. Der Mehmet hat mir in den Mund gepinkelt. Tom hat mir auch Öl und heißes Wasser in die Augen gemacht und mit einem Nagel am Auge rumgestochen. Tante Christa war mit mir beim Augenarzt."

30. September 2002
Im Kämmerchen in der Tosa-Klause unterm Bett war so weißes Pulver in einer Tüte, die war aufgegangen. Ich musste das essen. Es hat fürchterlich geschmeckt. Da war noch ein Eimer mit grauweißem Pulver, womit man so Putz macht zum Häuserbauen. Tante Christa hat mich gezwungen, das zu essen. Sie wollte, dass ich tot bin. Es hat ganz schlimm im Hals gebrannt. Ich bin eingeschlafen und später bin ich schlimm krank geworden. Ich hatte ganz viel Schleim im Hals und musste schlimm husten. Tante Christa hat meine Mama schlimm geschlagen."

1. Oktober 2002
„Mir fällt was ein: Die haben immer Schlange gestanden im Treppenhaus. Die Männer. Zuerst war der Sohn von der Tante Christa unten dran, in der Mitte ich und dann meine Mama. Ich musste beim Sohn von der Tante Christa zugucken, wie der das macht mit den Männern. Das war voll eklig. Dem hat das Spaß gemacht."

Am 7. Oktober 2002 wird die Pflegemutter aufgrund ihrer Notizen von der Kripo als Zeugin vernommen. Es habe sich eine innige Beziehung zwischen ihr und Andi entwickelt, sagt sie, aber er zeige auch sexuelle Verhaltensauffälligkeiten. Deswegen habe sie die Beratungsstelle „Nele" aufgesucht. Andi habe sofort auf ihre Gesprächsangebote reagiert und noch am selben Tag, am 5. September, begonnen, sich ihr gegenüber zu öffnen. Immer sei er es, beteuert sie, der zu erzählen anfange. Sie ermuntere ihn nur manchmal, weiter zu berichten. Abends schreibe sie nieder, was er im Lauf des Tages erzählt. Manchmal falle ihm fünfzehn Mal am Tag etwas ein, und wenn das beim Essen sei oder wenn es ihr zu viel werde, vertröste sie ihn auf abends oder rate ihm, seine Erinnerungen einfach aufzumalen. „Meistens hat er mich abends dann fragend aufgefordert: ‚Geht's?'". Und vor dem Schlafengehen, wenn sie noch einmal zu ihm gekommen sei, habe er das Furchtbare dann noch einmal erzählt.

Aufgrund seiner Äußerungen stehe für sie fest, dass diese ihrer Meinung nach sehr gewalttätige Christa die Haupttäterin sei; sie habe den Jungen an Männer vermittelt. Die Männer hätten Schlange gestanden.

Als Tatorte habe Andi das Riegelsberger Haus genannt und die Tosa-Klause, wo er Männern seinen Penis habe zeigen müssen. Dort habe man ihn auch gezwungen, ein weißes Pulver zu essen. Er spreche von einem Kämmerchen hinter der Theke, wo er manchmal tagelang eingeschlossen worden sei.

Die Pflegemutter glaubt, über Andrea, die leibliche Mutter, sämtliche Informationen über die Täter bekommen zu können. Denn sie schätzt diese Andrea so ein, dass sie ihren Sohn wirklich liebe und alles für ihn tun würde. In einem Gespräch von Frau zu Frau würde Andrea sicher mitarbeiten. Sie selbst biete sich für ein solches Gespräch an, erklärt sie.

8. Oktober 2002
Ich frage Andi, ob in der Tosa-Klause auch manchmal andere Kinder waren. Spontan sagt er nein, nach einem Moment ruft er dann: „Doch, ich kann mich erinnern, da war manchmal eine Mutter mit ihren beiden Kindern. Tante Christa habe ihm die Inline-Skater ihres Sohnes angezogen, ihn mit einer Schnur an ihrem Auto hinten angebunden und sei losgefahren. Seine Mama sei im Auto gewesen und habe nicht rausgedurft. „Ich hab' mir schlimm wehgetan, an den Armen und auch am Bein. Luddi war auch dabei."

9. Oktober 2002
„Es fällt mir wieder was Fürchterliches ein. Ich musste dem Michael sein Teil in den Mund nehmen." Pflegemutter: „Bisher hast du über Michael so etwas noch nicht erzählt. Bist du dir sicher, dass es Michael war?" „Ja, ganz sicher." Er beschreibt Schilder im Hinterhof und dass ein Bagger am Graben war. Es kommt aber nichts Konkretes.

12. Oktober 2002
Bei Tante Christa im Wohnzimmer sei hinter einer schwarzen Ledercouch in der Wand ein Versteck, das man mit einem Schraubenzieher öffnen konnte. Er habe gehört, wie die Tante Christa das Loch gebohrt hat. Ich ermahne ihn: „Sage nur Dinge, bei denen du dir sicher bist!" Andi fängt an zu weinen und zu schreien: „Die Tante Christa hat meine Mama furchtbar geschlagen, weil meine Mama mit dem Schraubenzieher das Versteck heimlich aufgemacht hat." „Was war denn in dem Versteck?" Fotos von mir und dem Sohn von Tante Christa. Auf den Fotos hat er mein Teil in den Mund genommen." „Wer hat denn die Fotos gemacht?" „Der Tom."

Die Polizei hat später Christas Wohnung im Riegelsberger Haus auf den Kopf gestellt, Wandverkleidungen herausgerissen und nicht ein Möbel am angestammten Platz gelassen. Es wurden weder ein Versteck in der Wand noch irgendwelche zweideutigen Fotos gefunden.

16. Oktober 2002
„Mama, ich hasse die Tante Christa. Die hat mich so geschlagen und gestupst, dass ich vom Balkon runtergefallen bin. Meine Arme waren verletzt und ich bin genäht worden. Meine Mama war mit mir im Krankenhaus. Meine Mama hat geheult und geschrien, wie die Christa das mit mir gemacht hat.“

Das Riegelsberger Haus hat keinen Balkon. Und die Terrasse ist so hoch, dass Andi, wenn er von dort aufs Trottoir gestürzt wäre, schwerste Verletzungen davongetragen hätte. Der Zugang wurde eigens gesichert, als Andi laufen lernte, damit er nicht unbemerkt hinausgelangen konnte. Auch war er nie wegen einer Armverletzung im Krankenhaus gewesen.

Im Laufe des Oktober 2002 wird das Kind immer verhaltensauffälliger, was sich in extremen Unruhezuständen, Wutanfällen und Heulszenen und einem hilflosen Zusammenkauern äußert. „Meine Mama! Meine Mama!“, schreit Andi bisweilen abends, wenn die Pflegemutter sich seiner annimmt, „hoffentlich passiert ihr nichts! Ich hasse diese Christa!“

An die Kripo schreibt die Pflegemutter, der Fall sei ein Fass ohne Boden. Der Familie gehe bald die Kraft aus. Doch sie notiert weiter.

Am 24. Oktober 2002 spricht zum ersten Mal eine Kripobeamtin mit Andi. Pflegemutter und eine Psychologin sind dabei. Man stellt ihm in der Folge an die tausend Fragen. Das Ergebnis ist mager: Weißt du schon, was der Unterschied ist zwischen einem Mädchen und einem Jungen? Nein. Hast du schon einmal ein Mädchen nackt gesehen? Nein. Siehst du als Junge denn genauso aus wie ein Mädchen? Was ist bei dir anders? Nichts Besonderes.

Am 30. Oktober 2002 findet die erste Video-Befragung des Jungen statt. Es ist eine schier endlose und zähe Vernehmung. Der Beamtin gelingt es nicht, den Jungen zu irgendeiner Äußerung über das Thema Missbrauch zu bewegen.

„Man braucht keine Angst zu haben, so etwas zu erzählen. Manchmal ist es besser, man spricht darüber, dann können die Last mehrere Leute tragen. Dann brauchst du das nicht alleine für dich tragen“, ermuntert sie ihn.

Mit Engelszungen redet sie auf ihn ein. Es kommt nichts. Die Beamtin versucht es von Neuem.

„Wollen wir versuchen, dass du mir noch mal die Bilder, die da bei dir oben in dem Kopf rumschwirren, dass du mal versuchst, die in Worte zu fassen und mir zu erzählen, alles, was dir einfällt?“

Nach langem Hin und Her sagt Andi, die Männer seien „an der Wand zu seiner Mama gekommen“. Und dann auch zu ihm. Und was haben die dann gemacht?

„Das weiß ich nicht.“

Später sagt er: Die Männer hätten an seinem Teil „rumgefuchtelt“. Und sonst? Keine Antwort. Keine Erinnerung. Alle hätten es mit ihm gemacht. Wer? Was? Weiß nicht.

„Gehen dir noch Bilder im Kopf rum?“

Frauen seien gekommen und mit denen habe er es auch machen müssen. Was? Dasselbe. Er gähnt.

„Und was hast du noch für Bilder im Kopf?“

„Da sind keine Bilder mehr im Kopf.“

„Meinst du, da gibt es noch welche?“

„Nein.“

Er verneint zu wissen, was es bedeutet, wenn jemand sagt: Geh ficken.

„Ich glaube, du weißt das!“

„Ist schon eine Stunde rum?“, fragt er gelangweilt.

Die Fragen sind hochsuggestiv.

„Wie ist man, wenn man nichts mehr anhat?“

„Nackig."
„Und die Männer, die reingekommen sind?"
„Die haben sich nackig ausgezogen."
„Und dann, wenn ihr nackig wart?"
„Dann ist der in mein Bett gekommen."
„Und dann haben die was gemacht?"
Die Pflegemutter ruft dazwischen: „Hab' Mut!"
Die Beamtin: „Du machst das ganz toll!"
Andi: „Wo ist denn mein Stofftier?"
„Und wie lange hat das dann gedauert?"
„Das weiß ich nimmer."
„Und was ist anschließend gewesen?
„Das weiß ich nimmer."

In der zweiten Befragung durch die Polizei am 2. November 2002 sagt Andi, er sei in der Tosa-Klause im Kämmerchen eingesperrt worden, weil er sich ausruhen sollte; Tante Christa habe nicht gewollt, dass er die ganze Zeit im Schankraum herumrenne. Weiter wolle er nichts erzählen, er wisse nichts mehr.

„Ich glaube, du weißt schon noch etwas!"
Die Pflegemutter: „Auch unangenehme Dinge muss man manchmal sagen!"
Die Beamtin: „Dir liegt doch etwas auf der Zunge!"
„Nichts."
„Gib doch Anwort! Sag es einfach! Du brauchst vor nichts Angst zu haben!"
„Mir fällt nichts ein."

In der dritten Vernehmung am 6. November 2002 wird erneut das Kämmerchen ins Gespräch gebracht, nachdem peinigend lang nach Namen und Handlungen gefragt worden war.

„Du hast eben erzählt, dass du von jemandem das Teil in den Mund nehmen musstest. Hat der Michael so etwas auch gemacht?"
„Nein."

„Was hat der dann gemacht?“
„Der hat an meinem Teil rumgefuchtelt.“
„Hast du an seinem Teil auch was machen müssen?“
„Nein“.
„In der Tosa-Klause warst du ja öfters. Was hast du denn da genau gemacht?“
„Da musste ich auch, da sind immer welche ins Kämmerchen gekommen.“
„Und dann?“
„Dann wurde mit mir auch gemacht.“
„Das hast du bisher noch nicht gesagt! Bisher hast du erzählt, du bist dort eingesperrt worden. Wer ist denn zu dir ins Kämmerchen gekommen?“
„Der Tom.“
„Welcher?“
„Der aus Frankreich.“
„Bisher hast du gesagt, der Tom aus Burbach sei in die Tosa gekommen.“
„Die waren auch da.“
„Was haben die da gemacht?“
„Rumgefickt.“
„Wo?“
„Im Kämmerchen.“

So geht es in einem fort. Es wird wieder und wieder nach dem Ficken gefragt. Andi redet, wenn er denn überhaupt redet, fast nur noch vom Ficken. Er hat begriffen, dass dies das Zauberwort ist, das man von ihm hören will.

Immer wieder sagt Andi, dass er sich im Kämmerchen in der Tosa, wo neben den Bierkästen eine Liege stand, habe ausruhen müssen. Immer wieder. Und immer wieder wird gefragt, was er sonst noch im Kämmerchen habe tun müssen. Nichts. Ausruhen. Was noch? Nichts.

„Hat die Tante Christa auch was mit dir gemacht?“

Der Junge nickt.

„Was?“

„Auch Ficksachen.“

„Was ist das?“

„Ich musste mein Teil in ihr reinstecken.“

„Das kann ich mir aber nicht vorstellen.“

„Ich kann mir das auch nicht vorstellen“, antwortet der Junge.

An diesem Tag werden Andi bei der Polizei Fotos vorgelegt. Es ist ein Bild von Pascal dabei. Auf die Frage, ob er ihn kenne, sagt der Junge „nee“.

Wieso zeigt man dem Kind ein Bild von Pascal? Warum mehr als ein Jahr nach dessen Verschwinden? Bis dahin hat Andi mit keinem Wort erwähnt, den vermissten Jungen zu kennen. Ja, nicht einmal über dessen Verschwinden spricht er, das er ja im Fernsehen mitbekommen hat. Bis dahin hat auch niemand eine Verbindung hergestellt zwischen Andi und Pascal – außer der Pflegemutter, die sich seit einem Jahr schon ihren Reim darauf macht. Denn Andi hat ja angeblich auf den Fernseher „gestiert“, als ein Bericht über die Suche nach Pascal lief.

Die Pflegemutter ist somit die Erste, die allein aufgrund dieses ihr nicht erklärlichen Verhaltens ihres Pflegekindes, für das es alle möglichen Gründe geben kann, eine Verbindung wittert zwischen dem vermissten Pascal und dem ihrer Auffassung nach in der Tosa-Klause missbrauchten Andi. Dies sollte fatale Folgen haben.

Dass Andi verneinte, das Kind auf dem Foto zu kennen, spielt für sie und später für die Polizei keine Rolle mehr.

In jenem November 2002 wird Andi zum zweiten Mal in die Kinderpsychiatrie gebracht, wieder zu seinem „Schutz“. Schutz wovor? Krank ist er nicht. „Es besteht immer die Gefahr“, rät die Mitarbeiterin der Lebenshilfe, „dass ein solcher Junge als

Hauptbelastungszeuge von seinen Angehörigen beeinflusst wird." Es sei besser, ihn sicher unterzubringen. Sie ist von einem bevorstehenden Strafverfahren wegen Missbrauchs gegen Andis Herkunftsfamilie überzeugt. Doch Christa, Andis Mutter und andere sitzen im November 2002 bereits als Beschuldigte in U-Haft. Vor ihnen muss der Junge nicht mehr „geschützt" werden. Aber vor wem dann?

Einmal soll Andi in der Klinik durchgedreht sein, worauf er Beruhigungsmittel bekommen habe, erfährt Christa. Er wird vorzeitig entlassen. Die Pflegemutter diskutiert mit der Beraterin von der Lebenshilfe, was mit dem Kind weiter geschehen soll. Sie ist unschlüssig. Welche Belastungen würden noch auf sie zukommen? Würde die Familie mit den Problemen, mit denen dieser Störenfried ihre heile Welt durcheinanderbringt, fertig werden? Der Junge geht ihr auf die Nerven. Er ist ihr unheimlich. Was hat er noch an ekelhaften Dingen im Kopf?

Durch die vielen Termine bei der Polizei herrscht in ihrem Haushalt Chaos. Unter der Voraussetzung, dass man ihr eine Haushaltshilfe genehmigt, erklärt sich die Pflegemutter bereit, Andi zu behalten.

Er beißt sich jetzt ins Handgelenk und macht Schwierigkeiten beim Essen. Manchmal nässt er ein. Insgesamt aber, so die Pflegemutter, habe er mittlerweile ein gewisses „Schamgefühl" entwickelt, „gerade was das Bekleidetsein angeht".

Bei der Kripo gehen in den nächsten Monaten weiterhin Notizen über Notizen der Pflegemutter ein. Es fällt auf, dass in Andis Erzählungen mit einem Mal nun doch Pascal auftaucht, von dem er bis dahin ja gesagt hat, er kenne ihn nicht. Die Polizei ermittelt inzwischen nicht mehr nur wegen Kindesmissbrauchs, sondern bereits wegen Mordes an Pascal in der Tosa-Klause.

25. Februar 2003

Andi erzählt, Christa habe Pascal öfters ins Riegelsberger Haus gebracht. Er habe mit ihm baden müssen. Auf Befehl Christas und Andreas haben die Kinder an sich herumspielen müssen. Ich frage, woher er wisse, dass es sich um Pascal gehandelt habe. Der Junge sagt, er wisse das ganz genau, er habe das in seinem Kopf. Er habe noch viel mehr in seinem Kopf. Andi trauert sehr um Pascal. Ich habe versucht, ihn zu trösten und ihm gesagt, Pascal ist jetzt im Himmel beim lieben Gott und hat seinen Frieden. Daraufhin sagt er, er wolle auch im Himmel sein und seinen Frieden haben.

28. Februar 2003

Ich habe Andi ein Foto aus der Saarbrücker Zeitung gezeigt, ohne Text, und gefragt, ob er die Person schon einmal gesehen hat. Er schaute sich das Bild an und sagte: Ja, ich kenne den, das ist der Vater von Pascal, den habe ich oft gesehen; der hat immer diese dicke Brille aufgehabt. Wenn Leute da waren, habe er sich noch einigermaßen freundlich verhalten. Waren keine Leute da, habe er Pascal angeschrien und sei grob zu ihm gewesen. Er habe auch oft Sex mit ihm gemacht. „Mit mir auch."

1. März 2003

„Die Christa hat mit Millionen Kindern gefickt." „Kannst du dich an eines erinnern?" „Ein Negermädchen war dabei, das hieß wohl Alexandra." „Wieso weiß du den Namen?" „Weil das in meinem Kopf drin ist. Da ist noch ganz viel drin. Ich bin so müde."

Christa ist fassungslos angesichts der monströsen Unterstellungen, mit denen man sie konfrontiert. Wie kommt Andi nur dazu, solche Sachen zu sagen? Immer wieder bricht sie bei der Polizei, wo sie zu den Notizen der Pflegemutter Stellung nehmen soll, in Tränen aus. „Ich bin doch nicht pervers! Sie können jeden meiner Ex-Männer fragen, ich gehe doch nicht an ein Bubchen ran!“ Es mag ja einiges schiefgelaufen sein in ihrem Leben, und sie mag manchen Fehler begangen haben. Aber doch nicht so etwas! Selbst nach elf Stunden Vernehmung ohne größere Pausen, als die Vernehmungsbeamten mit ihren Kräften am Ende sind, hält sie unbeirrt dagegen: „Mit dummen, primitiven Tricks wollten die mich in die Enge treiben. Da waren sie aber an der Falschen! Der eine Beamte entblödet sich nicht zu sagen: Hinkebein, mit dir möchte ich mal Hindernislauf machen ...“

So ging man mit ihr um, einer schwerbehinderten Frau, die als Kind dreizehn Mal an der Hüfte operiert worden war.

„Das war eine Unverschämtheit! Mich kann man nicht vergleichen mit den anderen. Ich bin anders. Zu mir kann man nicht sagen, ich solle so sein, wie die anderen. Ich kann das nicht, und ich will das nicht. Und ich tu’ keinem was. Also sollen sie mich in Ruhe lassen. Aber was machen die? Ausgerechnet zu mir sagen die: Retten Sie Ihren Arsch und reiten Sie die anderen rein! Glauben die wirklich, dass ich so blöd bin und solche Sachen, wenn ich sie denn getan hätte, rumerzählen würde?“ Sie fasst sich an den Kopf.

„Ich musste aufs Revier, um fotografiert zu werden. Da hieß es: Jetzt machen wir mal mit dir, was du mit den Kindern gemacht hast. Ich musste auf einem Stuhl sitzen und die Beine über die Armlehnen legen. Und das haben die dann fotografiert! Darüber darf man gar nicht nachdenken.“

Entsetzt ist Christa auch über die Pflegefamilie, die Andi zu so unfasslichen Aussagen gebracht hat. „Entweder redet diese Frau so schlecht über mich, oder der Junge produziert sich vor ihr. Vielleicht macht er sich in der neuen Familie damit wichtig?“ Dass die Polizei auf die Idee kommen könnte, die Notizen der Pflegemutter für bare Münze zu nehmen, ist für Christa unvorstellbar.

„Wann hören diese Vernehmungen endlich auf?“, fragte sie sich damals. Tagelang immer wieder dieselben Fragen. Immer wieder die Notizen dieser Frau, der das Kind ausgeliefert ist. Denkt ein kleiner Junge sich solche Schweinereien aus? Da muss in dieser Pflegefamilie doch etwas vorgefallen sein! Der Junge war nicht normal entwickelt, das hat sie immer schon gesagt. Er hätte in eine Einrichtung gemusst. Aber nicht zu dieser Frau. Gibt es denn niemanden, der diesem Wahnsinn Einhalt gebietet? Warum nimmt man dieser Frau das Kind nicht weg? Was diese Pflegemutter tut, ist in ihren Augen ein Skandal. Der leiblichen Mutter hatte man den Jungen weggenommen, weil sie ihn manchmal falsch anzog und ihm Gebäck vom Vortag zu essen gab. Und nun das! „Wir haben das Kind nicht missbraucht und auch nicht misshandelt, da kann man fragen, wen man will“, behauptet Christa von Anfang an und lässt sich durch nichts und niemanden davon abbringen.

Die nächsten Geständnisse

Andrea, leicht verführbar

Andrea, die von der Pflegemutter schon lange des sexuellen Missbrauchs ihres Sohnes verdächtigt und deswegen von ihr auch angezeigt wurde, lässt sich im Gegensatz zu Christa und den anderen Beschuldigten im Fall Pascal schnell dazu verleiten, das zu sagen, was man von ihr hören will. Sie ist diejenige unter den Verdächtigen, die am weitesten geht in der Selbstanklage und sehr früh ins Zentrum der Ermittlungen wegen der angeblichen Tötung Pascals rückt. „Sie kommt immer dem entgegen, der sie verhört. Das ist halt mal so bei unserer Drea!", warnt Christa die Polizei. Sie erzähle eben gern Fantasiegeschichten. Beispiele dafür gibt es in Fülle.

In der ersten Beschuldigtenvernehmung am 19. November 2002 – es ist nur der Anfang schier endloser Selbstbezichtigungen – wird Andrea zu ihren Besuchen in Forbach bei ihrem Freund Dieter befragt und vor allem nach jenem blonden Mann, der im zweiten Stock jenes Hauses wohnt. Denn Andi hat der Pflegemutter ja von sexuellen Handlungen in dessen Wohnung erzählt.

„Wer war denn dabei, als Sie den Mann kennenlernten?

„Nur ich und der Dieter."

„Sonst niemand?"

„Nein, niemand."

„Waren die Christa oder der Andi dabei gewesen?"

„Die Christa war auch mal dabei. Und den Andi hatte ich auch mal mit."

„Der Andi war doch nicht nur einmal dort!"

„Der war auch mit der Christa dort."

„Sie weinen. Warum weinen Sie denn jetzt? Was ist denn dort passiert?“

„Der Typ war mit dem Andi auf dem Klo.“

„Das war doch nicht alles!“

„Nein. Der hat auch noch unten beim Andi rumgespielt.“

„Mit was?“

„Mit den Händen.“

„Nur mit den Händen?“

„Nein, auch mit dem Mund.“

In der nächsten Vernehmung will man von Andrea wissen, was Andi noch alles aus Forbach erzählt habe.

„Dass der Mann ihn halt angegriffen hat und auch sein Pipi in den Mund genommen.“

„Wo soll das denn gewesen sein?“

„Im Klo.“

„Bei Ihrer ersten Vernehmung haben Sie aber etwas vom Wohnzimmer erzählt.“

„Nein, es war im Klo.“

„Was ist im Wohnzimmer passiert? Da ist doch noch mehr passiert!“

Andrea beginnt zu weinen.

„Ja, es ist noch mehr gewesen.“

„Was denn?“

„Der Typ wollte was von mir. Der hat mich an sich gezogen und hat mich befummelt.“

„War das alles?“

„Nein.“

„Was war dann noch?“

„Ja, da war noch was mit den beiden.“

„Was denn?“

„Ich habe die beiden noch befriedigt.“

„Hat Geschlechtsverkehr stattgefunden?“

„Nein, mit dem Mund. Zuerst den Dieter, dann den anderen.“

„Wo war denn da der Junge?"
„Der ist im Zimmer herumgewuselt."
„War der auch im Wohnzimmer?"
„Kann sein."
„Frau Andrea! Ich glaube Ihnen nicht, dass der Andi da nicht dabei war!"

Sie schluchzt.

„Was ist denn noch passiert?"
„Der Typ hat den Andi, er hat ihn an sich rangezogen und ihn befummelt. Überall. Am ganzen Körper. Er hat auch versucht, ihn von hinten zu bumsen."
„Wie ging denn das? Wie muss ich mir das vorstellen?"
„Er hat ihn auf die Couch gelegt. An den Rand der Couch. Dort hat er ihn nach vorne gebeugt. Dann hat er es versucht."
„War der Mann nicht angezogen?"
„Der war ganz nackig."
„Und der Andi?"
„Der auch."
„Wo waren denn der Dieter und Sie?"
„Auch im Wohnzimmer."
„Was haben Sie gemacht? Ich nehme ja nicht an, dass Sie ferngesehen haben."
„Ich habe dem Dieter einen geblasen. Er hat auf dem Sessel gesessen und ich habe davor gekniet."
„Wie konnten Sie dann überhaupt sehen, was der Typ mit dem Andi macht?"
„Das war fast neben mir."
„Wie ging es dann weiter?"
„Anschließend habe ich dem anderen Typ einen geblasen."

Zwei Tage später, am 21. November 2002, berichtet die Pflegemutter als Zeugin bei der Kripo, dass Andi, wenn man mit ihm in die Stadt gehe, „in ganz vielen Leuten Täter" sehe oder sage: „So einen Typ hab' ich auch schon mal gesehen", sobald ein älterer, verlebter Herr daherkomme. „Weil er wohl öfter mit verlebten, ich sag mal verlebten alte Knackis, sobald er so einen sieht, löst das in ihm eine Wahnsinnsangst aus." Bei „ganz bestimmten Sorten Menschen" fange er an zu zittern, und „da fallen ihm dann manchmal auch Sachen ein". Andi zeige ihrer Auffassung nach ein pathologisches Verhalten, „das ich vor drei Monaten bei ihm noch nicht festgestellt habe". Es sei wohl an der Zeit, „einen Punkt zu machen". Er bekomme nicht mal mehr die einfachsten Dinge wie Anziehen auf die Reihe, so „komplett durcheinander und belastet" sei er. Er nehme inzwischen auch „Substanzen" zu sich. So esse er zum Beispiel scharfe Zahnpasta oder Farbstoffe oder ein Tempo-Taschentuch. Wenn sie ihn darauf anspreche, sage er: Das hat mir der Tom auch gegeben. „Er tut sich also selbst Dinge an, die ihm angetan wurden", konstatiert die Pflegemutter.

Sie ermahne ihn in den Gesprächen immer wieder, bei der Wahrheit zu bleiben, „denn es war ja zum Teil so abartig, was er erzählte, manchmal erschien es mir fast wahnsinnig". Aber Andi habe immer geantwortet: „Doch, Mama, das stimmt, das war so!" Wenn er zu häufig dasselbe vorbrachte, habe sie versucht, ihm Grenzen zu setzen, weil sie den Verdacht schöpfte, er verspreche sich vielleicht mehr Zuwendung, indem er Horrorgeschichten erzählte. Und diese Zuwendung habe sie ihm eigentlich nicht geben wollen. Etwa, wenn er immer wieder sagte: Es fällt mir was ein, es fällt mir noch was ein – und dann wieder die Geschichte vom Balkon kam, von dem ihn die Tante Christa in die Tiefe geworfen habe. „Das hat er bestimmt dreißig Mal erzählt!"

Das eine oder das andere Mal habe er sicherlich übertrieben, aber ihrer Auffassung nach nicht in der Qualität, sondern in der Quantität. „Dass er so rein erfundene Sachen gesagt hätte, nein, das eigentlich nicht. Ich habe ihn nach tagelanger Pause mal auf eine Situation angesprochen, um zu testen, kann er die jetzt genauso wieder beschreiben. Wenn er die nur erfunden hätte, könnte er die ja nicht wieder so beschreiben. Und er hat sie mir wieder so beschrieben. Von daher war ich mir sicher, dass das echt war." Und deshalb macht die Pflegemutter unverdrossen weiter mit ihren abendlichen Gesprächssitzungen mit ihrem Pflegekind.

Wolfgang D., groß im Geschichtenerzählen

Einen Monat später, Dezember 2002. Pascal ist nun seit mehr als einem Jahr schon vermisst. Hunderten von Hinweisen war die Polizei nachgegangen, das Kind blieb verschwunden. Mit den Ermittlungen gegen die Halbschwestern Pascals war man komplett gescheitert. Die Notizen der Pflegemutter waren inzwischen der einzige Anhaltspunkt für die Ermittler, dass zusammen mit Andi auch der vermisste Pascal möglicherweise Opfer einer Straftat, nämlich Kindesmissbrauch, geworden sein könnte. Eine erste heiße Spur?

Wolfgang D., ein schwer alkoholkranker Mann und einer der treuesten Besucher der Tosa-Klause, wohnt in demselben Haus, in dem auch Pascal gelebt hat. Anlässlich einer Nachbarschaftsbefragung am 12. Oktober 2001, als man nach dem vermissten Kind suchte, war er schon einmal vernommen worden. Er hatte sich besonders eifrig daran beteiligt. D. ist in den Augen der Polizei von Anfang an ein wichtiger Zeuge, denn er kennt nicht nur Pascal, sondern als Tosa-Stammgast vermutlich auch Andi. Weiß er etwas? D. weiß immer etwas, seine Lügengeschichten und Aufschneidereien sind in Burbach und bei der Saarbrücker Polizei legendär. So erzählte er ein halbes Jahr nach Pascals Verschwinden, er habe die Leiche des Kindes in der Discothek „Galaxy" gefunden. Oder: Er wisse, dass das Kind einbetoniert worden sei und so fort. Doch vielleicht weiß er ja wirklich etwas. Bei ihm lohnt es sich nachzubohren.

Am 3., 4. und 5. Dezember 2002 soll er nun, nach der Anzeige durch die Pflegemutter, im Ermittlungsverfahren gegen Christa, Andrea und andere als Zeuge aussagen. 1961 geboren, keinen Beruf erlernt. Einer regelmäßigen Arbeit ist er nie nachgegangen. 1990 heiratete er eine Schwarzafrikanerin. Ob die Ehe noch besteht, weiß er nicht. Er konsumiert seit vielen Jahren neben Alkohol auch regelmäßig Haschisch und gilt als verwahrlost.

Christa lernte er 1997 als Wirtin der Pilsstube in Malstatt kennen, wo sich auch Andrea häufig aufhält. Bei der Polizei wird er, offensichtlich nach einem langen, nicht dokumentierten Vorgespräch, zunächst gefragt:

„Hatte die Andrea den Kleinen, also den Andi, damals schon gehabt?"

„Das weiß ich nicht. Ich kenne den nicht."

„Kennen Sie nicht den Bub der Andrea?"

„Ja, vom Sehen her. Ich hab' ihn aber nicht jeden Tag gesehen. Er ist meistens im Lokal herumgelaufen. Wenn Sie mich fragen, ob er dort eingesperrt worden ist, muss ich Ihnen sagen, das habe ich nicht gesehen, das weiß ich nicht."

Er verneint also zunächst, Andi zu kennen. Als man ihm das nicht abnimmt, bejaht er. Es folgt eine Pause, in der D. offensichtlich erfährt, dass in der Tosa-Klause etwas geschehen sein muss, was er beobachtet haben konnte.

„Herr D., wir haben uns gerade noch mal über die Tosa-Klause unterhalten, und Sie haben jetzt angegeben, dass dort doch etwas passiert war mit dem Andi. War er im Kämmerchen eingesperrt worden?"

„Ja."

„Das haben Sie gesehen?"

„Ja."

„Zu dem Andi ins Kämmerchen kamen auch Männer, die dort alleine hineingegangen sind. Ist das richtig?"

„Ja."

„Haben Sie das selbst gesehen?“
„Ja.“
„Wann war das?“
„Das war noch letztes Jahr.“
„Überlegen Sie genau! War es wirklich im Jahr 2001 gewesen?“
„Es war doch nicht 2001. Es war im Jahr 2000. Im Frühjahr oder Sommer.“
„Was haben Sie dort genau beobachten können?“
„Ich habe mitbekommen, wie die Typen dort ins Kämmerchen gegangen sind und wie die Tür dann zugegangen ist. Nur was da drin dann abgegangen ist, davon weiß ich nichts. Die Typen haben sowohl mit der Christa als auch mit der Andrea etwas gesprochen. Um was es da ging, weiß ich nicht. Dann sind die Männer einzeln oder manchmal auch zu zweit ins Kämmerchen.“
Dies sei am Tag zwei-, dreimal vorgekommen.
„Hat der Andi einmal etwas zu Ihnen gesagt?“
„Der war immer eingesperrt gewesen.“
„Können Sie sich vorstellen, was dann in dem Kämmerchen mit dem Andi dort abgegangen sein könnte?“
„Ich nehme stark an, dass der Kleine dort sexuell missbraucht worden ist.“
„Zu welchen Zeiten ist das mit dem Andi im Kämmerchen denn passiert?“
„Meistens abends zwischen 20 und 21 Uhr.“
Inzwischen nimmt Wolfgang D. schon „stark“ Missbrauch an. Nur die Tatzeit passt noch nicht. Aber der Beamte hat bereits die fertige Tatversion im Kopf.
„Sie wissen also, dass der Andi dort von Männern sexuell missbraucht wurde. Hat man darüber geredet? Oder wie kommen Sie darauf?
„Ich habe das nicht vermutet. Ich habe das gewusst.“
Was D. vor Kurzem noch als Annahme formuliert hat, schildert er nun als Tatsache. Nach einer kurzen Unterbre-

chung konfrontiert ihn der Beamte mit seinen anfänglichen Angaben:

„Herr D., Sie haben ganz am Anfang der Vernehmung geleugnet, den Jungen überhaupt zu kennen. Jetzt erzählen Sie uns diese Geschichte hier. Wieso sagen Sie jetzt solche Dinge, die Sie vorher noch gar nicht wissen wollten?

„Ich konnte mir das nicht vorstellen."

„Was konnten Sie sich nicht vorstellen?"

„Ei, die Sache mit dem Kleinen, dass das wirklich so abgegangen ist."

Der Zeuge kann sich die Geschichte, die ihm der Beamte präsentiert, zunächst nicht vorstellen. Da der Polizist aber überzeugt davon ist, dass sie sich so und nicht anders zugetragen hat, schließt D. sich seiner Überzeugung an.

Wie einfach es ist, von D. die gewünschte Antwort zu bekommen, probiert der Vernehmungsbeamte anschließend anhand eines unverfänglicheren Themas aus. D. war 2001 umgezogen, Christa hatte ihre kleine Wohnung an ihn vermietet. Dies nimmt der Vernehmungsbeamte zum Anlass für folgenden Vorhalt:

„Herr D., ich sage Ihnen jetzt mal genau, wie das war. Sie wissen etwas von der Christa, was nicht an die Öffentlichkeit kommen darf. Nämlich die Sache mit dem Andi. Sie kündigen Ihre Wohnung, weil die zu teuer geworden ist. Die Christa hat eine Wohnung frei. Da geht man doch mal hin und fragt nach, ob man für sein Schweigen nicht in eine Wohnung einziehen könnte, nicht wahr? So war es doch – oder, Herr D.?

„Ja, genau so."

Kurz darauf wird D. gefragt, ob er auch gesehen oder gehört habe, dass von Andi Fotos gemacht wurden?

„Nein, davon habe ich nichts mitgekriegt."

„Herr D.! Wie oft war es nun gewesen? Wir machen hier keine Quizshow! Kann es auch noch mehr gewesen sein?"

„Ja, zwanzig bis dreißig Mal."

„Sie selbst haben also gesehen, dass mindestens zwanzig bis dreißig Mal verschiedene Männer zu dem Andi gegangen sind, um ihn sexuell zu missbrauchen. Ist das richtig so?"

„Ja."

Jetzt macht der Beamte Nägel mit Köpfen.

„Der Andi ist ja dann durch das Jugendamt aus der Obhut der Christa und der Andrea geholt worden. So von heute auf morgen. Da fehlte doch dann plötzlich der kleine Junge, an dem man sich vergehen konnte. Ist im Lokal nicht gefragt worden, was mit ihm passiert ist?"

„Doch, ein paar Leute haben gefragt."

„Man brauchte doch Frischfleisch. Ist dann im Lokal nicht mal die Äußerung gefallen, wo bekommen wir denn jetzt einen Neuen her?"

„Ja, das ist dort gefallen."

„Wissen Sie noch, wer das gesagt hat?"

„Die Christa und die Andrea."

Von sich aus hat D. bis dahin kein Wort darüber verloren, dass man nach Andis Wegzug in die Pflegefamilie ein neues Missbrauchsopfer – sogenanntes Frischfleisch – brauchte. Die Geschichte, die er dem Beamten bestätigt, hat er nicht im Kopf gehabt. Er gibt einfach zu, was die Polizei zu wissen behauptet. Der Vernehmungsbeamte fährt nach bewährtem Muster fort:

„Ich erzähle Ihnen jetzt mal folgende Geschichte. Sie, Herr D., haben bereits mehrmals mit dem im Sommer letzten Jahres verschwundenen Pascal die Tosa-Klause in Burbach aufgesucht, um dessen Vater zu suchen. Jetzt ist doch tatsächlich in der Tosa-Klause ein kleiner Junge durch das Jugendamt weggekommen, mit welchem man viel Geld verdienen konnte, wenn man ihn an Männer verkauft hat, die dann mit ihm in einem Zimmer im Lokal verschwinden, um ihn zu missbrauchen. Ein Versuch, den Jungen wiederzubekommen, ist gescheitert. Die Männer im Lokal sind aber noch da und warten darauf, dass man einen neuen Jungen besorgt. Jetzt kommen Sie doch tatsächlich mit einem kleinen Jungen, fast im gleichen Alter und mit ähnlichem Aussehen, in der Tosa-Klause vorbei. Da kann man doch auf den Gedanken kommen, das müsste der Nächste sein. Nur mal angenommen. Und tatsächlich – ein paar Monate später nach der Wegnahme des Kleinen von Andrea verschwindet genau der kleine Junge, der in der Tosa-Klause gesehen worden ist. Jetzt könnte einem der Gedanke kommen, dass Sie doch etwas mit dem Verschwinden des Pascal zu tun haben könnten. Wollen Sie weiter Angaben machen?"

„Ja."

„Haben Sie in der Tosa-Klause mitbekommen, dass dort schon ein neuer Junge ausgesucht worden ist?"

„Ja, der Pascal."

„Wie soll ich denn das verstehen?"

„Die haben sich untereinander abgesprochen, die Christa, der Dieter und die Andrea."

„Was haben die abgesprochen?"

„Dann holen wir uns den Pascal."

„Herr D., was wissen Sie vom Verschwinden des Pascal?"

„Ich weiß nur, dass der Kleine, der Pascal, plötzlich im Lokal ankam."

„Wann war das?"

„Das war mittags gegen halb drei oder drei Uhr."

„Was ist dann passiert?"

„Dann tauchte der Dieter plötzlich mit dem Kleinen an der Hand im Lokal auf."

„Und weiter?"

„Und da hat es geheißen: So, das ist ein neuer Bub. An den genauen Wortlaut kann ich mich nicht mehr erinnern. Aber sie haben irgendetwas von ‚Frischfleisch' gesagt."

D. sei der erste gewesen, wird später behauptet, der den Aufenthalt Pascals in der Tosa-Klause an jenem Kirmessonntag erwähnt habe. Tatsächlich hat er nur bestätigt, was ihm der Vernehmungsbeamte mit den Worten „Ich erzähle Ihnen jetzt mal folgende Geschichte ...“ in den Mund gelegt hat.

Von da an gerät D. immer weiter in die von der Kripo ersonnene Geschichte hinein. War anfangs von Andreas Sohn Andi die Rede, steht nun Pascal im Mittelpunkt der Vernehmung D.s. Wurde Pascal herumgezeigt? Ja, er wurde herumgezeigt. Später habe Dieter ihn ins Kämmerchen gebracht, aus dem man Jammern gehört habe.

„Dann war plötzlich Totenstille.“

Er, D., sei irgendwann heimgegangen.

„Wie viel Uhr war es da?“

16 Uhr.

Ein anderer Vernehmungsbeamter kommt hinzu, der D. verunsichert und ihn als Lügner hinstellt. Man glaubt ihm nicht, weil seine Zeitangaben offensichtlich nicht stimmen. Gleichzeitig bezichtigt man ihn plötzlich des Mordes – eine beliebte Methode von Ermittlern, um den Zeugen, der längst als Beschuldigter und damit über sein Zeugnisverweigerungsrecht hätte belehrt werden müssen, in Angst und Schrecken zu versetzen.

„Herr D.! Sie haben jetzt über mehrere Seiten die Unwahrheit gesagt. Nachweislich stimmen Ihre Angaben nicht. Sie haben so viel Müll erzählt, weil Sie nur von Ihrer eigenen Tatbeteiligung ablenken wollen. Sie haben den Kleinen umgebracht!“

„Nein, ich habe den Kleinen nicht umgebracht. Ich wollte mich nur wichtig machen.“

Später sagt D., er nehme alles zurück, was er über Pascal gesagt habe; aber er könne den Dieter nicht leiden und habe ihn reinreiten wollen.

Kurz darauf beschreibt er aber wieder, wie Pascal an jenem Sonntag in der Kneipe erschienen sei, um Bonbons zu erbetteln, und dann heimging. Ein Jahr später, im November

2003 schildert er während einer Vernehmung in Anwesenheit von Oberstaatsanwalt Pattar, dass er den Buben schon seit Längerem regelmäßig in das Lokal gelockt habe, weil Wirtin Christa ja „Frischfleisch“ gebraucht habe. Das Kind sei dann jeweils bis 20 Uhr oder 20.30 Uhr dort geblieben; in Pascals Familie habe jemand „eingeweiht“ sein müssen. Am Tattag habe er Pascal gegen 16 oder 17 Uhr selbst in die Kneipe gebracht und nach dem Missbrauch durch Dieter anschließend nach Hause geführt. Wenige Sätze weiter berichtet er von einem blauen Sack, in den die Leiche gesteckt worden sei.

Am 20. November 2003 schreibt D. anlässlich einer Tatrekonstruktion, die zwei Tage zuvor auf Video aufgezeichnet worden ist, an Oberstaatsanwalt Pattar einen Brief, in dem es heißt, er, D., sehe sich „gezwungen, von seiner Seite aus eine komplette Nachrichtensperre ausgehen zu lassen“, wenn die Videoaufnahme im Fernsehen veröffentlich werde. Der fantasiebegabte D. hat offenbar die Videoaufzeichnung mit Dreharbeiten für einem Tatort-Krimi verwechselt.

Am 21. November 2003 schreibt D. einen zweiten Brief an Pattar:

„Hiermit stelle ich eine Strafanzeige gegen mich selbst wegen falscher Aussagen im Fall Pascal. Ich war an einigen Vernehmungstagen noch unter Alkohol und hatte auch etwas Gras geraucht, was meine Sinne ziemlich stark beeinträchtigt hat. Es hätte vorher ein Alkoholtest stattfinden müssen, was die Polizei aber nicht gemacht hat. Dies hatte die Folge, dass ich mich bei meinen Aussagen selbst belastet habe, ohne dass es mir richtig bewusst war. Ich möchte mich dafür entschuldigen, dass man sich so viel Arbeit mit mir gemacht hat. Ich habe schon viel Mist in meinem Leben gebaut, ich habe gestohlen, geraubt, betrogen. Aber ich würde nie ein Verbrechen dieser Art, wo gegen Leib und Leben geht, begehen. Ich wollte einen neuen Beweisantrag auf Grund meiner Unschuld stellen. Ich weiß aber nicht, wo ich anfangen soll. Hochachtungsvoll D.“

Am 16. März 2004 widerruft er diesen Widerruf.

Auf dem Fundament der Notizen von Andis Pflegemutter und D.s zwar mehrfach widerrufenen Angaben, zu denen er aber doch in Variationen immer wieder zurückkehrt, nimmt für die Kripo seit Ende 2002 zunehmend eine Tatversion Gestalt an, die das Verschwinden Pascals zu erklären scheint. Auf der Basis dieser Arbeitshypothese finden die weiteren Vernehmungen statt.

Die Beamten haben inzwischen eine ziemlich klare Vorstellung von dem, was an jenem Kirmessonntag 2001 in der Tosa geschah. Bis Anfang Dezember 2002 hatten, mit Ausnahme Andreas, alle Tatverdächtigen die Missbrauchsvorwürfe zurückgewiesen und einheitliche Aussagen darüber gemacht, wie es in der Tosa zuging, wann Andi da war und so fort. Eine Verbindung zu Pascal war bis dahin noch nicht hergestellt – außer im Kopf der Pflegemutter und im Kopf des Beamten, der Wolfgang D. vernahm. Am 30. September 2003, nachdem er abermals „Geständnisse“ abgelegt hat, erging Haftbefehl gegen D.

Horst K., nervös und unentschlossen

Horst K. ist 1955 geboren, gelernter Elektroinstallateur, oft arbeitslos. Er ist geschieden und hat drei Kinder. Für Christa hat er in der Tosa-Klause und im Riegelsberger Haus gegen Zigaretten, Getränke und Essen „das Elektrische“ gemacht. Er gehörte zu den täglichen Stammgästen, die nach der Arbeit ihr Bier dort tranken. Denn er ist nicht gern allein. In den Augen der Staatsanwaltschaft gilt er als Christas „rechte Hand“.

Nach der Scheidung war er kurze Zeit mit Andrea liiert, dann wohnte Gabi, die später auch in der Tosa verkehrte, eine

Weile bei ihm, ehe er mit Erika ein Verhältnis begann, die in der Tosa sauber machte.

Als die Polizei ihn im frühen Ermittlungsstadium am 9. Dezember 2002 zu Hause aufsuchte und zur Dienststelle mitnahm, „entstand sofort der Eindruck, dass er mehr oder weniger mit unserem Erscheinen gerechnet hat", erinnert sich einer der Beamten. K. habe von Beginn an „nervös" gewirkt. Zwar habe er die ihm gestellten Fragen beantwortet; aber es sei relativ schnell klar gewesen, dass er die Unwahrheit sagte oder nicht alles erzählte, was er wusste. Im Lauf der Vernehmung sei er zunehmend härter angegangen worden, der Tonfall sei lauter und bestimmender geworden, da er vielfach „ausweichend" geantwortet habe. Als K. schließlich nichts mehr habe sagen wollen, führte eine Kriminalkommissarin ein Vier-Augen-Gespräch mit ihm, „um mehr aus ihm herauszubringen". Das habe ihn wieder zum Reden gebracht.

K. bestreitet zunächst, Andi zu kennen. Er habe ihn nur einmal gesehen, am Anfang, als die Tosa aufgemacht habe, er wisse nicht einmal den Namen des Kindes.

„Täglich während der Woche nach der Schicht sind Sie gekommen?"

„Nach der Schicht, ja."

„Und da wollen Sie uns erzählen, dass Sie den Andi nur ein einziges Mal gesehen haben? Das kann nicht sein. Sie lügen!"

„Ja, wieso lüge ich? Ich lüge nicht."

„Wir wissen, dass der Andi fast täglich in der Kneipe war. Und zwar nachmittags. Als Sie auch jeden Tag dort waren."

„Weiß ich nichts davon."

„Warum sagen Sie nicht die Wahrheit? Wen wollen Sie decken?"

„Ei, ich decke keinen. Wen soll ich denn decken?"

Beim Haftrichter beschwert sich K., bei der Polizei als Lügner und Feigling beschimpft worden zu sein, dass man ihn geschlagen und geschüttelt und ihm die Mütze vom Kopf gerissen habe. Die Beamten streiten das ab. K. habe die Mütze nicht abnehmen wollen, da habe man sie ihm halt vom Kopf ziehen müssen, sagt später einer der Vernehmungsbeamten. K. wird bedrängt. Man wisse, dass der Junge stets im Kämmerchen gewesen sei und dass Andrea dort vor den Augen des Kindes Geschlechtsverkehr gehabt habe. Er verheimliche doch etwas. Auch dass er mit Andrea nicht im Bett war, glaube man ihm nicht. Andrea habe „mit unzähligen Männern unzählige Male Sex gehabt", vor allem mit den Stammgästen der Tosa – und ausgerechnet er wisse davon nichts? K. wird über viele Monate befragt. Immer wieder dieselben Fragen. Man insistiert zum Beispiel so lange darauf, dass er gewiss mit Andrea Sex gehabt habe, bis er sagt:

> „Die Andrea hat im Kämmerchen mit anderen gefickt, und als man dann rausgekommen ist, hat man halt am Buffet gefragt, jo, war es e guter Fick?"

Nach und nach gibt er alles zu. Man muss ihn nur ein bisschen härter und lauter angehen. Von vornherein wird ihm unterstellt, er wisse viel mehr, als er zugebe, er wolle es nur einfach nicht sagen. Ebenso verdächtigt man ihn, am Tag des Verschwindens von Pascal in der Tosa-Klause gewesen zu sein und demnach dieses Kind ebenso wie Andi zu kennen. Sein zögerndes, abwehrendes Verhalten wird so interpretiert, dass er mit sich ringe.

Denn mittlerweile sind auch Andrea und K.s damalige Freundin Erika vernommen worden; und da ergeben sich im Vergleich mit seinen Angaben Widersprüche. Vor allem Andreas Aussagen erscheinen den Beamten „schlüssiger" – weil sie besser zu den Notizen der Pflegemutter und zur Aussage Wolfgang D.s passen und eher eine Klärung des Falls Pascal versprechen. Und weil Andrea weniger widerspenstig ist und sich mit ihren Antworten den Fragen der Polizei besser anpasst.

Nach der Vernehmung wird K. von der Polizei nach Hause gefahren. „Man merkte ihm an, dass er noch nicht alles gesagt hat, was er weiß", notiert einer der Beamten. „Ich sprach ihn auf sein Mitgefühl an. Er habe doch selbst Kinder. Er war den Tränen nahe, und man merkte, dass er einen Kloß im Hals hatte. Trotz allem Zureden gab er sein Wissen nicht preis. Mit diesem Hintergrundwissen wurde in die zweite Vernehmung am 22. Februar 2003 eingestiegen. Jetzt waren viel mehr Umstände über den möglichen Tathergang und beteiligte Personen bekannt. So konnte man viel leichter den Wahrheitsgehalt der Aussage von Horst K. einschätzen."

Als K. abstreitet, Pascal zu kennen, nehmen die Vernehmungsbeamten es nicht zur Kenntnis. „Sofort war klar", schreibt einer in einem Vermerk, „dass er noch nicht so weit war, offen und von sich aus über den sexuellen Missbrauch und die anschließende Tötung des Pascal zu berichten."

Wie diese zweite Vernehmung ablief, beschreibt Horst K. in einer Erklärung, die sein Verteidiger Clemens Schug im Pascal-Prozess für ihn abgibt und in der der Anwalt auch die fehlende Belehrung seines Mandanten als Beschuldigter rügt:

„Im Dienstzimmer der Vernehmungsbeamten wurde ich direkt gegenüber das Fahndungsfoto von Pascal gesetzt. Durch die Vernehmungsbeamten wurde mir alles in den Mund gelegt. Sie sagten mir stichwörtlich, was ich erzählen solle, das heißt, was sie von mir hören wollten.

Ich zählte wahllos die Personen auf, die immer in der Tosa-Klause waren, da sie mir als Stammgäste bekannt waren.

Eine Erinnerung an den 30. September 2001 hatte ich zu diesem Zeitpunkt nach mehr als 17 Monaten naturgemäß nicht mehr.

Andauernd wurde ich von den Beamten unterbrochen mit dem Vorwurf ‚Sie lügen!'

Danach erzählte ich dann das, was ich glaubte, dass die Beamten es so hören wollten. Die Polizei hielt mir dabei unter anderem alle anderen Vernehmungen vor.

Schon während der zweiten Vernehmung am 23. Februar 2003 habe ich sämtliche Aussagen, die ich am Tag zuvor gemacht hatte, gegenüber einem auf dem Flur zufällig anwesenden Polizeibeamten widerrufen.

Ein Kriminalkommissar hielt fest, dass ich dem Kollegen mitgeteilt hatte, die Angaben vom 22. und 23. entsprächen nicht der Wahrheit. Ich teilte diesem Beamten auf dem Flur mit, dass ich die Angaben nur aus Angst gemacht habe. Dieser Beamte nahm meinen Widerruf auf Tonband auf.

Eine im Protokoll erwähnte Verschriftlichung des Widerrufs meiner Zeugenaussage befindet sich nicht bei den Akten.

Entweder sagte ich Sachen, die ich aus Zeitung, Radio oder Fernsehen erfahren habe, oder ich erzählte von sonstigen Tagen. Oder ich erzählte Geschichten vom Hörensagen, wie sie zu der Zeit in Burbach und Umgebung alltäglich waren.

Sobald die Vernehmungsbeamten mich aufforderten, eine andere Version abzugeben, habe ich mir eine andere ausgedacht. Meistens hieß es: ‚Die Erika oder die Andrea haben das aber anders gesagt.' Daraufhin wiederholte ich, was die Polizei mir aus den Vernehmungen von Erika und Andrea vorgelesen hat. Ich tat dies, da ich der Meinung war, die Polizei würde mich dann endlich in Ruhe lassen. Die Polizei hat mich einfach fertiggemacht.

Wenn man mir Namen aus anderen Vernehmungen vorgegeben hat, habe ich einfach den Satz ausgeschmückt und vollendet. Ich hatte einfach Angst, wegen eines Versicherungsbetruges, der sämtlichen Gästen der Tosa-Klause bekannt war, ins Gefängnis zu müssen. Indem ich aber alles so sagte, wie die Polizei es meiner Meinung nach haben wollte, hoffte ich, bei der Polizei gute Karten zu haben. Tatsächlich leitete die Staatsanwaltschaft ein Ermittlungsverfahren wegen Versicherungsbetruges ein.

Aus der Zeitung, aus Gesprächen und Gerüchten in Burbach waren mir Berichte über einen angeblichen Kinderschänderring zu Ohren gekommen. Daher hatte ich einfach Angst und benannte wahllos Leute aus der Tosa, um meinen eigenen Kopf zu retten.

Schon kurz nach Beginn der Vernehmung sagten die Beamten: ‚Wir glauben, Sie sagen nicht die Wahrheit!' Sodann wurde mir die Aussage von Andrea vorgehalten, die sie zwei Tage zuvor gemacht hatte. Die Beamten waren eigentlich mit keiner meiner Antworten zufrieden. Deshalb schmückte ich alles aus, nur um meine Ruhe zu haben.

Außerdem forderten die Beamten mich immer wieder auf, alles genauer zu schildern. So flüchtete ich mich in Erfindungen, damit sie endlich Ruhe gäben.

Ich beschrieb die Tosa-Klause mit Einrichtung, Gästen und Bedienungen, wie ich es halt von meinen Besuchen in dem Lokal kannte.

Die Beamten behaupteten oft, dass ich offenbar Angst hätte, die Wahrheit zu sagen. Also sagte ich die ‚Wahrheit'. Das war für mich das, was die Beamten hören wollten.

Sie wiesen mich immer wieder darauf hin, dass es sich so nicht abgespielt haben könne, und erklärten mir dann zumindest in Stichworten, wie es nach den ihnen bereits vorliegenden Zeugenaussagen gewesen sein soll.

Nach einem zunächst allgemein gehaltenen Gespräch wurde die Rede auf den vermissten Pascal gelenkt, und ich merkte, dass sie mehr über das Kind hören wollten. Ich sollte Pascal beschreiben. Da zählte ich dann alles auf, was ich auf dem Fahndungsfoto etwa zwei Meter gegenüber meinem Standort sehen konnte. Dabei habe ich versucht, mir das Ablesen der Angaben auf dem Foto nicht anmerken zu lassen."

„Ich war ziemlich gereizt", sagt einer der Beamten über dieses Verhör später vor Gericht als Zeuge. „Wir waren am Boden zerstört, als der Widerruf kam, weil wir uns mal wieder kräftig an der Nase herumgeführt vorkamen."

Erika, die nichts durchschaut und alles bestätigt

Erika, Putzfrau in der Tosa-Klause, 1953 geboren, sechs Geschwister. Was ihre Intelligenz angeht, ist sie die Allerschwächste unter den Geständigen. Sie hat die Sonderschule besucht, ihr IQ liegt bei knapp 50, das ist bei Erwachsenen Schwachsinn schwerer Art und entspricht einem Intelligenzalter von sechs bis neun Jahren. Sie spricht ausgeprägtes saarländisches Platt, das stellenweise nur schwer ins Hochdeutsche zu übersetzen ist. Eine Berufsausbildung hat Erika nicht, aber sie hat früher als Glasschleiferin bei dem saarländischen Unternehmen Villeroy & Boch gearbeitet, später als Putzfrau auf Friedhöfen und bei einem Anzeigenblatt. Sie ist geschieden, einmal ging sie eine Scheinehe mit einem Ausländer ein, und hat vier Söhne. Mit Horst K. unterhält sie seit 1999 eine Beziehung. „Ihre emotionale Konstitution", befindet die Staatsanwaltschaft, „zeigt sich in dem Umstande, dass sie nach dem Auszug von Pascals Familie deren Wohnung übernimmt und ihr Schlafzimmer im ehemaligen Spielzimmer von Pascal einrichtet. Hierbei verzichtet sie sogar darauf, auf der Tapete aufgebrachte Mickey-Mouse-Figuren zu beseitigen bzw. zu überstreichen."

Sie sagt als Zeugin am 10. Dezember 2002 aus, also einen Tag nach Horst K., Andi nie gesehen zu haben; er sei schon längst in einer Pflegefamilie gewesen, als sie in die Tosa kam.

„Sie haben vorhin gesagt", hält ihr der Vernehmungsbeamte vor, „Sie hätten den Horst im Juli 2000 kennengelernt und seien mit ihm fast täglich in der Tosa gewesen. Und da haben Sie den Andi nicht ein einziges Mal gesehen?"

„Ich han denn net gesiehn, ich kenn das Kind net."

„Die Andrea hat sich in der Tosa prostituiert. Was können Sie dazu sagen?"

„Weß ich nix davon. Die is mo fort gang mit Typen."

„Frau Erika, Sie lügen, wenn Sie behaupten, Sie wüssten nicht, dass die Andrea anschaffen ging."

„Ich hans gesiehn, wenn es mit Typen abgang is, das is mit meinem Ex auch schon ab, e paar Mol."

„Welcher Ex?" – „Ei, dem Horst."

Hatte er Sex mit Andrea? Hat er dafür bezahlt?

„Nee. Un vom Horst hätt se ach nix gekriegt, weil der hot sei Geld lieber versoff."

Dann wird sie wieder gefragt, wie es denn sein könne, dass ausgerechnet sie nichts davon mitbekommen habe, dass Andrea sich prostituierte, „auch in dem Kämmerchen". Immer wieder und wieder. Und ob sie wirklich den Andi nicht kenne.

„Des eenzich Kind, das ich dort gesiehn han, war der Pascal, weil die Christa ihm immer Schneeges geb han." Also Bonbons und Lutscher.

„Wie war denn das?"

„Ei, wenn der mit sei Mudder dort spazieren gang is, do hat es Christa ihm immer was gen. Un sei Schwestern sin ach als mit ihm dort hin. Er is awer meistens vorgelaf."

Mit Zeugen wie der Putzfrau Erika haben Vernehmungsbeamte es leicht und schwer zugleich. Zwar kann man Erika zusetzen mit Formulierungen wie: „Wir wissen genau, dass …" Oder: „Andere Zeugen haben uns aber erzählt, dass …" Man kann sie auch einschüchtern: „Wir haben den Eindruck, dass Sie noch längst nicht alles gesagt haben! Sie sagen nicht die Wahrheit! Warum wollen Sie nicht die Wahrheit sagen? Wovor haben Sie Angst? Wir wissen, dass es sich so, wie Sie sagen, nicht abgespielt hat!" Aber ob die Aussagen einer solchen Zeugin glaubhaft sind, ist ein anderes Thema.

Erika meint stets, die Polizei wisse ohnehin alles besser als sie. Sie war noch nie von irgendjemandem für voll genommen worden; sonst hieß es immer nur, sie solle die Klappe halten. Sie rede doch nur Müll. Wie sollte sie sich jetzt gegen die Polizei wehren? Mit welchen Argumenten? Sie überblickt weder die Situation noch durchschaut sie die Absichten der Beamten. Woran soll sie sich erinnern? Was ist denn am Kirmessonntag in der Tosa gewesen? Woher soll sie wissen, was mit Pascal geschah? Wann soll sie „ja" sagen und wann „nein"? Immer heißt es nur: „Sie lügen! Wir wissen, dass es anders war!" Also redet sie in ihrer Not irgendetwas dahin, weil sie ja antworten will auf die Flut verwirrender Fragen, in der Hoffnung, danach vielleicht in Ruhe gelassen zu werden.

Als sie schließlich am 22. Februar 2003 parallel zu Horst nochmals vernommen wird und in den Pausen immer wieder versucht, ihre Gedanken zu sammeln, wird auf sie eingeredet, bis ihr der Kopf schwirrt. Schließlich bestätigt sie alles, was die Polizei inzwischen aufgeklärt zu haben vorgibt.

„Wir wissen, dass Sie noch viel mehr gesehen haben. Das haben andere uns schon erzählt. Was sagen Sie dazu?"

„Abends war der Pascal wirklich nicht mehr im Kämmerchen."

„Wir wissen aber, dass der Pascal das Kämmerchen nicht mehr lebend verlassen hat. Was sagen Sie dazu?"

„Der war abends um 19 Uhr noch mal in der Kammer. Die haben den auch dort eingesperrt."

Fünf Minuten Pause. Sie soll sich konzentrieren. Denn jetzt geht es zur Sache.

„Was war dann an dem Tag?"

„Es waren zwei, drei Männer, die an dem Tag mit dem Pascal reingegangen sind. Der ist dann nicht mehr rausgekommen. Da hat man auch nichts mehr gehört."

„Wer waren die Männer?"

„Es waren der Jupp, der Dieter und der kleine Peter. Der Letzte, der drin war, war der Dieter. Der Bub hat mehrmals geschrien. Dann hat ihn der Dieter so verpackt rausgetragen."

„Was heißt verpackt?"

„In so alte Decken oder so."

„Warum war der verpackt?"

„Da hat sich ja nichts mehr bewegt in der Decke."

„Warum nicht?"

„Der war tot."
„Wieso?"
„Im Kabäuschen hat er erst geschrien, und dann war es ganz ruhig. Ich vermute, dass er tot war, weil er sich nicht mehr bewegt hat."
„War die Gabi auch da an diesem Tag?"
„Am 30. September, nein."

Im Protokoll heißt es, Erika sei an der Stelle mit einer blauen Mülltüte „konfrontiert" worden. Sie sei ihr kommentarlos in die Hand gedrückt worden. Nun muss sie nur noch sagen: „Jo, der war da drin", und die Vernehmungsbeamten sind zufrieden und sehen sich gegenseitig beifällig an.

Kurz darauf bestreitet sie, dass Pascal am Kirmessonntag überhaupt in der Tosa war. Man glaubt ihr natürlich nicht.

Am nächsten Tag, dem 23. Februar 2003, wird Erika wieder parallel zu Horst vernommen. Sie verheddert sich heillos. „Sie wissen heute nicht mehr, was Sie gestern gesagt haben. Das zeigt uns, dass Sie nicht die Wahrheit gesagt haben."

In einem Vermerk der Vernehmungsbeamten heißt es dazu: „Bereits zu dieser Zeit war zu erkennen, dass Frau Erika keine Gefühlsregungen zeigt. Ihre Ausführungen zum sexuellen Missbrauch und gar zur Tötung des fünfjährigen Kindes schildert sie mit einer Kälte, als wenn ein Glas Bier umgefallen sei. Auch über die Beseitigung der Spuren des Tötungsdeliktes sprach sie wie über normales Putzen. Bezeichnend war zudem, dass sie eher über einen Gegenstand als über das Kind Pascal sprach. Es entstand der Eindruck, dass sie der sexuelle Missbrauch und die Tötung des Kindes nicht berührten."

Da ihre Aussagen nicht mit denen von Horst übereinstimmten, wurden die beiden gegen Abend einander gegenübergestellt – „wobei Erika ihm versicherte, sie sage die Wahrheit und er solle ebenfalls die Wahrheit sagen". Tatsächlich fordert Erika bei der Gegenüberstellung ihren Freund auf: „Sag doch, du warst dabei, und dann ist es gut."

Peter Sch., nervenkrank und ängstlich

Auch Sch., ein kleiner und unscheinbarer, dem Alkohol verfallener Mann von geringen Geistesgaben – sein IQ liegt bei 60 – verkehrte in der Tosa-Klause. Da er zu den Stammgästen des Lokals gehört, wird er von der Polizei am 28. Januar 2003 erst als Zeuge, dann als Beschuldigter befragt. Er erzählt zunächst weitschweifig, er sei unlängst von einem Kumpel zusammengeschlagen worden. Warum? Weil er nicht aussagen solle. Was? Wieso? Auf seine unklaren Angaben hin hält ihm der Vernehmungsbeamte vor: „Es kann ja nur einen Grund geben, dass Sie nichts aussagen sollen, nämlich dass Sie was wissen."

Dann die rhetorische Frage: „Wissen Sie etwas über sexuellen Missbrauch in der Tosa? Haben Sie etwas damit zu tun?"

Sch. nickt verwirrt. Und gesteht dann, wie er als Prospektverteiler von Kollegen darauf aufmerksam gemacht worden sei, in der Tosa könne man Kinder missbrauchen. Daran sei er interessiert gewesen. Also sei er mal mitgegangen, und Christa habe ihn gefragt, ob er für 20 Mark ein Kind ficken wolle.

Auf die Frage, wen er missbraucht habe, sagt Sch. wie aus der Pistole geschossen „Pascal". Er merkt, dass das offenbar die falsche Antwort ist und korrigiert sich: „Ach, dann war's der andere." Also Andi, Andreas Sohn. Und dann folgt die Beschreibung einer Tat im Kämmerchen, in allen Einzelheiten. Welche Art von Vorgesprächen dieser dokumentierten Vernehmung vorausgegangen sind, lässt sich allenfalls vermuten.

Die schriftliche Fassung dieser Aussage Sch.s liest sich, als habe da ein normaler, sich gewandt und flüssig ausdrückender Mensch auf eindeutige Fragen hin präzise berichtet, was er erlebt hat. Die Antworten passen zu den Fragen, der Befragte gerät nicht einmal ins Stocken, er erzählt sogar Dinge, die über die Beantwortung der Fragen hinausgehen. Nach sechseinhalb

Stunden wird die Vernehmung bis zum nächsten Tag unterbrochen. Die Beamten haben den Eindruck, Sch. sei froh darüber, die Sache endlich loszuwerden.

Am folgenden Tag wird Sch. von anderen Beamten weitervernommen, die offenbar mehr aus ihm herausfragen sollen, und neuerlich als Beschuldigter belehrt. Er sagt daraufhin:

„Wenn ich zugebe, dass ich lüge? Ich bin ja abends immer nur einen trinken gegangen. Das hat der gestern nicht geglaubt, weil ich vorbestraft bin. Ich war nur einen trinken, sonst war nichts. Ich habe gestern nur aus Angst so gesagt."

Er soll wiederholen, was er tags zuvor behauptet hat. Diesmal gehen seine Antworten durcheinander wie Kraut und Rüben. Er weiß nur noch, dass da so viele Fragen gewesen seien, flüstert ab und zu „Scheiße" und schaut zu Boden. Dann kommen wieder Sätze wie:

„Wenn ich jetzt gelogen habe, muss ich die Strafe ja nicht auf mich nehmen. Weil ich gestern Angst hatte."

„Sie haben uns gestern in allen Einzelheiten erzählt, wie Sie im Nebenraum der Tosa ein Kind sexuell missbraucht haben. Was sagen Sie heute dazu?"

„Die haben ja auch schon gemeint, dass das nicht stimmt. Die mich gestern vernommen haben."

„Was meinen Sie damit, ‚wenn ich gestern gelogen habe, muss ich die Strafe nicht auf mich nehmen'?"

„Die Verleugnung nehme ich dann auf mich, wenn ich nicht die Wahrheit sage. Die geht sicher lange. Wenn ich nicht die Wahrheit gesagt habe, dass ich gelogen habe."

„Sie haben uns doch gestern etwas erzählt, was Sie viel länger ins Gefängnis bringen könnte. Was soll das jetzt?"

„Ich habe gestern wirklich Angst gehabt."

„Warum haben Sie uns gestern in allen Details geschildert, was Sie in dem Kämmerchen gemacht haben?"

„Weil ich Angst hatte."

„Haben Sie selbst erlebt, was Sie uns gestern erzählt haben?"

„Ich habe gestern wirklich alles gelogen, weil ich nicht wusste, was ich sollte sagen. Das ist, wie wenn man sagt, das kommt aus dem Körper dann raus.“

Der Vernehmungsbeamte wird unfreundlich:

„Wir sind hier nicht auf einem Kindergeburtstag, ja! Wie kommen Sie denn dazu, uns gestern so eine Aussage über mehrere Stunden hinzulegen – Sie haben über mehrere Stunden ausgesagt. Wie kommen Sie dazu, sich dann heute hinzusetzen und zu sagen, alles nicht wahr? Erklären Sie mir das mal!“

„Weil ich gestern aufgeregt war. Weil ich so gezittert ein bisschen. Vom Vortag war ich auch noch ein bisschen aufgeregt, von dem anderen. Ich bin ja nervenkrank.“

Die weitere Vernehmung wird wegen der Schwere des Tatvorwurfs auf Video aufgenommen und protokolliert – jedoch nicht wörtlich, noch nicht einmal sinngemäß, sondern nur einzelne Fetzen der wirren Sätze, die für die Vernehmungsbeamten halbwegs einen Sinn ergeben in Richtung einer Anklage wegen sexuellen Kindesmissbrauchs. Sch. stottert und stöhnt, rutscht auf dem Stuhl herum, ergeht sich in Redeschwällen, die über die Vernehmungsbeamten hereinbrechen. Er schweift immer wieder vom Thema ab, redet von einem, der ihn geschlagen habe, von seiner Freundin, und dass er Angst habe und am Vortag so viele Fragen habe beantworten müssen und so fort. Ein Vernehmungsbeamter meint sich zu erinnern, dass Sch. zum Geschehen im Kämmerchen nicht habe befragt werden wollen, sondern glaubte, es reiche, wenn er sage, er habe missbraucht, gezahlt und fertig. Nach dem Eindruck der Beamten scheint er keinerlei Unrechtsbewusstsein zu haben. „Für uns war das unverständlich, für ihn aber normal.“

Sch. hatte damals einen Anwalt, dem die Betreuung der finanziellen Dinge seines Mandanten oblag. Denn der geistig beschränkte Sch. trug alles Geld umgehend ins Bordell; seinen Lebensunterhalt eigenverantwortlich zu bestreiten war er aufgrund seiner Behinderung nicht in der Lage. Dem Anwalt war entweder nicht klar, in welcher Situation sich Sch. befand, oder es war ihm gleichgültig. Er nahm jedenfalls an den Vernehmungen nicht teil, sondern stimmte telefonisch zu, dass sein Mandant weiter befragt werden könne; er habe im Moment keine Zeit. Er ließ Sch., der flehentlich um seinen Beistand bat und dessen Hilflosigkeit ihm bekannt sein musste, regelrecht ins Messer laufen. Und die Beamten fragen natürlich munter weiter. Sch., der Lage nicht gewachsen, redet und redet. So sagt er irgendwann:

„Ja. Hat er gesagt, es könnte ja sein, dass ich zu Kollegen … er hat nur so Andeutungen gemacht, der Herr Anwalt, dass ich da so reingerutscht hätte können sein in so Sachen, hat der Anwalt gemeint. Also mir so eine Andeutung gegeben, das kann ja sein durch den Alkohol, wenn man einen säuft. Hat der Anwalt ja gemeint, hat noch so eine Andeutung gemacht. Es hätte ja können sein, dass ich auch durch Alkohol und dann durch … so reingerutscht bin dann in die Sache. Könnt ja auch sein, weil ich ja immer gerne einen gut getrunken habe."

„Was meinen Sie da dazu?", fragt der Beamte.

„Das kann auch passiert sein im Alkohol, durch den Alkohol, wo ich getrunken habe. Viel. Und wenn ich immer heimkommen bin, dann war ich besoffen immer. Da war aber in der Zeit meine Frau daheim, da hat sie immer gemeckert mit mir."

„Hat gemeckert?"

„Ja, weil ich einen gesoffen habe."

„Wo denn reingerutscht?"

„In die Sache da mit dem Bub meine ich ja."

„Was sagen Sie denn zu der Sache mit dem Bub?"

„Dass Scheiße passiert ist, das weiß ich."

„Und was wissen Sie da?"

(Stöhnt) „Ich weiß nicht was."

Im Protokoll liest sich das so: „Herr Sch. überlegt lange und murmelt vor sich hin.“

Vergleicht man die verschriftete Videoversion von Sch.s Aussage mit dem, was im Protokoll steht, stellt man fest, dass Sch. in Wahrheit nicht begriffen zu haben scheint, worum es überhaupt ging. Das säuberlich umformulierte schriftliche Protokoll, das später den Richtern vorlag, die Sch. verurteilten, gibt das nicht wieder. Sch. bemüht sich, zu wiederholen, was er tags zuvor gestanden hat, nicht, was möglicherweise in der Tosa-Klause geschehen ist. Wird er danach gefragt, spricht er von einem Kollegen, der ihn auf die Nase gehauen habe, und was daraufhin passierte und von seiner Freundin und dem Haustürschlüssel und anderen irrelevanten Dingen.

Streckenweise wird gar nicht protokolliert. So findet sich etwa die – entlastende – Aussage „Ja, ich hab' gestern wirklich beim Jupp Scheiße erzählt“ nicht im Protokoll. Auch nicht der folgende Dialog, den die Videoaufzeichnung belegt:

„Sie müssen mir jetzt die Wahrheit sagen. Und wir gehen nachher zum Richter. Und da haben Sie auch noch mal die Chance, die Wahrheit zu sagen. Sagen Sie uns, wann Sie uns belogen haben, es passiert Ihnen nichts. Aber Sie schwätzen sich da rin und raus. Jetzt war der Jupp auf dem Klo und hat es nicht gesehen, wie Sie ins Kämmerchen rin sind. Gestern war er dabei und ist sogar nach Ihnen ins Kämmerchen rin. Was sollen wir denn da glauben?“

„Kann man bald gar nichts glauben.“

„Wie war es denn? Sie müssen doch wissen, was Sie erlebt haben?“

„Wenn ich sage jetzt, es wäre eine Lüge gewesen mit dem Jupp da, dass der nicht ...?“

„Dann müssen Sie mir erklären, wieso Sie das gestern anders gesagt haben.“

Üblicherweise dient das Wortprotokoll einer Beschuldigtenvernehmung dazu, einen nachvollziehbaren Eindruck von der Glaubwürdigkeit des Verdächtigen zu vermitteln. Dabei kommt es auf den genauen Wortlaut an. Hier wurde durch die Verfremdung – zum Teil auch Umdeutung – des Gesagten ein falscher Eindruck erweckt. Da saß einer vor den Kripobeamten und stammelte, er habe gestern gelogen, als er die Tat zugab – und die Polizei hielt das nur für Ausflüchte. Und hielt ihn für „verstockt", obwohl die Angaben ja angeblich nur so aus ihm „herausgesprudelt" seien. Was Sch. an Verwirrendem und Widersprüchlichem und Unverständlichem von sich gegeben hat, ist anhand des Protokolls nicht erkennbar. Genau genommen ist das ganze Protokoll verfälscht.

Die Vernehmungsbeamten bringen wieder Pascal ins Spiel.

„Wer war denn der Pascal?"

„Ist das der mit dem Fahrrad gewesen? Da hängt ja ein Plakat von ihm."

„War das der Bub von der Andrea?"

„Das weiß ich nicht."

„Sie haben bisher von dem Jungen der Andrea erzählt. War das denn ein anderer?"

„Das weiß ich nicht mehr genau."

„War der Bub der Andrea ein anderer als der Pascal?"

„Das weiß ich nicht."

„Haben Sie denn einen oder zwei Buben im Kämmerchen gesehen?"

„Nein, nur einen."

Peter Sch. werden Lichtbilder gezeigt, eines von Pascal und eines von Andi.

„Kennen Sie den?"

„Wer das ist, weiß ich nicht."

„Ist einer davon Andreas Sohn?"

„Das weiß ich nicht."

„Wen haben Sie denn gebumst?“

„Den da.“ (Er zeigt auf Pascal.)

„Das ist aber nicht der Bub von der Andrea. Haben Sie denn zwei Buben gebumst?“

„Ja.“

„Was wissen Sie vom Verschwinden des Pascal?“

„Da weiß ich gar nichts davon. Nur durchs Fernsehen. Ich hab’ immer Nachrichten geguckt, da habe ich gesehen, dass die den gesucht haben. Weil ich immer Nachrichten höre.“

Die Beamten lesen Peter Sch. die Aussage der Putzfrau Erika vor, wonach er am Kirmessonntag 2001 gegen 14 Uhr bei Pascal im Kämmerchen war.

„Ich war nicht drin. Ich kenn die Frau nicht.“

„Was war in der Tosa an dem Tag?“

„Das war so, wie die Frau gesagt hat. Es war wenig los. Da war ich bei dem Bub.“

„Wissen Sie, wo der Pascal ist?“

„Nein. Ich habe nur im Fernsehen gehört, dass er auf der Kirmes verschwunden ist. Und dass das Fahrrad auch weg ist.“

„Sie haben einen Pfleger in Vermögenssachen?“

„Ja, weil ich das Geld zum Fenster hinausgeschmissen habe.“

„Nach unserem Kenntnisstand wurde der Vermögenspfleger bestellt, weil Sie zu oft im Puff waren. Kann es nicht sein, dass Sie das Geld in der Tosa gelassen haben? Haben Sie dem Pascal an dem Kirmessonntag wehgetan?“

„Nein, ich habe nichts reingeschoben.“

„Hat er geschrien?“

„Ja.“

„Warum hat er geschrien?“

„Weil ich ihn gebumst habe.“

„Hat der auch sonst geschrien?“

„Der hat immer geschrien.“

Später sagt Sch.s Anwalt, sein Mandant sei außerhalb des Protokolls vor die Alternative gestellt worden, entweder den sexuellen Missbrauch Andis zu gestehen und zu sieben Jahren Gefängnis verurteilt zu werden – oder wegen Mordes an Pascal zu Lebenslang.

Tatsächlich wird Peter Sch. nach zwei Verhandlungstagen, an denen keine Zeugen gehört werden, am 17. Oktober 2003 wegen Vergewaltigung in Tateinheit mit schwerem sexuellem Missbrauch eines Kindes zu einer Freiheitsstrafe von sieben Jahren verurteilt, obwohl er die Tat gar nicht hatte begehen können. Denn unter Punkt 4 der schriftlichen Urteilsgründe heißt es: „Am 30.9.2001, einem Sonntag, suchte der Angeklagte wiederum die ‚Tosa-Klause' auf, und zwar *am frühen Nachmittag* (Hervorhebung durch die Verfasserin). In gleicher Weise wie früher bei dem Jungen Andi vollzog er an diesem Tag den Analverkehr bei dem am 11.12.1995 geborenen Pascal… Anhaltspunkte dafür, dass der Angeklagte mit dem Verschwinden des Kindes etwas zu tun hat, gibt es nicht. Der Angeklagte hat ferner eingeräumt, mit dem Pascal vor dem 30.9.2001 schon mehrfach wie eben beschrieben verfahren zu sein, ohne dass sich diese Taten nach Häufigkeit und genauer Tatzeit näher konkretisieren ließen…"

Am frühen Nachmittag des 30. September 2001 aber war Pascal unstrittig zu Hause, danach, wie die entsprechenden Zeugen übereinstimmend bestätigen, bei seinem Freund, später bei einem Nachbarn und darauf wieder bei seinem Freund. In der Tosa-Klause war er jedenfalls nicht, was in dem Strafprozess gegen ihn ignoriert wurde. Zufall? Eine bedauerliche Fehlentscheidung? Wohl kaum. Selbst in der Anklageschrift des Pascal-Prozesses heißt es: „Ob zu diesem Zeitpunkt am frühen Nachmittag der Pascal ein erstes Mal kurze Zeit in der Tosa-Klause oder zumindest in deren Eingangsbereich war, konnte nicht mit Sicherheit festgestellt werden. Zu einem sexuellen Missbrauch zu seinem Nachteil kam es zu diesem

Zeitpunkt jedenfalls nicht." Und für die Zeit nach 17 Uhr, als Pascal nicht mehr gesehen wurde, hat Peter Sch. ein Alibi. Er war beim Karaoke-Singen auf der Kirmes.

Über die Freiheitsstrafe hinaus wird Sicherungsverwahrung verhängt, da Peter Sch. einschlägig vorbestraft ist (er hat im Jahr 2002 in seiner Wohnung mit Kindern und Jugendlichen Pornofilme angeschaut und war deshalb zu einer Geldstrafe von 100 Tagessätzen verurteilt worden, die er im Wege einer Ersatzfreiheitsstrafe vom 20. Juni bis zum 27. September 2003 verbüßte). „Wegen der Vielzahl der Taten und der Länge des Tatzeitraumes", heißt es im Urteil gegen ihn, sowie seiner „Debilität" sei er für die Allgemeinheit gefährlich. Außerdem wird die Einweisung in ein psychiatrisches Krankenhaus angeordnet. Das Urteil wird sogleich rechtskräftig, da kein Rechtsmittel dagegen eingelegt wird.

Der psychiatrische Sachverständige Michael Rösler von der Universität Homburg/Saar, der in dem Prozess gegen Peter Sch. mit der Prüfung der Schuldfähigkeit des Angeklagten beauftragt war, stellte fest, dass die Steuerungsfähigkeit schon wegen dessen intellektueller Einschränkung (Debilität) bei Begehung der Taten erheblich vermindert gewesen sei. Ob Sch. überhaupt aussagetüchtig war, als er von der Kripo vernommen wurde, prüfte Rösler damals nicht.

Heute befindet sich Sch. in der Psychiatrie und beteuert immer wieder:

„Ich han doch nix gedohn!"

Das Urteil gegen Sch., das auf unzutreffenden Feststellungen beruht, diente der Staatsanwaltschaft später als eine tragende Säule der Anklage im Pascal-Prozess.

„Der kleine Peter", sagt die Wirtin Christa über den Verurteilten, „ist wie ein Kind. So hat man auch geredet mit ihm – wie mit einem Kind. Wir haben ihn nicht lächerlich gemacht, aber gelacht haben wir schon über ihn, vor allem über seine Karaoke-Singerei. Das war das Höchste für ihn. Man hat halt

Späße gemacht in der Kneipe, das ist doch normal." Er sei ein armer Kerl, der alles mit sich machen lasse. „Ich wollte ihn mal besuchen in der Anstalt. Aber sie haben mir das verwehrt." Peter Sch. tut ihr zutiefst leid.

Gabi, die nicht widerspricht

Gabi ist eine kleine, zur Korpulenz neigende, unsichere und leicht einzuschüchternde Person. Die gelernte Bäckereifachverkäuferin hat in den verschiedensten Geschäften gearbeitet. Sie ist fleißig und arbeitswillig. Spricht sie jemand unvermutet an, schrickt sie zusammen und zieht sich ängstlich zurück. Männer nutzten ihre Gutgläubigkeit und Naivität seit jeher aus.

Nach den Worten der Staatsanwaltschaft beobachtet Gabi „schon vor dem Mord" sexuellen Missbrauch in der Tosa-Klause. Nach der Tat an Pascal „entwickelt sich zur Christa ein freundschaftliches Verhältnis", das darin besteht, dass sie unentgeltlich für die Tosa-Klause gekocht und für den Mitangeschuldigten Jupp die Wäsche gewaschen habe.

Christa dagegen ist auf Gabi gar nicht gut zu sprechen: „Die ist boshaft, sehr sogar", sagt sie. „Die hetzt gern Leute auf. Ihr Freund R. machte damals mit anderen Weibern rum in der Tosa, und sie sollte ihm Geld dafür geben. Das machte sie ganz besonders wütend, denn sie ist furchtbar eifersüchtig. Sie wollte dem R. unbedingt was reinwürgen. Mich mag sie auch nicht. Wenn die jemand nicht leiden kann, dann schwätzt sie Müll. Ich hab' immer einen Bogen um sie gemacht. Sie hat gekocht für jeden Kerl, der mal nett war zu ihr, und sich dann immer gleich nackt ausgezogen. Da muss man sich doch nicht wundern, wenn sie ausgenutzt wird. Mich wollte sie mal dazu bringen, mit ihr in einen Single-Club zu gehen. Mich! Ich hab' sie noch hingefahren und ihr viel Erfolg gewünscht."

Dass man mit Gabi ein einfaches Spiel haben würde, merkten die Polizeibeamten rasch.

Am 14. Februar 2003 wird sie am späten Abend – es ist schon 22.30 Uhr – als Zeugin vorgeladen, ohne anwaltlichen Beistand. Zunächst geht es nur um Fotos, die sie sich ansehen soll, um einen Gast der Tosa zu identifizieren, von dem später nie wieder die Rede sein wird. Daraus wird rasch eine richtige Vernehmung. Der Beamte, der auch schon Wolfgang D. vernommen hat, ist erfreut. Denn Gabi widerspricht nicht. Von ihr kommen nicht Sätze wie: Das war nicht so, das stimmt alles nicht. Sie fügt sich.

Unvermittelt und anscheinend ohne danach gefragt worden zu sein – jedenfalls sagt das Protokoll darüber nichts aus –, erklärt sie gleich zu Beginn, es seien Kinder mit Christa ins Kämmerchen gegangen, die ihnen dort etwas zeigen oder geben wollte; die Kinder seien von ihren Müttern gebracht worden. Das ist ein überraschendes Detail, das bis dahin noch in keiner anderen Zeugen- oder Beschuldigtenaussage aufgetaucht ist. Ist es in einem der nicht dokumentierten Vorgespräche thematisiert worden? Stutzig macht jedenfalls, dass nur wenige Tage vor Gabis Vernehmung Andi gegenüber der Pflegemutter Kinder erwähnte, die von ihren Eltern in der Tosa-Klause abgegeben worden seien. Ein Beleg für den regelmäßigen Abgleich der Informationen durch Andi mit den Aussagen der Verdächtigen?

Aber dann, fährt Gabi fort, sei ihr die Sache komisch vorgekommen, weil die Kinder, wie sie sagt, längere Zeit verschwunden blieben. Sie habe Christa deswegen angesprochen. Daraufhin sei ihr mit einem Schubs auf die Straße oder von der Treppe gedroht worden, wenn sie nicht den Mund halte.

Diese zusammenhangslose Aussage erscheint erst einmal unverständlich, zumal sich die beschriebene Situation lange nach Pascals Verschwinden zugetragen haben soll. Sie klingt nach vorauseilendem Gehorsam, als wolle jemand irgendetwas sagen, um nur möglichst schnell wieder gehen zu dürfen. Der Vernehmungsbeamte will es genauer wissen:

„Wir haben Ihnen doch gesagt, dass es um den sexuellen Missbrauch des kleinen Andi geht. Kennen Sie den?“

Nein, sie kenne ihn nicht, sagt Gabi. Andrea habe ihr nur erzählt, dass sie mehrere Kinder habe von verschiedenen Vätern.

„Was wissen Sie denn von Andi?“

Nun kommt eine Antwort, die zeigt, dass Gabi verstanden hat, worauf es den Beamten ankommt. Sie muss etwas erzählen und darf nicht nur einsilbig auf Fragen antworten, um nicht harsch angefahren zu werden und um glaubwürdig zu erscheinen:

> „Eigentlich weiß ich nur das, was die Andrea mir erzählt hat. Sie hat mir erzählt, der wäre mal bei ihr zu Hause gewesen und den hätte sie mal gebadet. Als er dann da so auf dem Tisch gelegen hatte, habe sie dem Jungen am Schwanz gelutscht und sich selbst dabei befriedigt.“

Dann geht es wieder um die Tosa-Klause und „was da mit Kindern so abgegangen ist“. Gabi erzählt von den Kindern einer Bedienung, insbesondere von einem Jungen mit schwarzen Haaren. Sie wird unsicher, weiß keine Namen. Der Beamte fährt sie ungeduldig an:

> „Jetzt nennen Sie uns doch mal Namen von Müttern und Vätern, die dort noch in der Kammer waren! Sie wissen doch ganz genau, wer dort drin war!“

Gabi versucht sich zu retten, indem sie auf ein anderes Thema ausweicht:

> „Ich muss Sie noch mal was fragen. Ich muss das hier unterschreiben, aber ich bekomme keine Kopie. Ist das richtig?“

Der Beamte übergeht ihre Frage. Er will nur eines wissen: Welche Eltern ihre Kinder im Kämmerchen gelassen haben. Gabi nennt, ohne nach ihm gefragt worden zu sein – so jedenfalls das Protokoll –, den Namen Pascal:

> „Ich weiß, dass der Pascal dort auch schon mal drin war. Ich habe ihn schon mal gesehen. Wir hatten uns mal eine

Wohnung in der Straße angeschaut, in der er gewohnt hat. Da hatte ich ihn schon mal gesehen. Das war der Pascal, der verschwunden ist. Der ist mit der Christa ins Kämmerchen gegangen und als er wieder rauskam, hatte er einen Lutscher in der Hand."

Man legt ihr das Fahndungsplakat mit Pascals Foto vor:

„Ist das der Junge, den Sie dort in der Kammer der Tosa-Klause gesehen haben?"

„Ja."

So kommt man von Andi, den Gabi erst nicht zu kennen behauptet, zu Pascal, den sie anscheinend doch kennt. Nach dieser ersten erfolgreich bewältigten Etappe wird die Vernehmung nun in anderem Ton fortgesetzt:

„Wovor haben Sie Angst? Waren Sie am 30. September 2001 in der der Tosa-Klause?"

Gabi schlägt die Hände vors Gesicht. Sie zittert am ganzen Körper.

„Werd ich jetzt verhaftet?"

Sie merkt, dass sie endgültig in die Sache verwickelt ist.

Der Beamte drängt:

„Waren Sie am 30. September in der Tosa?"

„Ja, ich war drin."

Folglich *muss* sie auch gesehen haben, wie Pascal an jenem Kirmessonntag in die Kneipe kam. Sie bejaht alles und beschreibt, wie er von Christa einen Lutscher erhielt und schon wieder gehen wollte, als er von Andrea und Christa in das Kämmerchen getragen und zehn Minuten später wieder herausgetragen wurde. Christa habe gesagt, er schlafe jetzt und werde nach Hause gebracht. Dann hätten die zwei Frauen ihn ins Auto gelegt und seien weggefahren.

Gabi unterbricht ihre Erzählung fortlaufend mit der Frage: „Mir kann doch nichts passieren?" oder: „Passiert mir jetzt was?" Oder sie wechselt das Thema, als wolle sie weiteren

Nachfragen entgehen. Der Beamte verhehlt nicht, dass er Gabis Verhalten damals in der Kneipe missbilligt:

„Ihnen ist doch wohl klar, dass der Junge, als die Christa ihn weggetragen hat, schon tot gewesen sein kann. Haben Sie denn niemanden angesprochen, was mit dem Jungen passiert ist? Ist Ihnen klar, was Sie jetzt hier sagen?"

Die Polizei ist mit Gabis Aussage noch längst nicht zufrieden. An der nächsten Vernehmung am 17. Februar 2003 nimmt auch Gabis Anwältin teil, allerdings ohne die Akten zu kennen. Sie ist keine ausgewiesene Strafverteidigerin, sondern auf Familiensachen spezialisiert und hat Gabi schon früher vertreten, wenn diese ins Frauenhaus flüchtete oder finanzielle Ansprüche gegen irgendwelche Männer geltend machte. Sie lässt ihre angstvolle Mandantin reden und reden, ohne zu intervenieren, als diese immer weiter ins angebliche Tatgeschehen hineingerät. Scheinbar unvermittelt spricht Gabi erneut ein Thema an, das schon in der ersten Zeugenvernehmung am 14. Februar Gesprächsgegenstand war: dass mehrfach Kinder mit ihren Eltern in die Tosa-Klause gekommen und mit Christa im Kämmerchen verschwunden seien. Diesmal reichert sie diese Aussage an: Christa habe eine Kamera dabeigehabt und gesagt, sie mache Fotos zum Andenken.

Überrascht von diesem Detail kann nur sein, wer nicht weiß, dass sich an jenem 17. Februar 2003 gegen 11.30 Uhr, und damit rund drei Stunden vor Gabis Vernehmung, die Pflegemutter telefonisch bei der Kripo mit einer weiteren Neuigkeit gemeldet hat: Andi habe nicht nur erzählt, Eltern hätten ihre Kinder in die Tosa gebracht und Geld von Christa dafür bekommen; Christa habe auch Fotos mit einer Sofortbildkamera gemacht.

Betrachtet man den zeitlichen Ablauf und das rege Hin und Her zwischen den Ermittlern, liegt die Annahme nahe, dass auf Gabis erste Bemerkung hin, dass Eltern mit ihren Kindern in der Tosa-Klause gewesen seien, die Pflegemutter aufgefordert wurde, Andi zu befragen, ob es solche Besuche gegeben habe. Wie nicht anders zu erwarten, bejaht Andi die Frage und schmückt sie mit dem Detail „Kamera“ aus. Im unmittelbaren Anschluss erscheint auf Fragen der Ermittler eine Kamera auch in Gabis Aussage. Das ist zu viel des Zufalls.

Gabis Angaben werden jetzt immer ausführlicher. Die Fragen der Beamten steuern geradewegs auf das Geschehen im Kämmerchen zu. Auch dies beschreibt Gabi, wirkt dabei aber wenig überzeugend. Die Beamten zweifeln: Von dem Platz aus zum Beispiel, an dem Gabi gestanden haben will, als sie den Missbrauch Pascals angeblich beobachtet hat, konnte sie gar nicht ins Kämmerchen hineinsehen.

Die Anwältin nimmt Gabi beiseite und spricht mit ihr. Sie geht mit Gabi in Vernehmungspausen spazieren und weist sie auf Ungereimtheiten in ihren Aussagen hin. Sie unterbricht, wenn Gabi etwas Widersprüchliches sagt. Sie beschwichtigt die Ängste ihrer Mandantin: Aus dieser „Mitwisserschaft, in die Sie da reingeraten sind, daraus kann man Ihnen keinen strafrechtlichen Vorwurf machen“.

In der staatsanwaltlichen Vernehmung am 20. Februar 2003 versucht Gabi lange, einer erneuten Schilderung der Vorgänge in der Tosa-Klause zu entgehen. Sie schützt Kopfweh vor, Brechreiz, sie bringe es nicht über sich, sie habe Angst, sie habe schon so vieles verdrängt, sie fragt, ob sie denn wirklich auch vor Gericht aussagen müsse und ob das dann auch im Fernsehen komme. Oberstaatsanwalt Josef Pattar beruhigt sie wie zuvor schon ihre Anwältin: Wenn sie nur aus Neugier ins Kämmerchen hineingeschaut habe, so stelle das noch keine Belastung dar. „Ich will Sie doch nicht linken“, sagt Pattar, „wenn ich merke, es wird kritisch für Sie, dann hake ich schon in Ihrem Interesse ein.“ Er schmeichelt ihr: Allein seine Anwesenheit zeige doch, wie wichtig ihre Aussage sei. Gabi errötet.

Und fängt an, auf die Fragen des Staatsanwalts hin zu beschreiben, wer wo im Kämmerchen stand und Pascal missbraucht hat.

Pattar: „Also, jetzt haben wir ja die räumliche Zuordnung klar, Leute und ihre Bewegungen so halbwegs festgemacht. Als die Christa an dem Jungen rumgemacht hat, war der da erregt?"

Erst verneint Gabi. Auf Nachfrage sagt sie: „Erregt, nein. Aber was heißt erregt, kann doch erregt sein."

Pattar: „In dem Alter kann das schon sein. Ich frage Sie ja nur."

Gabi: „Wer? Was? Wer?"

Sie beschreibt das Kind, das auf dem Rücken gelegen habe.

Pattar: „Und jetzt sagen Sie, der R. hat den Analverkehr ausgeführt. Das Kind, haben Sie aber gesagt, lag ja auf dem Rücken! Wie geht das dann?"

„Nein, nein."

Pattar: „Und die Christa hat ihm den Mund zugehalten. Da muss ja irgendwie die Stellung verändert worden sein."

„Ja. Sie haben das Kind auf den Bauch gelegt."

„Und wie? Wie ging das vonstatten? Haben Sie das gesehen?"

„Ja, wie legt man ein Kind auf den Bauch? Normal halt, also wie man ein Kind eben auf den Bauch legt."

„Haben Sie das Eindringen unmittelbar gesehen von dort aus, wo Sie standen?"

„Ich gehe mal davon aus, dass es so war."

„Es könnte ja sein, dass der R. sich vielleicht nur da zwischen den Pobacken bewegt hat? Haben Sie das genau gesehen?

„Ich glaube das, ja."

„Kam er zum Erfolg?"

„Also, weiß ich nicht genau jetzt."

Nach Rücksprache mit ihrer Anwältin schildert Gabi nun von Neuem eine Szenerie, in der sie, die neu als Gast in die Tosa gekommen war, angeblich gleich in ein schreckliches Verbrechen mit eingebunden wird. Sie verstrickt sich erneut in Widersprüche. Eine Vernehmungsbeamtin etwa wundert sich, wie in dem Kämmerchen, in das gerade eine Liege hineinpasst, auch noch sechs Personen Platz gefunden haben sollen, die beim Missbrauch mitmachten oder zusahen.

„Ich habe mir auch schon überlegt, dass ich da wohl zu viele Personen …", antwortet Gabi.

Die Vernehmungsbeamtin notiert: „Alle Unstimmigkeiten wurden nach Rücksprache mit der Anwältin schlüssig dargestellt." Und da Gabi ja die Erste gewesen sei, konstatiert die Beamtin, die konkrete Angaben über das Verschwinden Pascals gemacht habe, sei ihr Geständnis als besonders wertvoll einzuschätzen.

Allerdings hat fünf Wochen zuvor Wolfgang D. schon ähnliche Angaben gemacht. Der Tatablauf stand also bereits fest.

Es gibt eine Fülle von Hinweisen, dass Gabi während dieser Vernehmungen nicht berichtet, was sie tatsächlich erlebt hat, sondern was sie meint, den Vernehmungsbeamten bestätigen zu müssen. Nach einem Gespräch mit ihrer Anwältin erwähnt auch sie wie Wochen zuvor Wolfgang D. einen blauen Sack, der an jenem Nachmittag aus der Kneipe hinausgetragen worden sei; sie habe aber nicht gewusst, was drin gewesen sei.

Woher kommt dieser Sack mit einem Mal? Gabi war mit ihrer Anwältin auf den Flur gegangen, von dem auch die Zimmer der Brandermittler abgingen. In einem davon stand ein Spaten, es waren gerade Vorbereitungen zu einer Brandsache im Gange. Auf einem der Tische war auch ein blauer Müllsack zu sehen. Gabi sprach lange mit ihrer Anwältin, die später bestätigt, die Mandantin auf den Sack aufmerksam gemacht zu haben. Und siehe da: Von da an taucht er auch in Gabis Aussage auf.

Bohrende Nachfragen signalisieren ihr, dass man noch immer nicht zufrieden ist mit ihrer Aussage. Sie wisse bestimmt, meinen die Beamten, was in dem Sack war. Also sagt sie: „Ich konnte es mir denken."

„Was haben Sie sich denn gedacht?"

„Der ist in dem Sack. Ich weiß es ja nicht. Ich weiß ja nichts." Man glaubt ihr nicht. Denn es sei ja gewiss gesprochen worden über das, was passiert war. Gabi verneint. Niemand habe etwas dazu gesagt. Man glaubt ihr immer weniger. Später sagt sie, sie habe gefragt, was in dem Sack sei. Die Fragen der Beamten hören nicht auf. Oberstaatsanwalt Pattar zwingt sie immer wieder zurück zu dem Geschehen in der Tosa, während sie jedes Mal versucht, davon abzulenken und über andere Dinge zu sprechen. Er will noch einmal wissen, was sie denn vermutet habe, als der Sack aus der Kneipe hinausgetragen wurde.

„Das Kind. Das Kind habe ich vielleicht vermutet. Ei ja, musste ja so sein."

„Sie sagten aber eben, Sie hätten gefragt, was in dem Sack sei! Und wie war noch mal die Antwort?"

„Das gehe mich nichts an."

„Da hatten Sie noch nicht die Vermutung?"

„Vielleicht insgeheim, vielleicht habe ich da schon was vermutet oder geahnt."

„Ein normaler Mensch schaut doch dann da ganz genau hin, um herauszufinden, was da los ist!"

„Ich hatte dazu viel zu viel Angst."

„Aber Angst verschließt doch nicht die Augen!"

„Nein, ich hab' das nicht so richtig wahrgenommen."

Die Vernehmungsbeamtin unternimmt zum Schluss einen letzten Versuch:

„Ich habe eine abschließende Frage. Sie waren ja jetzt mehrfach hier zur Vernehmung gewesen. Bis heute Morgen haben Sie immer gesagt, die Christa habe den Bub aus der Kneipe hinausgetragen. Er habe die Augen zugehabt. Jetzt sagen Sie, dass er in einem blauen Sack rausgetragen wurde. Welche Variante stimmt denn nun?"

„Er kam da raus in einem alten, blauen Sack."

Die Vernehmungsbeamtin: „Ich glaube, wir sollten aufhören."

Gabi, wie befreit: „Ist es jetzt vorbei?"

Die Vernehmungsbeamtin: „Es ist auf jeden Fall gut, dass Sie es endlich erzählt haben."

„Es war ja auch ein langer Weg", sagt die Anwältin erleichtert.

In ihrer Aussage bezichtigt Gabi unter anderem Jupp, am 30. September 2001 zu den Vergewaltigern Pascals gehört zu haben. Hätten die Ermittler nachgeprüft, wann jener Jupp an diesem Tag in der Tosa-Klause erschien – gegen 17 Uhr frühestens nämlich, weil er zuvor beim Fußballspielen in Frankreich war, hätten sie Gabi möglicherweise weniger Glauben geschenkt. So aber hielt man ihre Schilderung für wahr.

Als Gabi sich am 28. Oktober 2003 weigert, an einer Tatrekonstruktion mitzuwirken, schreibt ihr Oberstaatsanwalt Pattar am nächsten Tag einen Brief. Darin heißt es unter anderem:

„Es dürfte Ihnen – zumal durch die Berichterstattung in den Medien – nicht entgangen sein, dass in einem Parallelverfahren der Beschuldigte Peter Sch. wegen mehrfachen schwersten sexuellen Missbrauchs bzw. schwerster Vergewaltigung zu einer Freiheitsstrafe von nur sieben Jahren verurteilt wurde, weil er vor Gericht ein Geständnis abgelegt hat. Dazu hat das Gericht in der Urteilsverkündung auch unmissverständlich ausgeführt, dass ohne das Geständnis eine *deutlich* höhere Freiheitsstrafe gegen den Verurteilten verhängt worden wäre. Es bedarf keiner Erwähnung – und dies habe ich in einem persönlichen Gespräch mit Ihrer Verteidigerin auch dieser deutlich gemacht, dass auch in Ihrem Falle die (fortdauernde) Bereitschaft, an der Aufklärung des Sachverhalts – insbesondere auch in der noch ausstehenden Gerichtsverhandlung – weiter mitzuwirken, sich im Strafmaß deutlich zu Ihren Gunsten auswirken würde …"

Dass Peter Sch. in der geschlossenen Psychiatrie untergebracht wurde, aus der er wahrscheinlich nie wieder herauskommen wird, erwähnt Pattar in dem Brief nicht.

Der blaue Sack

Am 21. Februar 2003 passiert etwas Ungewöhnliches. Andrea meldet sich aus freien Stücken bei der Kripo, um sich weiter zu bezichtigen. Gegen halb zehn Uhr vormittags wird sie aus der Justizvollzugsanstalt Zweibrücken vorgeführt, in der sie wegen Missbrauchsverdachts einsitzt. Im Gefängnis habe sie von Gerüchten aus Burbach gehört, sagt sie, wonach sie etwas mit dem Verschwinden von Pascal zu tun habe. Sie könne dazu etwas sagen. Es gefalle ihr außerdem nicht mehr in Zweibrücken; die Mitgefangenen beschimpften sie als „Kinderfotze" und behandelten sie entsprechend. Sie bittet, in eine andere Anstalt verlegt zu werden.

Die Szene, die sie dann bei der Kripo beschreibt, kommt bislang in keinem der anderen „Geständnisse" vor: Sie habe Pascal im Kämmerchen auf die Seite gezogen, wobei er mit dem Kopf gegen einen Bierkasten gestoßen sei und geblutet habe.

„Ich wollte es doch nicht. Es war doch nicht meine Absicht. Er hatte eine Wunde am Kopf. Der Dieter hat ihn dann rausgetragen, er wollte ihn in ein Krankenhaus bringen."

Die Beamten schütteln die Köpfe.

„Haben Sie vor jemandem Angst? Oder haben Sie deswegen Angst, weil es so nicht passiert ist, wie Sie es uns sagten?"

Man glaubt ihr nicht, sondern unterstellt, dass es anders war, etwa, dass sie mitgefahren sei, als man das Kind weggebracht hat.

„Wo sind Sie hingefahren?"

Nun nennt Andrea einen Ort, den sie zufällig kennt, weil Dieter sie schon mal zum Angeln dorthin mitgenommen hatte.

„Wir sind nach Frankreich gefahren, nach Forbach, zu einem Steinbruch. Dort hat der Dieter den Kleinen dann rausgebracht."

Dieter sei gefahren, Christa habe auf dem Beifahrersitz gesessen und sie mit Pascal hinten. Der Kopf des Kindes habe auf ihrem Schoß gelegen. Pascal habe einen grauen Jogginganzug angehabt. Dieter habe dann mit einem Spaten ein Loch gegraben und Pascal hineingelegt. Uhrzeit: 17 Uhr.

Parallel zu Andrea wird Gabi erneut vernommen, zum vierten Mal. Die Beamten befragen sie noch einmal zu dem von ihr bisher geschilderten Tatablauf. Nun zögert sie mit den Antworten. Die Beamten werden unwirsch: „Warum muss man Ihnen schon wieder alles aus der Nase ziehen? Sie fangen schon wieder an, alles Mögliche wegzulassen und die Fragen nicht wahrheitsgetreu zu beantworten! Warum machen Sie das?“

Gabi, erregt: „Warum wollen Sie mich in den Knast stecken? Ich habe nichts gemacht. Ich habe mit der Sache nichts zu tun!“

„Wie kommen Sie darauf, dass wir Sie in den Knast stecken wollen?“

„Weil Sie meinen, ich hätte was mit der Sache zu tun.“

Gabi bespricht sich mit ihrer Anwältin.

Nachmittags wird die Vernehmung fortgesetzt: „Wir wissen, dass Sie vor irgendetwas oder irgendjemandem Angst haben. Sie brauchen keine Angst zu haben. Sie stehen mit Ihrer Aussage nicht alleine da. Es hat schon jemand von sich aus Angaben gemacht, ohne dass bis jetzt überhaupt jemand von Ihrer Aussage etwas gewusst hat.“

Die Vernehmungsbeamten wissen genau, welche Ergebnisse bei den einzelnen Befragungen erzielt wurden, und tauschen sich untereinander darüber aus. Sie kennen am Nachmittag des 21. Februar 2003, als sie Gabi vernehmen, Andreas neue Aussage vom Vormittag, in der zum Beispiel Horst erwähnt wird, der prompt auch am nächsten Tag vernommen wird. Und die Beamten, die sich mit Andrea beschäftigen, sind im Bilde darüber, was Gabi am Tag zuvor ausgesagt hat, etwa die Sache mit dem blauen Sack.

Die Beamten fangen mit Andrea wieder von vorne an. Ob Pascal alleine in die Tosa-Klause gekommen sei? Nein, mit einer der Schwestern. Die Beamten zweifeln. Ja, er kam alleine. Christa habe ihn ins Kämmerchen gelockt. Die Beamten zweifeln.

„Uns liegt eine Aussage vor, dass Sie ihn reingetragen haben!" Ja, sie hat ihn reingetragen. Der Dieter habe dem Kind die Hose heruntergezogen. Die Beamten zweifeln auch daran. Nein, sie habe dem Kind die Hose heruntergezogen. Um wie viel Uhr kam Pascal?

„Ich meine, um 15 Uhr."

„Wenn Sie die Uhrzeiten nicht mehr wissen, dann sollten Sie das sagen!"

Andrea wird gefragt, wer alles anwesend war. Sie zählt Namen auf. Gabi ist nicht dabei.

„Haben Sie nicht noch jemanden vergessen?" Es kann sich nur um Gabi handeln.

„Es war noch die Gabi da, aber nur kurz. Sie ist gegen 14 Uhr wieder gegangen, weil sie arbeiten musste."

„Hat die etwas von der Sache mitbekommen?"

„Nein."

„Warum erzählt die uns dann, dass sie das mit dem Pascal gesehen hat?"

„Also ich habe sie nicht mehr gesehen."

„Wo waren Sie denn den ganzen Tag?"

„Ei, in der Tosa. Stimmt, die Gabi war auch in der Tosa."

Andrea ist Wachs in den Händen der Ermittler. Die Beamten verschärfen die Tonart:

„Ich verstehe das nicht! Sie geben zu, den Pascal getötet zu haben, und lügen uns kurz danach wieder an! Jetzt erzählen Sie endlich, wer alles in der Tosa und im Kämmerchen war!"

Andrea nennt Namen. Fehlt einer, den Gabi genannt hat, korrigiert sie sich auf Nachfrage sofort. Dann die überraschende Frage der Beamten: „Wer ist eigentlich auf die Idee gekommen, die blaue Nylontüte für den Pascal zu benutzen?"

„Ich nicht."
„Sondern?"
„Der Dieter hatte die Idee. Ich habe die Tüte geholt."
„Und wer hat den Pascal in die Tüte gepackt?"
„Die Christa und der Dieter. Die Christa hat den Sack aufgehalten, und der Dieter hat ihn reingemacht."
„Also stimmt nicht, was Sie zuvor erzählt haben, Sie hätten den Pascal auf dem Arm ins Auto getragen?"
„Nein."
„Also wer hat jetzt den Pascal aus der Kneipe getragen? Sie oder der Dieter?"
„Ich."
„Wer hat denn bei diesen ganzen Aktionen die Bilder gemacht?"
„Welche Bilder? Ich weiß davon nichts."
„Was hat die Christa die ganze Zeit gemacht?"
„Sie hat die Bilder gemacht."

Der blaue Sack – der erstmals in der Aussage von Wolfgang D. eine Rolle spielt und auf den dann auch Gabi von ihrer Anwältin hingewiesen wird – ist nun auch in Andreas Vernehmung ein Thema. Und zwar wird er über die Frage der Polizei ins Gespräch gebracht, wer eigentlich auf die Idee gekommen sei, Pascal in die blaue Nylontüte zu stecken. Andrea hatte ja zunächst behauptet, einen schlafenden Pascal aus dem Kämmerchen getragen zu haben. Dann sagt sie, das Kind sei „in Decken eingehüllt" gewesen. Nun die Variante mit dem blauen Müllsack. Und dass das Kind tot war. Denn es muss ja tot sein, wie man bei der Polizei längst zu wissen glaubt.

Anders als Andrea ist Gabi nicht aus Wichtigtuerei, sondern aus Angst und Schreckhaftigkeit leicht zu beeindrucken. Die Mitteilung, jemand anderes habe bereits eine ähnliche Aussage gemacht, wie man sie von ihr erwartet, sie brauche keine Angst zu haben, nimmt ihr jeden Mut zum Widerspruch. Denn eigentlich hätte sie jedes Mal widersprechen müssen, wenn man sie zu einer unrichtigen Antwort drängte. Sie hätte die Überzeugung der Beamten widerlegen müssen. Aber wie? Wenn doch angeblich noch jemand dasselbe sagt. Die Fragen prasseln auf sie nieder. Immer heißt es, sie lüge. Sie hätte wohl zunächst mit ihrer Anwältin sprechen müssen. Aber es war alles viel zu schnell gegangen, als man sie nachts zur Polizei holte. Sie war ganz durcheinander damals. Wie war es bloß dazu gekommen, dass sie mit einem Mal in das ominöse Verschwinden des kleinen Jungen verwickelt ist? Sie war doch erst nur Zeugin gewesen! Und gehört jetzt offenbar zu den Verdächtigen! Was unterstellt man ihr? Sie kann es sich nicht erklären. Sie weiß mittlerweile nicht mehr, was sie schon alles ausgesagt hat in den vielen Stunden bei der Polizei. Ihre Anwältin meint, es gehe darum, ein schweres Verbrechen aufzuklären. Und es würde ihr nichts passieren, wenn sie die Fragen der Ermittler beantworte. Sie wollte gerne dazu beitragen. Aber dann läuft alles ganz anders. Nun ist sie eine der Hauptverdächtigen. An jenem 21. Februar 2003 wird Andreas Vernehmung um 14.50 Uhr unterbrochen, weil der Ort besichtigt werden soll, an dem ihren Angaben zufolge Pascal vergraben worden ist. Die Polizei fährt nach Forbach, Andrea dirigiert sie zu einer Sandgrube. Am Vormittag hat sie noch von einem Steinbruch gesprochen. An der Sandgrube gibt es zwar einen Weg, doch der wird durch ein Tor versperrt. Andrea kann sich an ein solches Tor nicht erinnern. Die Polizei lässt es durch den Werkschutz öffnen. Dahinter führt ein Pfad steil nach unten. Andrea kann sich auch daran nicht erinnern; hier sei es nicht gewesen, sagt sie. Man nimmt einen anderen Weg, sie beschreibt die genaue Stelle, an der man das Kind ausgeladen habe. Doch auch dieser Weg endet bald. Andrea verliert vollends die Orientierung.

Die ganze Gegend ist mit älterem, dichtem Unterholz und Gebüsch bewachsen, weit und breit gibt und gab es keinen Weg. Auch im Jahr 2001 nicht.

In der späteren Hauptverhandlung vor dem Saarbrücker Landgericht erinnert sich der Grubenbesitzer als Zeuge an einen Staatsanwalt, der bei dieser Ortsbesichtigung dabei gewesen sei, und den er auf die örtlichen Gegebenheiten hingewiesen habe. In der Ermittlungsakte steht davon nichts.

Gabi rückt inzwischen von ihren Aussagen ab und eröffnet ihrer Anwältin, alle ihre Angaben zum Tatgeschehen seien falsch gewesen; sie habe Angst gehabt zu widersprechen und nicht mehr herausgefunden aus dem Wirrwarr, den sie selbst angerichtet hat.

Am 24. Februar 2003 wird Gabi festgenommen. „Nach Abgleich der Aussagen mit anderen ebenfalls jetzt in diesem Verfahren Beschuldigten ergaben sich erhebliche Widersprüche und Zweifel an den Angaben der Frau G. Es besteht der dringende Tatverdacht, dass Frau G. an der Ermordung des Kindes Pascal am 30.9.2001 zur Verdeckung anderer Straftaten beteiligt war“, heißt es im Festnahmeprotokoll.

Rückzieher und Widerrufe

In der zwölften verantwortlichen Vernehmung verneint Andrea nachdrücklich, dass Peter Sch. an jenem Kirmessonntag überhaupt in der Tosa-Klause war. Sie besteht aber darauf, dass *sie* den toten Pascal im Müllsack aus dem Kämmerchen nach draußen getragen habe, nicht Erika oder Christa oder Dieter, und dass sie sich auch an der Suche nach dem Kind beteiligt habe. Dass das nicht logisch ist, merkt sie nicht.

Andi wird wieder ein Bild von Pascal vorgelegt, um ihn zu Aussagen über den Jungen zu bewegen. Er beginnt zu erzählen. Er spricht fast nur noch vom Ficken. Er sei öfter bei Pascal zu Hause gewesen, und der habe ihn in der Tosa-Klause im Kämmerchen besucht. „Der ist reingekommen, hat sich umgeschaut, dann gefickt und dann ist er wieder gegangen." Oder: „Wenn der Pascal in der Tosa war, musste ich ihn ficken. Das haben wir sehr oft gemacht. Der Pascal ist ja öfters gekommen, dann musste ich ihn ficken. Der Pascal kam mit seinem Vater." Andere Kinder seien auch gekommen: „Da gab es eine, ein Mädchen, die war drei Jahre alt. Die musste mich ficken. Die hatte lange blonde Haare. Die kam mit einer Sina. Die kam mit ihrer Tochter. Die musste mich ficken."

„Wie machst du das eigentlich, wenn du dich erinnerst?", fragt die vernehmende Kripobeamtin.

„Einfach rauslassen. Dass es mich nicht mehr so belastet. Ich hab's ja hier in meinen vielen Schubladen."

„Schubladen?"

„Ja. Da schließ' ich auf, wenn ich einen ganz schlimmen Gedanken hab'."

„Und wer hat einen Schlüssel?"

„Meine Mama, die Pflegemutter also, und ich."

Auch Tonbandaufzeichnungen, die die Pflegemutter inzwischen von ihren Gesprächen mit Andi anfertigt, zeigen, dass das Kind völlig durcheinander ist und mit den Vorstellungen, die in seinen Kopf gepflanzt wurden, nicht mehr zurechtkommt. Er habe sich selbst in den Mund gepinkelt, behauptet er. Seine Mama habe ihn aus dem Fenster baumeln lassen, als er noch ein Baby war; die Nachbarn hätten die Polizei geholt, die seiner Mama einen Strafzettel gegeben habe und so fort. Die Pflegemutter merkt nicht, dass Andi längst am Ende seiner psychischen Kräfte ist. Es gehört zu den Absonderlichkeiten solcher Fälle, dass, wer von der Idee besessen ist, bei einem Kind sexuellen Missbrauch aufdecken zu müssen, nicht mehr innehalten kann.

Es geht hin und her. Horst K. gesteht im April 2003 von Neuem, nimmt alles wieder zurück, um sich danach auf wieder neue Angaben einzulassen. Wolfgang D. nimmt alles, was er über

Pascal erzählt hat, zurück – und gibt alles wieder zu. Bei der Haftprüfung am 27. Juni 2003 erklärt er, er habe aus Angst, ins Gefängnis zu kommen, falsch ausgesagt. Alles sei erfunden. Als ihm Richter, Staatsanwalt und sein Verteidiger nochmals eindringlich raten, die Wahrheit zu sagen, antwortet er: „Awer ich hann doch nix gemacht."

Andrea beschuldigt indessen weitere Personen des sexuellen Missbrauchs und erzählt, Christa habe Andi, als er drei oder vier Monate alt war, für 50 000 Mark an eine Familie in Burbach verkaufen wollen. Im Juli wird sie zum fünfzehnten und vorletzten Mal vernommen. Nun behauptet sie, von einem Gast der Tosa-Klause vergewaltigt worden zu sein. Die Polizei leitet gegen einen Mann aus Burbach, auf den Andreas Beschreibung passt, ein Strafverfahren ein.

Am 8. Juni 2003 erklärt D.s Anwalt im Namen seines Mandaten, dieser habe keine der sexuellen Missbrauchshandlungen begangen; ebensowenig habe D. Pascal in die Tosa-Klause gebracht und dort zum Missbrauch zur Verfügung gestellt. „Mein Mandant neigt ersichtlich zum Fabulieren, wobei er offensichtlich die Ansicht vertritt, den Ermittlungsbehörden nicht etwa die Wahrheit, sondern eine aus deren Sicht schlüssige Version liefern zu müssen."

Erika bestätigt am 24. Juni 2003 auf Nachfrage der Polizei, die Tötung Pascals sei nicht zufällig geschehen; es habe einen Plan gegeben. Sie sagt dies, nachdem Oberstaatsanwalt Pattar und der vernehmende Richter in ihrer Anwesenheit laut überlegten, dass es gewiss einen Plan gegeben habe.

Andrea widerspricht dieser Aussage mit dem Argument: „Die Erika konnt mich eh nie leiden."

Die Gutachten

Ein Fehler nach dem anderen

Dass das Verschwinden Pascals bis heute nicht aufgeklärt werden konnte; dass die Kripo Geständnisse erzielte, denen das Saarbrücker Landgericht aus gutem Grund nicht folgte; dass jahrelange Ermittlungen gegen offensichtlich zu Unrecht Beschuldigte ins Leere liefen und wertvolle Zeit vertan wurde, so dass eine Lösung des mysteriösen Falles immer unwahrscheinlicher wird – liegt auch an einem Gutachten der Saarbrücker Psychologin Milly Stanislawski, das diese am 13. November 2002 der Staatsanwaltschaft präsentiert. Die „Psychologische Sachstandsmitteilung zur Glaubhaftigkeit der Bekundungen" von Andi umfasst inklusive Deckblatt gerade einmal acht Seiten. Auf knapp zwei Seiten sind nur die Themen aufgelistet, zu denen sich Andi geäußert hat. Auf die Entstehungsgeschichte der Aussage des Kindes verwendet Stanislawski eine einzige Seite. Und da fasst sie nur den wachsenden Verdacht der Pflegemutter in groben Zügen zusammen.

Kein Wort verliert Stanislawski darüber, dass Andi in der vorausgegangenen, rund ein Jahr dauernden Übergangspflege weder sexualisiertes Verhalten gezeigt, noch von Missbrauchshandlungen berichtet hat – obwohl er von Anfang an vom Kämmerchen in der Tosa-Klause erzählte, in dem er sich habe ausruhen müssen und in das er auch hin und wieder eingesperrt wurde, wenn er nervte. Sollte das geistig zurückgebliebene Kind tatsächlich in der Lage gewesen sein zu unterscheiden, was es preisgeben darf und will und was nicht? Das ist mehr als unwahrscheinlich, zumal Andi über weitaus weniger dramatische Begebenheiten, etwa über seinen nur drei bis vier

Monate zurückliegenden Kindergartenbesuch, fast gar nichts zu erzählen gewusst hat.

Dass ein in seiner Entwicklung erheblich retardiertes sechs bis siebeneinhalb Jahre altes Kind multiple sexuelle Missbrauchserfahrungen anderthalb Jahre lang verschweigen konnte, während es von den angeblich beteiligten Personen und dem vermuteten Tatort laufend erzählte, hätte selbst einen aussagepsychologisch nicht Geschulten nach der Zuverlässigkeit dieser Aussagen fragen lassen. Stanislawski aber sieht darin kein Problem. Für die Psychologin erklärt sich die plötzliche Erzählbereitschaft des Kindes durch die verständnisvolle Zuwendung der Pflegemutter, die eben einen „Erinnerungssturm" bei dem Jungen ausgelöst habe.

Kein Wort darüber, dass bestimmte Äußerungen des Kindes erst nach entsprechender Verdachtsbildung und Erwartung auf Seiten der Pflegemutter gefallen sind – wobei es zunächst nur um Rauchen und Biertrinken ging. Kein Wort über die schon bald ablehnende Haltung der Pflegemutter gegenüber dem Kind, das ihrer Auffassung nach aus einem unmoralischen Milieu stammte, was sein Verbleiben in der neuen Familie lange in Frage gestellt hat. Das war Andi nicht verborgen geblieben.

Kein Wort auch zu dem Erklärungszwang, unter dem das Kind stand, nachdem es sich mehrfach danebenbenommen hat, und man ihm mit dem Hinauswurf drohte, sollte es wieder die Hose herunterlassen und sich „zeigen". Kein Wort zum – wohl gut gemeinten – Aufdeckungseifer der Pflegemutter, die nach einer Bestätigung ihres Verdachts suchte, der Junge sei sexuell missbraucht worden. Zu diesem Aufdeckungseifer gehörte auch, dass sie ihm erst einmal das entsprechende Vokabular beibrachte. Unter Ficken, wovon er zu ihrem Entsetzen später unentwegt und zusammenhangslos sprach, verstand er anfangs „nebeneinander auf dem Sofa oder im Bett liegen". Später wurde „ficken" für Andi zum Zauberwort, mit dem er Aufmerksamkeit auf sich ziehen konnte. Genauso wenig erwähnt das Gutachten, dass Andi schon früh irreale Erlebnisse geschildert hat (Finger abgesägt, ans Auto gebunden, vom Balkon geworfen, Zement gegessen und Ähnliches), was Aussagepsychologen in der Regel als Hinweis auf suggestive Prozesse werten.

Ob Andis Angaben überhaupt zuverlässig sind, thematisiert Stanislawski nicht. Zu der Frage, ob seine Behauptungen über sexuellen Missbrauch auch auf andere Weise hätten zustande kommen können denn durch eigenes Erleben, fällt der Psychologin als Alternativhypothese nur die absichtliche Falschaussage ein, also die Lüge. Wegen der Retardierung des Jungen diskutiert sie sie zu Recht nicht. Dass ein zurückgebliebener Siebenjähriger ein solches Lügengebäude nicht von sich aus erfinden kann, ist eigentlich eine Binsenweisheit.

Stanislawski scheidet aber auch Fremdbeeinflussung aus, „wenn die Berichte und Aufzeichnungen der Pflegemutter als glaubhaft (juristisch) bewertet werden". Damit schiebt sie die Bewertung der Glaubhaftigkeit auf die Juristen ab. Eine psychologische Analyse der Vorgeschichte und Entwicklung einer kindlichen Aussage hätte jedoch zwingend die Überlegung enthalten müssen, ob nicht doch suggestive Prozesse im Haus der Pflegemutter wirksam geworden sind – ganz abgesehen von der Nicht-Nachprüfbarkeit, in welcher Gesprächssituation die Äußerungen fielen.

„Die wahrscheinlichste Falschbeschuldigungshypothese", so Stanislawski, „ist die, dass die traumaspezifischen Erinnerungen fehlerhaft sein können." Demzufolge setzt sie ein Trauma voraus, das die Herausnahme des Kindes aus seiner Familie weit übersteigt. Denn: Der Junge „könnte sein sadistisches Sexualwissen hauptsächlich aus Pornofilmen gesammelt haben oder auch aus einigen wenigen erlebten sexuellen Übergriffen, die er dann auf sein gesamtes soziales Umfeld übertragen hätte". Welche Übergriffe sie meint, führt die Psychologin nicht aus. Sie schließt von der Störungssymptomatik kurzerhand auf einschlägige Erlebnisse.

Überdies geht sie von einem Schweigegebot aus: „Ein Kindergartenkind erlebt etwas, über das es nicht sprechen darf. Es kann sich also mit niemandem austauschen, das heißt wahrscheinlich, dass seine Fähigkeit, dieses Erleben später auszudrücken, verglichen mit seinen Ausdrucksmöglichkeiten bei anderen Themen, entwicklungsmäßig zurückgeblieben ist."

Kurz: Die Psychologin lässt kaum einen Zweifel daran, dass Andi das, was er erzählt hat, zumindest im Kern auch erlebt haben muss. Sie sucht vor allem nach Gründen, warum er sich nicht konkreter geäußert hat, sondern nur gebetsmühlenartig von „ficken" und „bumsen" spricht, ohne ein tatsächliches Erlebnis zu beschreiben. Sein Aussageverhalten hält sie für „psychologisch nachvollziehbar". Spätestens aber seit dem Montessori-Prozess vor dem Landgericht Münster Anfang der neunziger Jahre herrscht Übereinstimmung unter den seriös arbeitenden forensischen Psychologen, dass zwischen einem „wahren Kern" und einem „fantasierten Randgeschehen" nicht unterschieden werden kann, sobald suggestive Prozesse bei der Befragung eines Kindes zu sexuellem Missbrauch nicht auszuschließen sind. Im Fall von Andi sind diese unübersehbar.

Diese „Sachstandsmitteilung", die weder die Aussagegenese und die Aussageentwicklung unter psychologisch relevanten Aspekten rekonstruiert noch sich mit der Suggestionshypothese auseinandersetzt, hat fatale Folgen: An den Notizen der um das Wohl des Kindes bemühten Pflegemutter wird nicht mehr gezweifelt. Im späteren Pascal-Prozess betonen mehrere Vernehmungsbeamte, sie seien bei ihren Ermittlungen „natürlich" von der Zuverlässigkeit der mitgeteilten Informationen ausgegangen.

Der Weg zur späteren Anklage ist gebahnt.

Daran ändert sich auch nichts, als der Berliner Psychologe Max Steller, einer der renommiertesten Experten auf dem

Gebiet der Aussagepsychologie, drei Monate später von der Kriminalpolizei hinzugezogen wird. Anfang März 2003 warnt er die Ermittler. Obwohl er die Aussagen von Gabi, Horst und Erika noch nicht kennt, liegt für ihn bereits die Fragwürdigkeit dessen, was die Pflegemutter der Polizei geliefert hat, auf der Hand. Er bewertet in einer abschließenden Besprechung mit der Polizei den Realitätsgehalt der kindlichen Aussagen negativ. Weil er fürchtet, eventuell nicht richtig verstanden worden zu sein, schreibt er am 11. März 2003 an die Kriminalpolizei:

„Es bestehen aus aussagepsychologischer Sicht erhebliche Probleme hinsichtlich der Vorgeschichte der Entstehung der Aussage (unspezifische Begründung eines Verdachts auf sexuellen Missbrauch in der Pflegefamilie und gegenüber dem fraglichen Tatzeitraum stark verzögerte Erstbekundung) und ihrer weiteren Entwicklung (sukzessive Nennung immer neuer Inhaltskomplexe in Befragungen Andis durch die Pflegemutter). Damit weisen die fallrelevanten Aussagen des Jungen hinsichtlich Vorgeschichte und Aussageentwicklung solche Merkmale auf, die für suggerierte Falschaussagen typisch sind, also für Aussagen von Kindern, die subjektiv als wahr erlebt werden, aber dennoch fremdinduzierte Pseudoerinnerungen beinhalten."

Auch was die Pflegemutter über neue Bekundungen Andis im Jahr 2003 nachmeldet, unterstreicht laut Steller die Gefahr, dass suggestive Prozesse eine Rolle spielen könnten „und auch bereits bei seinen früheren Bekundungen gespielt haben (...). Sollten irreale Inhalte in den Aussagen auftauchen, so wäre das ein sehr eindeutiger Beleg dafür, dass suggerierte Prozesse stattgefunden haben". Steller rät der Polizei, von weiteren aussagepsychologischen Analysen abzusehen und stattdessen nach Sachbeweisen außerhalb der Angaben des Jungen zu suchen und die „offenbar gegebenen Persönlichkeitsstrukturen der Aussagenden zu berücksichtigen, die die Denkmöglichkeit von falschen Geständnissen begünstigen".

Zu einer Prüfung ihrer Aussagen über den Tag, an dem Pascal verschwunden ist, gehöre „auch die Analyse, ob die genannten Aussagen wirklich als originäre Produkte der Aussagenden angesehen werden können oder ob sie auch als ‚Verhörsprodukte' entstanden sein können". Steller warnt zudem vor „konfrontativen Vernehmungsstrategien", die gerade bei labilen Personen zu falschen Aussagen führen könnten.

Ende März 2003 bittet Oberstaatsanwalt Pattar den Sachverständigen, ausführliche Gutachten zur Glaubhaftigkeit der Aussagen Andis über Missbrauch und Misshandlung, die er gegenüber der Pflegemutter gemacht hat, anzufertigen. Steller zeigt sich skeptisch: Er könne zwar eine ausführlichere Begründung verfassen, teilt er Pattar mit. Aber letztlich würde in weiteren Gutachten auch nichts anderes stehen können als in der Stellungnahme für die Kripo. Dennoch erteilt Oberstaatsanwalt Pattar dem Psychologen im September 2003 den Gutachtenauftrag.

Steller verfasst also ein Gutachten über die Aussagen des Jungen, in dem er sich auf seine Bewertungen für die Kriminalpolizei bezieht und diese mit der Entstehungsgeschichte der Aussagen begründet. Am 9. Januar 2004, einen Monat vor der Anklageerhebung am 16. Februar 2004, liegt die Expertise vor.

Doch der Psychologe hat offenbar für den Papierkorb gearbeitet. Denn in der Anklageschrift wird die Bedeutung der Aussagen Andis für die Verdachtsbildung der Staatsanwaltschaft ausdrücklich hervorgehoben.

Staatsanwaltschaften und Gerichten steht es frei, sich ihre sachverständigen Gehilfen nach eigenem Gutdünken zu wählen. Wer einen so renommierten Fachmann wie Steller erst beauftragt und dann seine Ausführungen ignoriert, setzt sich jedoch einem bösen Verdacht aus. Hat das Ergebnis nicht gepasst? Hat der Psychologieprofessor nicht zielführend und ergebnisorientiert gearbeitet? Es muss wohl so gewesen sein. Denn Stellers Kompetenz ist unbestritten. Zusammen mit seinem Kollegen Peter Fiedler hat er 1999 für den Bundesgerichtshof Standards ausgearbeitet, die von Gutachtern bei der Glaubhaftigkeitsbegutachtung von Aussagen einzuhalten sind. An seiner Sachkunde oder der Qualität seiner Ausführungen zu zweifeln erübrigt sich also. Allerdings: Hilfreich im Sinne einer Anklage und Verurteilung der Saarbrücker Beschuldigten war das Steller-Gutachten nicht. Und darauf kam es der Staatsanwaltschaft offenbar an.

Zu Stanislawskis Befund schreibt Steller im Januar 2004: „Die Ausgangskonstellation für die Schilderungen des Jungen über sexuelle Missbrauchserfahrungen entspricht geradezu lehrbuchmäßig der Konfiguration von Wirkungsmechanismen für die Entstehung von suggestionsbedingten Falschaussagen bei Kindern. Es erfolgte eine unspezifische, aber themengerichtete Verdachtsbildung auf Seiten eines erwachsenen Befragers (vgl. als Beleg unter anderem das Aufsuchen von einer auf sexuellen Missbrauch spezialisierten Beratungsstelle durch die Pflegemutter, *bevor* der Junge eine entsprechende Aussage gemacht hatte).“ Die Verhaltensauffälligkeiten Andis seien zum Beispiel auch durch altersbedingte sexuelle Neugier erklärbar. Der in seiner Entwicklung retardierte Junge sei durch die Befragungen in eine Art Erklärungszwang gebracht worden. Bereits zum Zeitpunkt der ersten Bekundungen über sexuelle Missbrauchserfahrungen lägen also „relevante Indikatoren dafür vor, dass diese Aussagen vollständig oder teilweise das Produkt suggestiver Einflussprozesse sein können“. Aktive Suggestion bestehe nicht ausschließlich oder vordergründig in sogenannten Suggestivfragen, sondern das suggestive Potenzial sei bereits in der Ausgangssituation enthalten: einerseits die Suchrichtung des Erwachsenen, andererseits die kognitiv-emotionale Mangelsituation des befragten Kindes. Das Kind sehe sich mit Aufforderungen zur Erklärung seiner Verhaltensauffälligkeiten konfrontiert und müsse Zuwendungsentzug befürchten. Eine solche Ausgangssituation könnte nach Auffassung Stellers bei Andi im Jahr 2002 „besonders bedeutsam" gewesen sein.

Dass der Junge in der Lage gewesen sein soll, vom Einsperren im Kämmerchen und seiner Angst vor Christa zu berichten, sexualbezogene Erlebnisse aber zu verschweigen, scheint dem Sachverständigen unwahrscheinlich: „Dies würde kognitive Differenzierungsleistungen auf Seiten des Jungen erfordern, die aufgrund seines damaligen Entwicklungsstandes nicht ohne weiteres angenommen werden können." Steller weist auch auf die nach der Erstbekundung einsetzende, umfangreiche Ausweitung der Aussageinhalte bei Andi hin – ein typisches Merkmal suggestionsbedingter Falschaussagen. Eine ausführliche aussagepsychologische Bearbeitung des Aussagematerials, die über eine globale Stellungnahme hinausgehe, sei im Übrigen „nur unter Auswertung des gesamten vorliegenden Materials" möglich, also durch Einbeziehung aller Aussagen der Beschuldigten und Zeugen. Eine eigene Prüfung der Originalprotokolle sei unumgänglich. Falls eine aussagepsychologische Expertise für erforderlich gehalten werde, so Steller, könne diese effizienter in einer Hauptverhandlung mit Vorgabe feststehender Anknüpfungstatsachen geleistet werden als mit einem enorm umfangreichen Vorgutachten.

Der Psychologe Max Steller bot sich schon wegen seiner herausragenden Qualifikation und Erfahrung als Sachverständiger in dem komplizierten Fall an. Im Februar 2004 erneuert Oberstaatsanwalt Pattar den Auftrag zur Erstellung eines Gutachtens, das der Sachverständige im Juni 2004 vorlegt. Darin macht er keinen Hehl daraus, dass die zusammenfassenden Nachschriften der Pflegemutter „nur sehr bedingt" für eine aussagepsychologische Qualitätsanalyse geeignet seien, da nicht gewährleistet sei, dass Inhalt und vorausgehende Fragen und Anregungen zuverlässig miterfasst worden sind. Und Angaben Andis der Polizei oder der Pflegemutter gegenüber, die auf Video aufgezeichnet wurden, gingen kaum über „Die haben mich gefickt“ oder „Ich musste die ficken“ hinaus. Eine zusammenhängende Handlungsschilderung sei von dem Kind nicht zu erhalten gewesen. „Bedingungen in der Aussagevorgeschichte und in der Aussageentstehung des Jungen führen aus aussagepsychologischer Sicht zwingend zur Formulierung der Gegenüberlegung zur Wahrheitsannahme, ob die Aussagen des Kindes über sexuelle Missbrauchserfahrungen das Produkt suggestiver Prozesse sein können,“ so das Fazit Stellers. Eine positive Substantiierung der Anklagepunkte könne mit den Aussagen Andis nicht erfolgen.

Schon diese Ausführungen Stellers – vor der Hauptverhandlung und noch ohne Kenntnis des gesamten Vernehmungsmaterials – scheinen der Staatsanwaltschaft nicht gefallen zu haben. Als der Sachverständige im Juni 2004 überdies feststellt, dass Andi auch über angebliche Misshandlungen bei Christa so gut wie nichts ausgesagt hat, für eine aussagepsychologische Glaubhaftigkeitseinschätzung also gar keine Grundlage vorhanden sei, ist seine Kompetenz nicht mehr gefragt. Er hört nichts mehr von der Saarbrücker Staatsanwaltschaft. In der Mordanklage wird er als Sachverständiger nicht benannt. Und für die Hauptverhandlung vor dem Saarbrücker Schwurgericht auch nicht als Sachverständiger bestellt.

Stattdessen beauftragt die 1. Große Strafkammer des Landgerichts Saarbrücken, die vom 20. September 2004 an den Fall „Pascal“ verhandelt, am 29. Dezember 2004, also drei Monate nach Prozessbeginn, die Kinder- und Jugendpsychiaterin Petra Schwitzgebel vom Institut für forensische Psychologie und Psychiatrie der Universität des Saarlandes in Homburg/Saar mit einer Begutachtung Andis. Es ging dem Gericht vor allem um die Aussagetüchtigkeit des Kindes Ende 2002 und in der Gegenwart sowie um seine Erinnerungsfähigkeit.

Als Gutachter zur Schuldfähigkeit der Angeklagten werden die Psychiater Rainer Luthe, Michael Rösler und Wolfgang Retz aus Homburg/Saar bestellt. Rösler attestiert Andrea und

Erika wegen Schwachsinns zwar eine Schuldminderung entsprechend der Paragraphen 20/21 des Strafgesetzbuches. An Andreas Aussagetüchtigkeit jedoch sei nicht zu zweifeln, stellt er in seinem vorläufigen Gutachten fest – obwohl Andrea sechzehn Mal vernommen werden musste und ihre wechselnden und widersprüchlichen Angaben mehr als eineinhalbtausend Blatt Vernehmungsprotokolle füllen.

Am Ende des Pascal-Prozesses, nachdem er Andreas Aussageverhalten noch einmal in seiner ganzen Wechselhaftigkeit erleben konnte, korrigiert Rösler sich und spricht von einer „nur bedingten Aussagetüchtigkeit". Auch Peter Sch. hält er jetzt für „nur sehr bedingt aussagefähig" (was in Sch.s Prozess überhaupt nicht erwähnt worden ist). Bei Erika sei der schuldmindernde Paragraf 21 in Betracht zu ziehen, erklärt sein Kollege Retz, da nicht sicher sei, ob sie auch in einer „affektiv beanspruchenden Situation" noch steuerungsfähig sei. „Die Frage ist natürlich, ob so eine Situation überhaupt da war." Erikas Einsichtsfähigkeit hingegen, Gut von Böse zu unterscheiden, sei zu keinem Zeitpunkt beeinträchtigt gewesen.

Horst K. dagegen gilt als voll schuldfähig. Gabi wird ebenfalls als voll schuldfähig beurteilt. Bei ihr sei aber zweifellos die Tendenz vorhanden, dem Gegenüber entgegenzukommen. Sie sei da durchaus beeinflussbar. Sie lasse sich aus dem Augenblick heraus zu Äußerungen hinreißen, ohne zu überlegen, was sie sagt. Heute so und morgen so.

Der dritte Gutacher, Professor Rainer Luthe, 75 Jahre alt und erstaunt darüber, überhaupt nach der Aussagetüchtigkeit eines Angeklagten gefragt zu werden („das erste Mal in meinem Leben"), hält auch Wolfgang D. für voll schuldfähig und weder in der Wahrnehmungs- noch in der Speicherungsfähigkeit für beeinträchtigt. Allerdings bewege sich dessen Wahrheitsliebe knapp unterhalb einer Persönlichkeitsstörung im Sinne einer „Mythomania pseudologica", eines krankhaften Zwanges zur lügenhaften Übertreibung.

Der Prozess

Pattar klagt an

Im November 2002 werden Andrea, Christa, deren Lebengefährte Michael und Dieter inhaftiert. Der Verdacht: sexueller Kindesmissbrauch und Misshandlung Andis. Beweis: die Notizen der Pflegemutter und Andreas „Geständnis".

Im Vermisstenfall Pascal dagegen hat man bis dahin noch keine Spur. Als durch die Erzählungen Andis jedoch immer mehr Personen in Missbrauchsverdacht geraten, fällt der Polizei plötzlich „eine eklatante Parallelität zwischen den Missbrauchsermittlungen und der Suche nach dem Kind hinsichtlich der handelnden Personen und betroffenen Örtlichkeiten" auf. „Beispielsweise befinden sich die damalige Wohnung Pascals und die Tosa-Klause in unmittelbarer Nähe, die Familie des Vermissten pflegte Kontakte zum jetzt inkriminierten Personenkreis", heißt es bei der Staatsanwaltschaft. Pascal und Andi hätten sich offenbar gekannt. Die Ermittler nehmen wieder Fahrt auf, befeuert von der Pflegemutter, die nicht nur Missbrauch gewittert, sondern auch das Verschwinden Pascals in ihre längst zur Gewissheit gewordenen Überlegungen mit einbezogen hat. Beide Ermittlungskomplexe werden zusammengeführt.

Am 16. Februar 2004 klagt die Staatsanwaltschaft Christa, Michael, Luddi, Dieter, Andrea, Kurt, Teddy, Erika, Horst K., Jupp, Gabi, deren ehemaligen Freund Martin sowie Wolfgang D. wegen schweren sexuellen Kindesmissbrauchs, Vergewaltigung und Mordes oder Beihilfe dazu an. Darüber hinaus werden Andrea, Christa, Martin, Jupp und Dieter wegen ihrer psychischen Verfassung (Andrea) oder eines Hanges zu weiteren erheblichen Straftaten von der Staatsanwaltschaft als gefährlich für die Allgemeinheit angesehen.

Um Personen wie Gabi, die 2001 nicht zu den Stammgästen der Tosa-Klause zählte und der auch schwerlich Interesse an Kindesmissbrauch zu unterstellen war, mit den anderen Verdächtigen in einen Zusammenhang zu bringen, geht die Staatsanwaltschaft von einer verschworenen „Tosa-Gemeinschaft" aus: „Dabei handelte es sich nicht um einen förmlichen Zusammenschluss, sondern um eine Zweck- und Interessengemeinschaft, deren Ziel es vornehmlich war, in der Tosa-Klause sexuellen Missbrauch unter anderem an Pascal und Andi zu ermöglichen", formulieren die Ankläger.

Wenn Kinder im Kämmerchen missbraucht wurden, unterstellt die Staatsanwaltschaft, habe ein „Wachdienst" dafür gesorgt, dass dies ungestört vor sich gehen konnte. Zeugen dafür gibt es nicht. Um das Schreien der Kinder zu übertönen, sei die Lautstärke der Musicbox in der Kneipe erhöht worden. Auch dafür gibt es keine Zeugen.

Die Wirtin der Kneipe, Christa, habe mit Wolfgang D. vereinbart, Pascal herbeizulocken. Gegen 17 Uhr habe D. sich auf die Suche nach dem Kind gemacht. Wenig später sei er mit ihm in die Tosa-Klause gekommen; daraufhin sei sofort die Tür zu dem Lokal abgesperrt worden. Allerdings hat niemand D. zusammen mit Pascal gesehen.

Dann habe das Kind Süßigkeiten bekommen und sei, obwohl es sich heftig gesträubt habe, von Andrea mit den Worten „Heute machen wir es einmal anders" ins Kämmerchen geschleppt worden, wo es dann gegen jeweils mindestens 20 Mark, die Christa entgegennahm, vergewaltigt worden ist: von Peter Sch., Dieter, Jupp, Michael. Den „finalen Analverkehr" führte nach Auffassung der Staatsanwaltschaft Gabis Freund Martin R. aus. Andrea habe als Helferin am Penis des Kleinen manipuliert und „an sich in der Absicht sexueller Befriedigung herumgefummelt" sowie Pascal vom Rücken auf den Bauch gedreht, um R. das Eindringen zu erleichtern. Christa habe die „Gesamttatereignisse“ videographiert oder photographiert.

Für diesen Tatablauf gab und gibt es bis heute ebenfalls keinen Beleg.

Als Martin Andrea angeblich aufgefordert hat, das sich wehrende und schreiende Kind ruhig zu stellen, habe diese laut Anklage Pascals Kopf in ein Kissen gedrückt und durch festen Druck ihres Unterarms auf die Schultern fixiert, bis Martin „mit seinem Analverkehr zu Ende gekommen war“. Ob das Kind bereits daran erstickt sei oder erst später, als Andrea in Absprache mit Christa und Martin mit einem Kissen den Hinterkopf Pascals weiter niedergedrückt hat, habe nicht geklärt werden können, heißt es in der Anklageschrift. Zweck der Tötung sei gewesen, die Gefahr strafrechtlicher Verfolgung zu vermeiden, falls das Kind mit seinen schweren Verletzungen die Tosa-Klause lebend verlassen hätte.

Anschließend sei das Kind „unter Beteiligung zumindest der Angeschuldigten Andrea und Erika in einen blauen Müllsack verpackt“ und im Lokal unter dem Verkaufsfenster „zwischengelagert“ worden. Alle Angeschuldigten hätten verschiedene Vorschläge bezüglich eines möglichen Ablageortes diskutiert, ehe Dieter den Sack in den Laderaum von Christas Auto geschafft habe. Christa sei sodann mit Andrea und Dieter zu einer Kiesgrube in Schoeneck/Frankreich gefahren, wo Dieter den Sack verscharrt habe.

Zeugen dafür gibt es nicht. Spuren von der angeblichen Beseitigung des Kindes hat man nicht gefunden. Ebenso wenig eine Leiche oder einen blauen Sack.

„Wie wirksam dieses System funktionierte, ergibt sich unter anderem aus dem Nachtatverhalten aller Beschuldigten“, so die Schlussfolgerung der Staatsanwaltschaft. „Schon unmittelbar nach dem Mord diskutierten die Beteiligten darüber, wo und wie die Leiche zu beseitigen sei. Dabei legten sie sich ein wechselseitiges Schweigegebot auf, das zum Teil auch mit Drohungen untermauert wird. Anschließend gehen sie nach außen hin unauffälligen Alibitätigkeiten nach, zum Beispiel Besuch der Burbacher Kirmes, Beteiligung an der am Abend anlaufenden Suche nach dem vermissten Kind. Ihre Mauer, ihr Kartell des Schweigens halten über Monate, ja über ein Jahr hinaus stand. Es kann auch durch den intensiven Fahndungs- und Ermittlungsdruck zunächst nicht aufgebrochen werden. Und zwar auch nicht zu einem Zeitpunkt, als ein hauptverantwortlicher Teil der Mitglieder der ‚Tosa-Gemeinschaft' bereits wegen sexuellen Missbrauchs inhaftiert werden konnte."

Am 6. August 2004 lässt die 1. Große Strafkammer des Landgerichts Saarbrücken mit dem Vorsitzenden Richter Ulrich Chudoba, damals sechzig Jahre alt, die Anklage mit einigen Einschränkungen zu. Der Beginn der Hauptverhandlung wird für den 20. September 2004 terminiert, 29 Verhandlungstage sind angesetzt. Obwohl rund 60 000 Seiten Ermittlungsergebnisse vorliegen, die 141 Aktenordner füllen, und man keine Leiche hat, keine Spuren und nur Geständnisse von debilen, eingeschüchterten Angeklagten sowie jede Menge Widerrufe, glaubt man an einen kurzen Prozess. Da der Verhandlungsstoff als nicht besonders schwierig eingeschätzt wird, genehmigt der Präsident des Landgerichts trotz der angeschlagenen Gesundheit Chudobas der Kammer keinen Ersatzrichter.

Als Nebenklägerinnen lassen sich Pascals Halbschwestern Maria und Daniela von Anwälten vertreten. So entsteht eine ungewöhnliche Situation: Die beiden jungen Frauen sollen als Zeuginnen unter anderem bekunden, dass auch sie einst den Mord an dem Fünfjährigen gestanden haben. Für den angeblich toten Pascal sitzt ebenfalls ein Nebenklageanwalt im Saal für den Fall offenbar, dass das Kind doch noch lebt).

Die Kammer hat den Prozessstoff aufgeteilt: Sie will erst über die Mordanklage verhandeln, dann über den Missbrauchsvorwurf. Das bedeutet, dass das Fundament der Anklage, die zeitlich vorangehenden Angaben Andis, zunächst beiseite gelassen wird – eine Entscheidung, die wesentlich zur überlangen Prozessdauer von drei Jahren beigetragen hat. Denn ohne die Notizen der Pflegemutter und die aus der Luft gegriffene „Frischfleisch-Hypothese" der Kripo wäre niemand auf die Idee gekommen, die Tosa-Klause als Schauplatz eines Kindermordes in Erwägung zu ziehen. Und ohne die Missbrauchsthese wäre die Mordthese nicht entstanden.

Die Hauptverhandlung beginnt

Schon am frühen Morgen des 20. September 2004 nehmen vor dem Landgerichtsgebäude im Saarbrücker Regierungsviertel Protestierer Aufstellung mit Plakaten, auf denen die Todesstrafe für Kinderschänder gefordert wird. Dutzende Übertragungswagen der verschiedenen Fernsehsender haben schon am Vorabend sämtliche Parkplätze belegt. Die Eingangskontrollen sind streng, denn es wird mit Selbstjustiz empörter Zuschauer gerechnet.

Das Polizeiaufgebot ist mit fünfzig Beamten enorm. Sie postieren sich zwischen Zuschauerraum und dem Bereich der Verfahrensbeteiligten. Schulter an Schulter, eine Wand Uniformierter. Angesichts der Empörung in der Öffentlichkeit über die angeblichen Missetaten der Angeklagten rechnet man mit Übergriffen. Die Stimmung ist angespannt, nervös.

Eine Tür an der Seite des Gerichtssaals öffnet sich, durch die die Angeklagten hereingeführt werden sollen. Die Kameras klicken und surren. Noch ist nichts zu sehen. Ein Wachmeister erscheint. Dann Christa als Erste, sorgfältig geschminkt wie immer. Hinter ihr eine Beamtin. Ein Blitzlichtgewitter bricht los, als sie mit versteinerter Miene zu ihrem Platz humpelt. Die Beamten lassen sie und das von schauderndem Entsetzen ergriffene Publikum nicht aus den Augen.

Pause. Es dauert. Dann wird Andrea hereingebracht. Sie blinzelt irritiert wegen der Scheinwerfer und Fotoblitze. Dann lacht sie, wie immer, wenn sie fotografiert wird. Heute gehört sie zu den ganz wichtigen Personen.

Wieder Pause. Erika wird in den Saal geführt. Nach ihr Gabi und die übrigen Angeklagten.

Michael trägt als Einziger Anzug und Krawatte. Teddy, Kurt, Horst, Jupp setzen sich auf ihre Plätze. Martin, man sieht es ihm an, würde den Fernsehleuten wohl gern den Mittelfinger zeigen und einen derben Spruch loslassen. Doch er weiß, dass er das nicht darf. Dieter, grau geworden, Wolfgang D., pockennarbig und ungepflegt, und Luddi, der wie ein Penner daherkommt. Das Publikum raunt. So also sehen die aus. Ach, du liebe Güte. Was sind denn das für Typen.

Normalerweise posieren Anwälte gern neben ihren Mandanten, wenn Presse da ist. Hier rücken sie weg. Bloß nicht mit aufs Bild, solche Mandanten schaden dem Geschäft. Manch ein Verteidiger scheint von der Anklage überzeugt zu sein. Christa schaut um sich. Welch ein Wahnsinn. Eine Abgeordnete der Grünen, zugleich eine der Vertreterinnen der Nebenklage, sucht die Fernsehkameras, um mehr Kinderschutz und härtere Gesetze gegen Kinderschänder zu fordern. Journalisten fragen Zuschauer, was sie fühlen angesichts der Angeklagten. Fotografen steigen auf Bänke und Leitern. Trotz der Hektik ist es bedrückend still im Saal.

Das Gericht. Der junge Beisitzer Lohmann. Roth auf der anderen Seite. Ulrich Chudoba, knurrendes Urgestein unter den Strafrichtern, dem ein solcher Auftrieb herzlich zuwider ist. Zwei Laienrichter. Die Staatsanwaltschaft, Herr Pattar und ein jüngerer Kollege. Es dauert, bis die Meute der Fotografen und Kameraleute den Saal endlich verlassen hat. Die Sitzung beginnt.

Vorgeplänkel: Rechtsanwalt Haseneier meldet sich als Erster und rügt die Gerichtsbesetzung.

Die Kammer nimmt den Einwand zur Kenntnis. Dann erhebt sich Oberstaatsanwalt Pattar und verliest die Anklage. Als er zur Beschreibung der Missbrauchshandlungen kommt, rumort es im Publikum. Was haben diese Schweine getan! Die armen Kinder! Eine Frau fängt zu schluchzen an, als Pattar beschreibt, wie das Kind bei der analen Vergewaltigung „unentwegt schrie".

Das Publikum ist entsetzt, Pattar sichtlich zufrieden. Rechtsanwalt Teusch beantragt, die Maßgaben, mit denen die Anklage von der Kammer beschränkt wurde, öffentlich zu verlesen.

Chudoba: „Warum wollen Sie die verlesen haben?"

Teusch: „Damit die Öffentlichkeit erfährt, dass die Anklage eingeschränkt und in der verlesenen Form nicht zugelassen wurde."

Chudoba: „Na gut, wenn Sie wollen. Wir haben schon so viel verlesen, da können wir das auch noch machen."

Die meisten Leute im Zuschauerraum können mit den nun folgenden Ausführungen über „Unterlassen statt Beihilfe zum Mord", „statt Mittäterschaft nur Anstiftung" oder „lediglich hinreichender Anhalt für Geschlechtstriebsversion" nicht viel anfangen. Das seien halt die Mätzchen, die Verteidiger bei solchen Angeklagten in ihrer Not veranstalten, so die öffentliche Meinung.

Chudoba beginnt mit Christa. Er belehrt sie: „Es steht Ihnen frei, Angaben zu Ihrer Person und zur Sache zu machen. Wie wollen Sie es halten?"

Rechtsanwalt Teusch ergreift für sie das Wort: Weder zum Lebenslauf noch zum Anklagevorwurf mache seine Mandantin Angaben; nur zum Rauschgiftschmuggel für ihren Sohn werde sie sich äußern. Unruhe im Publikum. Was? Die Hexe schweigt?

Dabei ging ihr, so erzählt Christa später, vieles durch den Kopf. Was alles geschehen war in den vergangenen zwei Jahren: Als Teusch sie zum ersten Mal traf, kannte er noch nicht die

Details der Verdächtigungen. Er musste sich erst mal selbst ein Bild machen. Also ließ er sie erzählen, immer wieder von vorn, immer wieder das Gleiche. Und sie wollte ja auch. Sie wollte jedem sagen, dass an den Vorwürfen nichts dran ist. Ihm wäre es recht, sagte er zu ihr, wenn sie noch nichts bei der Polizei erzählte; denn er wolle sich alle Verteidigungsmöglichkeiten offenhalten.

Sie sah sofort ein, dass er recht hatte und akzeptierte seine Vorschläge. Er musste schließlich erst einmal die Akten durcharbeiten, die ein ganzes Zimmer füllten. Drei bis vier Wochen brauchte er dafür. Dabei stieß er auf Zeichnungen, die in der U-Haft von ihren Narben angefertigt worden waren. Und die Fotos von ihrem zerschundenen Körper. Die Beine hatte sie dafür spreizen müssen, und es waren nicht nur Frauen im Raum! Sie hatte schon gewollt, dass man ihre Narben dokumentiert, schon wegen Andis angeblichen Erinnerungen an „Ficksachen“ mit ihr – aber doch nicht auf diese Weise!

Und die primitiven Versuche in den Vernehmungen, sie aufs Glatteis zu führen! Die empfand sie fast als das Erniedrigendste. Dass man sie für so dumm hielt. Doch das Allerschlimmste war, dass man ihren jüngeren Sohn nicht in Ruhe ließ, sondern auch ihn tagelang verhörte. Für ihn war es doch schon beschämend genug, dass seine Mutter im Gefängnis war und er sich anhören musste, wie über sie geredet wurde. Teusch sagte zu ihr, er ziehe den Hut vor diesem Jungen, der sich nichts hatte einreden lassen. Und dass er zu seiner Mutter stand trotz des Drucks, der natürlich auch auf ihn ausgeübt wurde. Darüber freute sie sich dann doch.

Wenn in den Vernehmungen die Rede auf Andrea kam und deren unverständliches Verhalten bei der Polizei, sagte sie jedes Mal: Aber die ist doch krank! Nie, so erinnert sich Teusch, fiel ein böses Wort, auch nicht über Erika oder Gabi. Im Gegenteil. Christas Sorge war immer, was man mit diesen beiden Frauen wohl gemacht hatte, dass sie solche Dinge erzählten. Und was mit Andi geschehen war, der inzwischen nur noch vom Ficken redete.

Neulich erfuhr sie, welches Spiel sich die Pflegemutter jüngst mit ihm ausgedacht hat: Er sollte sich ausmalen, was man mit der bösen Tante Christa alles machen könnte – sie zum Beispiel in ein Zimmer sperren und so lange fett füttern, bis sie nicht mehr durch die Tür oder ein Fenster passt, und ihr dann ein Bienennest ins Zimmer schmeißen und die Zähne ziehen, bis sie tot ist. Solche Tötungsfantasien sollen dem Jungen viel Spaß gemacht haben.

Oder die Geschichte mit der Schnur! Die Pflegemutter erklärte dem Jungen, dass eine Schnur um seinen Körper herumgewickelt sei, die ein jedes Mal ein wenig abgewickelt werde, wenn er seine Bilder rauslasse. „Das heißt doch, er muss immer wieder rauslassen, bis er irgendwann endlich fertig ist! Fix und fertig! Wie kann man einem Kind so einen Quatsch einreden?" hat sie ihren Anwalt fassungslos gefragt.

Sie habe gehört, sagt sie zu Teusch, der Junge besitze inzwischen auch einen „Traumfänger", den er von den Leuten von der „Pascal-Lichterkette" bekommen habe. „Lichterkette!" Sie greift sich noch heute an den Kopf.

Warum nimmt man dieser Frau das Kind nicht weg? Diese Frage beschäftigt sie Tag und Nacht. Bei ihnen durfte Andi nicht mehr bleiben wegen der Kaffeestückchen vom Vortag und einer schmutzigen Hose und weil er angeblich nicht genug gefördert worden ist. Und jetzt? Jetzt ist er ganz irre. Christas Anwalt widerspricht ihr nicht.

Michael wirkt noch verschlossener als sonst. Wie Christa macht er von seinem Aussageverweigerungsrecht Gebrauch. Dieter, Teddy, Horst, Martin und Jupp ebenso. Kurt ist bereit, zu seinem Lebenslauf etwas zu sagen. Luddi überlässt das seiner Anwältin Brigitte Bertsch. Er sieht zwar verwahrlost aus, hat aber die attraktivste Verteidigerin, die sich noch dazu vorbehaltlos um ihn kümmert und nicht, wie einige ihrer Kollegen, diese Aufgabe als eine Zumutung empfindet. Wann hat sich je eine so schöne Frau für ihn engagiert? Manchmal lächelt er in sich hinein. Dass er neben ihr sitzen darf. Er ist voller Zuversicht: Sie wird für ihn den Freispruch erkämpfen.

Gabi und Wolfgang D. wollen „vorläufig" nichts sagen. Nur Erika und Andrea sind zu Angaben bereit.

Der Vorsitzende teilt mit, es sei ein Schreiben eingegangen mit Hinweisen, dass Pascal „am 10. Oktober 2001 für 100 000 Euro am früheren Grenzübergang ‚Neunkirch les Sarreguemines' verkauft und noch am selben Tag mit einem Flugzeug der Marke Cessna zum Flughafen Schiphol in Amsterdam verbracht" worden sein soll. Christa sei demnach der deutsche Arm eines niederländischen Pädophilenringes. „Da gab's den Euro noch gar nicht, aber was soll's", sagt Chudoba. Der Oberstaatsanwalt fügt hinzu, ihm sei zugetragen worden, Pascal lebe in Paris. Anlass zu weiteren Ermittlungen sehe er nicht.

„Es wird noch viele solcher Hinweise geben, wenn erst mal über den Prozess hier berichtet wird. Gerade hat sich ein Mann gemeldet, der als ‚Seher' auftritt", kommentiert der Vorsitzende.

Zweiter Sitzungstag, es ist der 23. September 2004. Die Einlassung Erikas.

Eine trostlose Biografie. Bis zum Alter von 14 Hilfsschule, eine abgebrochene Lehre, schwanger. Vor der Geburt hat sie noch schnell geheiratet, aber nicht den Vater des Kindes. „Ich wor immer putze", sagt sie, denn „er hot nix geschafft". Zwei weitere Kinder, Scheidung, die nächste Beziehung und das vierte Kind.

Chudoba: „1992 haben Sie wieder geheiratet?" – „Jo. War aber Scheinehe. Ich hab' Geld gebraucht, 3000 Mark. Ich hab' rumgefragt. Meine Freundin sagte: Heirate!"

Chudoba: „Und dafür sind Sie dann verurteilt worden?" – „Jo. Musst auch noch zurückzahlen."

Chudoba: „Alkohol?“ – „Jaaa!“

Chudoba: „Unfälle?“ – „Jo. Als mei Mann mich mit ’n Kopf an die Kloschüssel geschlage hot. Do wor ich sechs Wochen im Krankenhaus.“

Chudoba: „Sie blieben bei dem Mann?“ – „Wege de Kinner.“ Krankheiten? „Jo, Krebs. Als mei Vadda gestorben is.“

Chudoba: „Sie haben den Angeklagten Horst K. wann kennengelernt?“ – „Des weeß ich nimmer.“ Probleme? „Jo. Einmal, do hot er mehr getrunke und ich aach. Da hab’ ich ihm das Hemd zerrobbt, und er hot mich an die Wand geschmisse.“ Immer die falschen Männer? „Jo. Er hot mich geboxt. Ich hab’ dann die Polizei geruft. Mei Tochter hot zu dem gehalten.“

Der Vorsitzende zitiert ein paar Vorstrafen: Diebstahl, Betrug. „Do hett ich Zeich bestellt, auch für annere, und ned bezahlt.“

Dann erzählt Erika wirr durcheinander, dass sie einen Film gesehen habe bei Andrea zu Hause, mit Pascal, und Christa sei hinzugekommen. „Das hab’ ich gesagt, aber das stimmt nicht.“ – „Wieso? Hat man Sie bei der Polizei so etwas gefragt?“ – „Des weeß ich nimmer.“

Chudoba: „Dann frag ich mich, wieso jemand etwas erzählt, wenn es nicht stimmt. Das würde Sie doch auch wundern, oder?“ – „Ei jo.“ – „Haben Sie gar keine Erklärung dafür? Man beschuldigt doch nicht einfach jemanden.“ – „Ich war wütig auf die Christa.“ – „Sie gingen aber doch weiter in die Tosa und haben sich mit ihr gut verstanden?“ – „Ei jo.“ –„Das ist aber schwer zu verstehen.“

Der Vorsitzende bleibt beim Thema Tosa. „Wussten Sie, was sich im Kämmerchen abspielte?“ – „Nee. Aber ich kunnt’ mir das denke.“

Ihre Antworten sind dürftig. Ja. Nein. Weiß nicht. Doch. Nee. Jeder habe mitbekommen, was im Kämmerchen geschah. „Do sin aach annere Leit gekommen und hab’n gefeiert. Ich hab’ nix mitgekriecht. Ich hab’ nix gesehen.“

Daraufhin Pattar: „Ich glaube, sie versteht das alles nicht."

Der Vorsitzende zitiert Erikas frühere Aussagen: Christa habe bestimmt, wer ins Kämmerchen hineindurfte; alle Insider seien zum Aufpassen bestimmt worden und so fort.

Rechtsanwalt Valentin, der in der Reihe vor Erika sitzt, dreht sich zu ihr um: „Ich würde gern wissen, was Insider sind." – „Kenn' ich ned." – „Wie ging es denn bei den Vernehmungen zu?" – „Ich hab' halt verzählt. Und dann haben mir die was vorgelese, weil ich kaa Brill' dabei gehabt hab'."

Horst sei im Kämmerchen nicht dabei gewesen.

Erika hat auch schon mal das Gegenteil behauptet. Warum? Keine Ahnung. „Das müssen Sie doch wissen! Oder sind Sie auch auf ihn wütig gewesen?" – „Warum sollt' ich wütig sein?" – „War er jetzt dabei oder nicht?" – „Nicht."

Teusch hält ihr Wolfgang D.s Aussage vor, auch sie habe Andi missbraucht. „Waas? Ich? Ich kenn den doch gar ned!"

4. Oktober 2004. Andrea ist an der Reihe. Der Vorsitzende stellt ihr eine Unmenge Fragen. Standardantwort: „Weiß ich nicht mehr. Ich kann mich nicht erinnern." Sie macht einen Rückzieher nach dem anderen. Keiner hat etwas gesagt in der Tosa-Klause, keiner etwas gesehen. Auch sie hat nichts mitbekommen. Pascal hat nicht geschrien. Christa hat nichts gesagt.

Dann aber beschreibt sie wieder den Tötungsakt. Sie schildert ihn so, wie er laut Auskunft des rechtsmedizinischen Sachverständigen nicht stattgefunden haben kann. Und sie erzählt, wer von den Anwesenden die Tötung mitbekommen habe.

Sie habe den blauen Müllsack gebracht, in den der Dieter das Kind gesteckt habe. Auf Frage des Vorsitzenden, ob das Kind angezogen worden sei, nickt Andrea. Der Dieter habe das Kind angezogen. „Und ich han ihn in den Sack rin." – „Erika sagt, sie habe den Sack aufgehalten." – „Nein." – „Das stimmt nicht?" – „Nein. *Ich. Ich* hab' ihn rausgetragen." Niemand habe etwas gesagt.

Minuten zuvor hat sie beschrieben, wie Christa herumgeschrien haben soll, so etwas hätte nicht passieren dürfen.

Chudoba: „Wer hat gesagt, dass das Kind ins Auto gelegt werden soll?" – „Niemand." –„Irgendjemand muss doch diese Idee gehabt haben!" – „Nein, niemand." – „Wer hat den Sack ins Auto gelegt?" – „Ich!" – „Warum? Können Sie das sagen?" – „Nee."

Richter Roth fragt weiter. „Sie sagten mal, Sie hätten den After des Kindes mit dem Finger noch geweitet." – „Nein." – „Gab es keine Diskussion, wo man Pascal vergräbt?" – „Nein." – „Ist kein Wort gefallen?" – „Nein."

Oberstaatsanwalt Pattar: „Sie haben gesehen, wie Dieter die Hosen herunterließ. Hatte er da einen stehen gehabt?" – „Hab' ich nicht gesehen."

Rechtsanwalt Haseneier: „Sie haben mal erzählt, dass der Pascal mit dem Kopf gegen einen Bierkasten schlug und dabei gestorben ist." – „War falsch." – „Warum haben Sie das dann erzählt? Haben Sie eine Erklärung dafür?" – „Nein."

Rechtsanwalt Teusch bringt die Rede auf Peter Sch.: „Der wurde verurteilt, weil er am 30. September 2001 Pascal vergewaltigt haben soll. Sie sagen heute, Sie wüssten nicht, ob er an dem Tag überhaupt in der Tosa war. Im März 2003 sagten Sie, der Peter sei sonntags nie in der Tosa gewesen." – „Das weiß ich nicht mehr." – „Sie haben mal ganz detailliert geschildert, was der Jupp gemacht hat; er soll nach Ihren Worten der Erste bei Pascal gewesen sein. Heute sagen Sie, der Dieter war es." – „Ich weiß es nicht mehr." – „Haben Sie den Jupp falsch belastet? Warum?" – „Keine Ahnung." – „Aber einen Grund muss es doch geben!" – „Nee." – „Sie haben gesagt, die Christa habe fotografiert. War das erfunden?" – „Das weiß ich nicht mehr."

Teusch wird ärgerlich: „Was mach' ich denn mit einer Aussage, bei der ich nicht weiß, welcher Satz stimmt? Können Sie mir das erklären?" – „Nee." – „Man muss den Menschen schon erklären, wieso Sie einen solchen Stuss erzählen." – „Das ist kein Stuss!" antwortet Andrea trotzig. „Jetzt sag' ich gar nichts mehr."

Der Vorsitzende pflichtet Teusch bei: „Der Vorhalt des Verteidigers ist schon richtig. Sie sagen dauernd, Sie hätten was Falsches gesagt. Auf die Frage, warum, sagen Sie, Sie wüssten das nicht. Was sollen wir damit anfangen?"

Teusch reiht nun Frage an Frage. Andrea fängt zu weinen an.

„Warum weinen Sie jetzt? Weil Sie uns angelogen haben? Noch eine Frage: Wo haben Sie in der Nacht auf den 1. Oktober 2001 geschlafen?"

„In der Tosa."

„Mit wem?"

„Dieter."

„Wo?"

„Im Kämmerchen."

„Dort, wo das Kind getötet wurde? Da haben Sie sich zum Schlafen hingelegt?!"

Am 11. Oktober 2004 wird der fantasiebegabte Wolfgang D. vom Gericht befragt. Die nächste elende Biografie. Leben die Eltern noch? „Wahrscheinlich." Kein Kontakt, schon lange nicht mehr. Streit mit dem Vater wegen dessen rechtsextremer Ansichten. „In Berlin bin ich auf die schiefe Bahn. Die falschen Leut'. Schmiere gestanden. Zu Bewährungsstrafe verurteilt. Die Bewährung nicht bestanden. War im Knast in Plötzensee. Dann wieder zum Vadda hemm. Nein, nach Hannover. Dort auf der Stroß' gelebt. Gebettelt, dass ich was zu essen krieg. Skianzug geklaut. Hab' versucht, den zu verkaufen. Die Kripo griff mich auf der Bahnhofstoilette auf. Wieder Knast."

Dann sei er in Richtung Frankreich und Spanien „gereist"; durchgeschlagen hat er sich als obdachloser Anhalter. „Hab' als Dolmetscher für die Botschaft gearbeitet, weil ich auf der

Straße etwas Spanisch gelernt hab'. In Malaga hab' ich Touristen zum Bahnhof begleitet."

„Aber die Botschaft ist in Madrid!", wirft Chudoba ein.

„Dann war halt das Konsulat dort."

„Was haben Sie denn übersetzt?"

„Was man halt so für die Touristen übersetzen tut."

„Also, es wundert mich schon sehr, dass ein Konsulat ausgerechnet einen Obdachlosen wie Sie als Dolmetscher beschäftigt!"

„Ich sollt auf die Touristen zugehen und auf Provisionsbasis dene Hotels zuweisen."

„Also! Ich kann mir nicht vorstellen, dass ein Konsulat einen Herrn D. braucht, der die Touristen in Hotels lockt! Stimmt das denn? Oder wollen Sie nur wieder angeben?"

D. lacht in sich hinein: „Des war a bissi geflunkert!"

„Warum machen Sie das? Das ist doch eigentlich etwas ganz Unwichtiges!" D. schweigt.

In Frankreich sei er Saisonarbeiter gewesen bei der Weinlese. Vier Wochen Italien. „In Griechenland kam ich nicht zurecht. Ich hab' die Sprach' nicht auf die Reih' gekriegt. Das Geld für die Schiffspassage habe ich mir zusammengebettelt. In Frankreich war ich in Bordeaux und St. Emilion. In Reims bei der Champagnerernte mitgemacht. Dann Paris. In Chamonix hab' ich zwei Wochen am Skilift geschafft."

Chudoba: „Das habe ich Ihrem Strafregister entnommen. Was haben Sie in Paris gemacht?"

„Da bin ich in die Drogenszene reingeraten. Dreizehn Stunden war ich in Handschellen auf dem Revier in. Bekam Aufenthaltsverbot in Frankreich. Zurück nach Saarbrücken. In der Stadt rumgelaufen. Für zwei Mark die Stunde fürs Sozialamt geschafft. Leut' kennengelernt, Bierchen zusammen getrunken. Mieterhöhung, da musste ich in das berühmte Haus ..."

Chudoba: „... das Asyl, ja, ja, das wir aus vielen Schwurgerichtsverfahren kennen.

Alkohol? „Bier, selten Schnaps. Wein, wo ich im Ausland war. In Frankreich und Spanien kann man des Bier ja nicht trinke. In Deutschland dann Carlsberg. Anfangs probierte ich Ur-Pils, war mir aber zu bitter. Bin manchmal ganz schön durch die Gegend gestürzt. Hab' manchmal nicht gewusst, was abgeht."

Chudoba: „Haben Sie mal überlegt, wie es mit Ihnen weitergeht? Sie schaffen nix, nehmen Drogen und saufen. Sie sind schon über vierzig! Da muss man doch einen Plan haben!"

Was er über Andi weiß? Den habe er ab und zu mal in der Tosa-Klause gesehen. Es sei ihm nichts aufgefallen. „Später ist der mal nackig durch die Kneip' geflitzt. Da war es aber Sommer und die Mutter war dabei. Mehr war da nicht."

„Wissen Sie, dass Sie mal was ganz anderes erzählt haben?"

„Das mit dem Missbrauch?" Ja, ja, der Bub sei „zwei oder drei Mal missbraucht worden".

„Bei der Polizei sagten Sie aber, dass das alle zwei oder drei Tage war! Da waren Sie Zeuge!"

„Des war ned richtig."

„Warum haben Sie es dann erzählt?"

„Das kann ich leider nicht erklären."

Wenig später beschreibt er wieder, was er alles schon mehrfach widerrufen hat. Wie es Schlag auf Schlag ging im Kämmerchen und wie ein Sack herausgebracht wurde. Und wie dann alle durcheinanderschrien. Und wie er „paralysiert" gewesen sei.

„Nach einer früheren Aussage haben Sie aber auch Ihren Senf dazugegeben", hält ihm der Vorsitzende vor.

„Stimmt nicht. Da hab ich gelogen bei der Polizei."

„Warum?"

„Weil ich meine Ruh' haben wollt'."

Später sagt D., er habe sich bei der Polizei wichtig machen wollen, als er sagte, er habe den Pascal auf Wunsch von Christa in die Tosa geholt.

Der Vorsitzende verzweifelt schier an diesem Angeklagten.

„Sie machen sich wichtig, indem Sie sich als besonders üblen Typen darstellen, der das Kind in die Kneipe brachte – das fasst man doch nicht! Sie haben umfangreiche Angaben dazu gemacht, wie es überhaupt dazu kam, dass Pascal in die Tosa kam." – „Stimmt nicht."

Der Vorsitzende wird ganz ernst. „Herr D.! Kam es vor dem 30. September mal vor, dass Pascal in der Tosa missbraucht wurde?"

D. schüttelt den Kopf.

Chudoba winkt ab: „Eigentlich könnte ich mir die Frage schenken."

Teusch zählt auf, D. sei dreizehn Mal vernommen worden. Viermal habe er gesagt, alles sei gelogen. „Hat Ihnen der Herr Staatsanwalt versprochen, dass Sie gut wegkommen?" – „Dass sich mein Strafmaß ändert, hat er gesagt." – „Welche Vorstellung hatten Sie von Ihrem Strafmaß?" – „Keine Ahnung. Bei Sicherungsverwahrung kommt man nicht mehr raus." –„Wer hat Ihnen das gesagt?" – „Das steht im Gesetzbuch." Teusch reagiert scharf: „So steht das nicht im Gesetzbuch – machen Sie uns doch keinen Knopf an die Back'!" – „Ich geh davon aus." – „Den Psychiater sollen Sie gefragt haben, was es bedeute, dass Herr Pattar sagte, wenn Sie kooperativ seien, werde er Beihilfe zum Mord fallen lassen!" – „Ja." Es gab also doch Versprechungen.

Mit solchen Angaben, das zeichnet sich schon früh ab, würde das Gericht nicht viel anfangen können.

Am 4. November 2004, es ist der dreizehnte Verhandlungstag im Pascal-Prozess, beantragt Teusch unter anderem, den Psychologen Max Steller mit der Prüfung der Glaubhaftigkeit von Andis Angaben zu beauftragen und ihn als Sachverständigen zur Vernehmung aller Zeugen zu laden, die etwas zu dem Jungen sagen könnten. Die Beurteilung von Zeugen sei zwar Aufgabe des Gerichts, doch hier gehe es um ein Kind und ein Sexualdelikt mit solchen Besonderheiten, dass es zweifelhaft erscheine, ob die Sachkunde des Gerichts ausreiche. Dazu zitiert Teusch einige Passagen zum Thema Suggestion und Suggestibilität aus Arbeiten des Berliner Psychologen.

Einige Mitverteidiger machen große Augen. Sie kennen Steller nicht und wissen auch nicht, dass er für die Staatsanwaltschaft schon 2003 tätig war.

Oberstaatsanwalt Pattar wundert sich über den Antrag: „Steller als Sachverständigen? Ich verstehe den Antrag nicht. Ich habe das Steller-Gutachten doch selbst in Auftrag gegeben!" Pattar scheint sich seiner Sache sehr sicher zu sein. Er schließe sich dem Gutachter „vollinhaltlich an", sagt er selbstbewusst, hatte er doch, wie von Steller gefordert, weitere Beweise zusammengetragen: die Geständnisse von Erika, Andrea, Horst und Wolfgang D. sowie das rechtskräftige Urteil gegen Peter Sch. Wo also liegt das Problem?

Viele Wochen lang stehen Polizeibeamte als Zeugen Rede und Antwort über die äußeren Umstände der Vernehmungen, die sie wegen des mutmaßlichen Treibens in der Tosa-Klause und in der Mordsache geführt haben. Wurden die Zeugen und Beschuldigten belehrt? Unter Druck gesetzt? Bei jedem dieser Polizeizeugen erkundigt sich der Vorsitzende, wie man zu einer Zeit bereits darauf kommen konnte, nach Pascal zu fragen, als es laut Aktenlage noch keinerlei Hinweis gab, der Missbrauchsverdacht wegen Andi könnte etwas mit dem Vermisstenfall Pascal zu tun haben. Immer wieder stößt der Vorsitzende bei den Vernehmungen auf Suggestivfragen und Vorhalte durch die Polizeibeamten, die den Befragten die Antwort in den Mund legten. Chudoba macht aus seinem Befremden darüber keinen Hehl. Standardantwort der Polizeizeugen: „Ich kann mich daran nicht erinnern." Oder: „Da war ich gerade nicht zugegen."

Der Vorsitzende zitiert eine Passage aus der Vernehmung Horsts:
„Sie unterstellten Horst, er habe Kenntnis von Andreas Geschlechtsverkehr im Kämmerchen in Anwesenheit Andis gehabt. Woher wussten Sie das?“
„Das habe ich angenommen“, antwortet der Polizeibeamte. Chudoba: „Hatten Sie das irgendwo gelesen?“ – „Nicht unbedingt, aber man hat sich ja auch ausgetauscht untereinander.“ – „Haben Sie Horst die Mütze vom Kopf gerissen?“ – „Nein. Er nahm sie nicht ab. Darauf griff ich sie am Schirm und zog sie ab. Angefasst hat ihn keiner.“ – „Haben Sie mit der Faust auf den Tisch geschlagen?“ – „Keine Erinnerung.“

In den folgenden Wochen und Monaten befasst sich das Gericht mit Dutzenden von Zeugen, die regelmäßig in der Tosa verkehrten und keineswegs nur gut Freund mit Christa oder den anderen Angeklagten waren. Nicht einer bestätigt vor Gericht die Anklagevorwürfe. Kinder in der Tosa? Nein, nur Andi, der sich nach dem Kindergarten im Kämmerchen habe ausruhen sollen und der manchmal in der Kneipe umhergerannt sei. An ihn erinnern sich viele Stammgäste. Aber Pascal? Nie gesehen. Kenn' ich nicht. Kein Zeuge kann sich einer angeblichen Schließung des Lokals am Kirmessonntag entsinnen, wie sie die Staatsanwaltschaft behauptet, damit dort unter „Insidern“ Missbrauch betrieben werden könne. Keinem Zeugen fiel hinsichtlich des Kämmerchens etwas auf: Dort seien Bier- und Limokästen gestapelt gewesen sowie Leergut und Putzzeug. Und Dieter, das wussten einige, habe dort oft übernachtet, auf einer Art Feldbett.

Ein Zeuge, dessen Ex-Frau nach der Trennung vorübergehend bei Christa untergekommen war, erinnert sich an Andi, den er für „behindert“ hielt, weil er gleich „Papa“ zu ihm gesagt habe. Zehn Stunden sei er vernommen worden von sechs Beamten, klagt der Zeuge, „da macht man viele Angaben“. Es sei „psychisch extrem belastend“ gewesen. Und: „Ich hab’ mich auch verschwätzt, so unter Druck.“ Die Polizei vermutete, er habe vor den Augen Andis mit Andrea Geschlechtsverkehr gehabt.

Auf Wunsch der Staatsanwaltschaft soll er schildern, wie es in der Tosa dazu kam. Zeuge: „Wir sind dann aufs Klo, aber die Andrea konnte sich nicht positionieren. Es war ihr auch zu kalt …“ Das Kind sei selbstverständlich nicht dabei gewesen.

Pattar setzt zu einer weiteren Frage an: „Nur interessehalber …“

Chudoba: „Also wenn Sie nur aus Interesse fragen – dafür betreiben wir dieses Verfahren hier nicht.“

Teusch zitiert aus der polizeilichen Vernehmung: „Man hat Sie einen ‚Kinderficker‘ genannt?“

Der Zeuge nickt. „Das bisschen Selbstbewusstsein“, antwortet er, „das ich in meinem Leben aufgebaut hatte, hat die Polizei systematisch kaputt gemacht. Immer hat einer den Bösen gespielt, pausenlos. Ich war am Boden zerstört. ‚Du warst das!‘ hieß es immer wieder. Die haben mir genau geschildert, was ich angeblich gemacht habe. Dass ich mit dem Kleinen von der Andrea im Bett war und dass ich dabei war, wie der seinen Schniedel in ihre Scheide rintun sollte! Du warst das! Die haben getan, als ob ich der Böse schlechthin bin!“

Chudoba: „Das steht in der Vernehmung aber nicht drin.“

Zeuge: „Ein Psychologe hat mich sogar als einen ganz gefährlichen Menschen eingestuft.“

Chudoba: „Das steht auch nicht in der Vernehmung.“

Teusch: „So etwas schreibt kein Polizist ins Protokoll.“

Chudoba: „Aber Sie haben doch unterschrieben!“

Zeuge: „Ich habe alles nach bestem Wissen und Gewissen gesagt. Ein Beamter begleitete mich nachher runter und sagte: ‚Weeßte was, du hast dem Kleen‘ in den Mund geschissen!‘ Da bin ich bald zusammengebrochen.“ Von sexuellem Missbrauch in der Tosa-Klause habe er nie etwas gehört.

Ein arbeitsloser Rentner mit Zeugenbeistand wird von Chudoba gefragt: „Kennen Sie einen der Angeklagten?“ – „Jo, des Christa. Und den Luddi.“ – „Die Andrea?“ – „Ach, die mit der Brill’ da, jo, vom Sehen.“ – „Auch vom Bumsen?“ – „Das will ich jetzt nicht behaupten.“ – „Hatten Sie nie was mit der?“ – „Nur zweimal hab’ ich mit ihr geschlafen.“ Der Zeuge meint, wie sich dann herausstellt, er habe bei Andrea zu Hause geschlafen. Für anderes sei er viel zu müde gewesen.

Teusch: „Sie sind vier Stunden von der Polizei vernommen worden?“ – „Jo.“ – „Und dann haben Sie alles gelesen?“ – „Nee, lesen kann ich ned. Die haben gesagt, ich soll unterschreiben. Das hab’ ich dann getan.“ Von sexuellem Missbrauch in der Tosa wisse er nichts.

Ein arbeitsloser Maurer. Auf die Frage des Vorsitzenden, ob er mit einem der Angeklagten verwandt sei: „Gott sei Dank nein.“ Wieso Gott sei Dank? „Das können Sie sich doch denken. Was man so hört und liest! Die hat die Ärmsten der Armen ausgenutzt“, er deutet auf Christa, „und Leute aufgenommen, die was Sozialhilfeempfänger waren. Die hat sie ausgenutzt. Und aus Mülltonnen denen Essen gegeben und Geld dafür geholt!“ – „Haben Sie irgendwelche Beobachtungen dieser Art gemacht?“ – „Nee.“ – „Wieso erzählen Sie dann so etwas?“ – „Ich kann nicht sagen, ob das stimmt. Aber was man in den Medien so überall liest – jeder in der Presse schreibt das!“ – „Nicht jeder“, korrigiert der Vorsitzende. „Wie war Ihr Verhältnis zu Christa?“ – „Erst normal gut. Aber als ich von der Sache hörte bei der Kripo und in den Medien, da tat es mir leid, dass ich solche Leute kenn’.“ – „Wurden Sie abgezockt?“ – „Nein.“ – „Christa hat Ihnen mal ein Zimmer vermietet?“ – „Ja. Der Preis war reell.“ Von sexuellem Missbrauch weiß auch er nichts.

Der nächste Zeuge ist wieder einer aus der Heerschar derer, die mit Andrea mal eine intime Beziehung hatten. „Sie hat bei mir zu Hause entbunden, stellen Sie sich das vor!", sagt er vor Gericht. „1991 muss das gewesen sein. Sie war damals obdachlos und ich getrennt lebend. Außerdem war ich besoffen. Mitten in der Nacht ging es los. Da hab' ich das Kind dann entbunden. Habe also einem Menschen das Leben geschenkt!" Der Zeuge schaut sich um, ob auch jedermann im Saal seine Heldentat zur Kenntnis genommen hat. Sexueller Missbrauch von Kindern in der Tosa? „Das würde ich nie dulden! Ich hab' selber drei Kinder! Ich würde sofort die Polizei holen! Kinder sind mein ein und alles."

Über Christa kann er nichts Schlechtes sagen. „Zu mir war sie immer korrekt und anständig. Und zu Kindern war sie immer nett. Gut, auf dem Klo in der Tosa musste man manchmal die Füße heben, aber sonst war alles okay."

Im Januar 2005 – Weihnachten ist vorbei und ein Ende des Prozesses noch längst nicht in Sicht – beantragen acht Anwälte, dass zusätzlich zur Befragung der Kripobeamten sämtliche Vernehmungsprotokolle verlesen werden, die im Lauf des Ermittlungsverfahrens verfasst wurden. Die Staatsanwaltschaft widerspricht „ausdrücklich". So etwas sei in der Strafprozessordnung nicht vorgesehen. Eine Anwältin von der Nebenklage hält den Antrag für „Verfahrensverzögerung". Ein Verteidiger will nicht, dass die widersprüchlichen Aussagen seines Mandanten öffentlich bekannt werden. Er hat die Absicht der Kollegen nicht begriffen: Ehe sich das Gericht mit den Geständnissen näher befasst, muss ihre Entstehung aufgeklärt werden.

Im Februar 2005 berichtet eine Vernehmungsbeamtin, sie sei erstaunt gewesen, wie Gabis zunächst widersprüchliche und nicht nachvollziehbare Aussagen durch Mithilfe ihrer Anwältin immer stimmiger wurden. Das Wort „Opfer" fällt. Gabi, ein Opfer ihrer Verteidigerin? Die Anwältin steht auf und gibt eine Erklärung ab: Da die Vernehmungsbeamtin bekunde, das Geständnis Gabis sei mit anwaltlicher Mitwirkung zustande gekommen, bestehe nun keine Vertrauensbasis mehr; sie bitte um ihre Entpflichtung als Verteidigerin.

Gabi kräht dazwischen: „Ich will meine Anwältin behalten!"

„Wieso soll das Vertrauensverhältnis gestört sein?", fragt Chudoba. „Sie hören doch, dass Ihre Mandantin Sie behalten will." Da die Auswahl und Bestellung von Pflichtverteidigern Sache des Vorsitzenden ist, bleibt alles, wie es ist.

Nicht alle Kollegen finden diese Verfahrensweise in Ordnung. „Diese Angeklagte hätte einen richtigen Strafverteidiger gebraucht und nicht eine Familienanwältin", sagt einer der Verteidiger, „doch die Frau Kollegin hat einfach weitergemacht, selbst als sie gemerkt hat, in welchen Schlamassel sie ihre Mandantin hineinbringt. Wie ein Geisterfahrer, der einfach auf der Autobahn wendet. Diese beiden Frauen haben uns das Verfahren hier eingebrockt!"

Die Polizei im Zeugenstand

Die Verhandlung schreitet nur zäh voran. Allein die Befragung der Polizeibeamten, die im Umfeld der Tosa-Klause ermittelt und die jetzt Angeklagten vielfach vernommen haben, dauert Monate. Die Verteidigung beantragt, weitere Stammgäste als Zeugen zu hören, denn bislang hat kein einziger der bereits gehörten Gäste über irgendetwas Auffälliges in dem Lokal berichtet, das auf Missbrauch von Kindern hindeutet. Einige Anwälte kritisieren, dass weiter ermittelt werde und nicht alle Spurenakten der Kripo in der Hauptakte enthalten seien. Denn es sind offensichtlich Spuren verfolgt worden, von denen weder Gericht noch Verteidigung Kenntnis erlangten, weil die Ermittler sie nicht für wichtig hielten.

„Es kann doch nicht sein", so Verteidiger Teusch, „dass Kripo und Staatsanwaltschaft im laufenden Verfahren entscheiden, was wir erfahren dürfen und was nicht. Das Gericht wird genauso hintergangen wie wir. Wir haben gar keinen Überblick, in welcher Phase sich welche Ermittlungen befinden. Wie soll da eine vernünftige Verteidigung funktionieren?“

Pattar verwahrt sich gegen den Vorwurf, Staatsanwaltschaft und Polizei hintergingen das Gericht. „Was sich nicht verifiziert“, sagt er, „das ist halt auch nicht beigefügt.“ – „Ich bin froh“, entgegnet Teusch spitz, „dass nicht Sie entscheiden, was relevant ist.“

Ein Vernehmungsbeamter von Andrea antwortet auf die Frage des Vorsitzenden, warum er ihr nicht geglaubt habe: „Ich sage in Vernehmungen oft, dass ich etwas nicht glaube, um die Reaktion des Befragten zu testen.“

Chudoba: „Man könnte ja den Eindruck bekommen, dass Sie die Aussage nicht glauben – und dann erzählt Andrea etwas anderes.“ Der Zeuge bestätigt das. „Ja, den Eindruck könnte man bekommen.“

Chudoba: „Musste man sie immer wieder zu Angaben drängen?“ – „Ja.“ – „Und dann halten Sie ihr den Jupp vor, dessen Name bei ihr noch überhaupt nicht fiel?“ – „Ja. Der kam nur in der Vernehmung von Gabi vor.“

Chudoba weiter: „Wie kamen Sie denn dazu, nach dem blauen Sack zu fragen? Andrea hatte doch bis dahin kein Wort von einem blauen Sack gesagt!“– „Das hab’ ich gemacht, weil dieser Sack in anderen Vernehmungen auftauchte. Sie hätte ja widersprechen können. Hat sie aber nicht. Daher ging ich davon aus, dass es so war.“

Chudoba: „Man hat den Eindruck, sie kommt immer nur mit Details, wenn Sie ihr die vorhalten. Haben Sie ihr eine blaue Plastiktüte gezeigt?“ – „Ja“, sagt der Beamte. „Die hat sie dann bestätigt.“

Chudoba: „Und dann kommt etwas, wovon bei Andrea vorher noch nie die Rede war. Sie fragen: Wer hat denn eigentlich die Bilder gemacht? Darauf weiß sie erst keine

Antwort." – „Ja, das war auch aus einer anderen Vernehmung. Sie sagte dann: die Christa."

Anwalt Rehberger: „Haben Sie mal nachgefragt, ob man von außen in die Tosa reinschauen konnte und etwas sah, wenn die Tür zum Kämmerchen offenstand?" – „Nein."

Das Gericht stellt den Polizeizeugen genau die richtigen Fragen. Mit jedem Sitzungstag werden die Mechanismen deutlicher, die unbedarfte, geistig beschränkte oder ängstliche Personen zu Aussagen gemäß den Erwartungen oder Überzeugungen der Polizei verleiten. Wer ist auf die Idee mit dem blauen Sack gekommen? Wer hat die Bilder gemacht? Wann kam eigentlich Jupp? Personen wie Andrea, Erika oder Gabi bemühen sich, solche Fragen mit Namen und Daten zu beantworten.

Chudoba fährt mit Fragen zu R. fort, dem angeblich brutalsten unter den Anklagten. „Hatten Sie irgendwelche konkreten Anhaltspunkte, dass der Angeklagte R. in der Tosa verkehrte?", fragt er den Polizeibeamten, „denn Sie fragen Andrea ja, wie oft er bei Andi im Kämmerchen gewesen sei. Und in den Akten findet man keinen Hinweis, dass R. bis 2001 überhaupt je in der Tosa war." Der Polizeibeamte will erst nicht antworten. Dann sagt er, Andrea sei gerade so schön am Reden gewesen. Da habe er halt mal wieder einen „Versuchsballon" gestartet. „Sie hat das ja dann auch bestätigt!"

Chudoba: „Und nachdem ihr vorgehalten wird, dass auch sie dabei war im Kämmerchen, da kommt von ihr ‚Ich war immer dabei'. Haben Sie mal nachgefragt, wieso sie Missbrauch bei ihrem eigenen Sohn zugelassen hat?" – „Nein. Es gab keinen Grund dafür. Heute, beim Nachlesen, frage ich mich auch, warum bestimmte Fragen nicht oder nicht anders gestellt wurden."

Nun will Rechtsanwalt Haseneier von dem Zeugen wissen, ob er mal mit „einem Herrn Steller" zu tun hatte und ob er dessen Ratschläge für die Polizei kenne. „Zu der Zeit war ich in Urlaub", sagt der Beamte, der immerhin die meisten Vernehmungen von Andrea geführt hat. „Warum der da war, weiß ich nicht."

Ob ein Angeklagter die Wahrheit sagt oder nicht – dies zu beurteilen ist ureigene Aufgabe der Richter. Personen wie Andrea aber fallen aus dem Rahmen dessen, womit Richter üblicherweise zu tun haben. Die Beurteilung ihrer Glaubhaftigkeit bereitet dem erfahrensten Richter Kopfzerbrechen. Daher beantragen einige Verteidiger im Juni 2005, ein aussagepsychologisches Gutachten zur Bewertung der Angaben von Andrea und der anderen Geständigen einzuholen und schlagen dafür den forensisch erfahrenen und wissenschaftlich ausgewiesenen Psychologieprofessor Burkard Schade vor. In einer von den Verteidigern im Frühjahr 2005 eingeholten Stellungnahme hat er nämlich bereits dargelegt, dass Andrea nicht in der Lage sei, einem Befragungsdruck zu widerstehen und Erwartungen bezüglich bestimmter Aussagen nicht nachzugeben. Er halte es für möglich, dass sie inzwischen vom Wahrheitsgehalt ihrer kaum entwirrbaren Aussagen überzeugt sei – von denen sie ursprünglich gewusst habe, dass sie keinen Erlebnishintergrund hätten.

Zwar war Schades Arbeit nicht für den Papierkorb gewesen, denn seine Stellungnahme ist nun immerhin bei den Akten. Aber interessiert war man an seinen Ausführungen ebenso wenig wie an den Warnungen des Psychologen Max Steller während des Ermittlungsverfahrens.

Am 29. September 2005, einen Tag vor dem vierten Jahrestag von Pascals Verschwinden, erklärt der Vorsitzende, man werde sich bemühen, sämtliche Einlassungen der Angeklagten einzuführen – also nicht nur die von der Staatsanwaltschaft als glaubhaft angesehenen. „Das wird uns Gelegenheit geben, zum Komplex Pascal eine Zwischenbilanz zu ziehen, voraussichtlich Mitte November." Anschließend werde man sich den Vorwürfen zum Komplex Andi zuwenden.

Ein solches Vorgehen beschleunigt in der Regel den Prozessfortgang. Denn Staatsanwaltschaft und Verteidiger erfahren dann, wie das Gericht bis zu diesem Zeitpunkt die Sache einschätzt, und können sich darauf einstellen.

Am 10. Oktober 2005 werden Erika, Gabi, Horst und Luddi aus der U-Haft entlassen, in der sie zwischen 24 und 31 Monaten gesessen haben. Die Kammer hebt die Haftbefehle mangels dringenden Tatverdachts auf. Erikas Verteidiger scheint die Welt nicht mehr zu verstehen: Seine Mandantin hatte doch so viele Geständnisse abgelegt. Warum kommt sie frei?

Kurt und Teddy waren bereits vor Monaten, ohne dass die Aufhebung des Haftbefehls beantragt worden wäre, stillschweigend auf freien Fuß gesetzt worden. Das Verfahren gegen den inzwischen an Krebs erkrankten Luddi wird wegen dessen Verhandlungs- und Haftunfähigkeit abgetrennt und schließlich eingestellt.

Ein Jahr nach Prozessbeginn hat die Kammer noch immer nicht alle Polizeibeamten zu ihren Ermittlungen befragt.

Chudoba im Gespräch mit dem Kripomann, der Dieter als Beschuldigten vernommen hat: „Wie kamen Sie dazu zu fragen, ob Christa Sex mit Andi hatte? Dass es Fotos gibt vom Geschlechtsverkehr Andreas mit ihrem Sohn?“

Zeuge: „Durch die Angaben Andis. Der Mann bestritt völlig emotionslos.“

Chudoba: „Sie hielten ihm vor, dass er lüge. Wieso?“

Zeuge: „Weil ich davon ausging, dass die Angaben der Pflegemutter Andis stimmen.“

Chudoba: „Wieso?“

Zeuge: „Da war doch irgendein Gutachter, der die Aussagen prüfte und sagte, sie seien okay.“

Chudoba: „Sie glauben also an den Wahrheitsgehalt der Aussagen?“

Zeuge: „Ja, natürlich.“

Die meisten Ermittler antworten ähnlich: Sie zweifelten nicht an den Notizen der Pflegemutter.

Der Verteidiger Dieters fragt, woher der Zeuge seine Informationen bezogen habe. „Von der Aktenführung", antwortet dieser. Aktenführung, wer ist das? Die „Aktenführung" war jene Kripobeamtin, die die Notizen der Pflegemutter entgegengenommen und Andi vernommen hat. Und die bei Parallelvernehmungen zwischen den Zimmern hin- und herwechselte, die Aussagen verglich und Informationen darüber weitergab.

Chudoba: „Irgendwann wollte Dieter nichts mehr sagen. Und Sie fragen noch weiter. Wieso?"

Zeuge: „Weil er noch gesprächsbereit war."

Chudoba: „Er will nichts mehr sagen und dann wird einfach weiter vernommen?"

Zeuge: „Solche Worte wie ‚nicht ohne meinen Anwalt' fallen ja öfter, ohne dass ein Wille dahintersteht. Das ist meine Auffassung."

Der Vorsitzende zitiert aus dem Vernehmungsprotokoll, wonach man Dieter eine blaue Mülltüte, eine Spaten und ein Bild von Pascal vorgelegt habe.

Chudoba: „Und jetzt mit so etwas noch zu kommen, wenn der Mann nichts mehr sagen will – da hätte ich schon Bedenken!" Der Zeuge hatte sie nicht.

Chudoba: „Verwerten können wir unter solchen Umständen Dieters Angaben sowieso nicht. Also brauchen wir den Zeugen gar nicht weiter zu vernehmen. So geht's ja nun doch nicht!"

Chudoba schüttelt nur noch den Kopf. Denn Dieter hat während der Verhöre mehrfach um einen Anwalt gebeten. Die Polizisten indes fragten ihn nicht, wer sein Anwalt sei oder wen er als Anwalt haben wolle. Und das in einem Verfahren, in dem es um Mord ging. Der Zeuge schweigt und verlässt betreten den Gerichtssaal.

Dezember 2005, der 77. Verhandlungstag. Der nächste Beamte, der als Zeuge gehört wird, hat Jupp vernommen. Dieser hat nach einer Vernehmung Anzeige erstattet, weil ihm die Kripo mit Schmerzen und Folter gedroht habe und er gefesselt eine Stunde lang nackt im Vernehmungszimmer habe stehen müssen.

Rechtsanwalt Robling: „Ist es richtig, dass Sie bei meinem Mandaten eine ‚Nackt-ED' machen wollten?" – „Ja."

Christa signalisiert, dass man das bei ihr auch gemacht habe.

Robling: „Haben Sie bei weiteren Beschuldigten Nackt-EDs angefertigt?" – „Ich nicht, aber Kollegen."

Der Vorsitzende holt erst einmal Luft. „Ich kenne nur die übliche erkennungsdienstliche Behandlung. Gehören Nacktaufnahmen dazu? Ich kenn' den Ausdruck ‚Nackt-ED' überhaupt nicht. Das kann ja bei Verletzungen mal erforderlich sein. Aber meines Wissens doch nicht bei der Standard-ED. Dafür muss es doch einen Grund gegeben haben!"

Zeuge: „Bei Sexualdelikten kann man das machen."

Chudoba: „Beim Opfer, ja."

Zeuge: „Man kann das alles ja erst hinterher feststellen. Wenn es in einer Vernehmung zum Beispiel heißt, der Täter habe einen Furunkel am Hintern oder eine Warze auf dem Penis, dann hätte man das feststellen können. Deshalb werden die Geschlechtsteile fotografiert."

Chudoba: „Gab es bei Jupp irgendeinen derartigen Anhaltspunkt? Ich wüsste nicht welchen!"

Zeuge: „Der Junge sagte doch, die Leute hätten Schlange gestanden, um ihn zu missbrauchen. Da macht es doch Sinn, dem Kind solche Fotos zu zeigen. Kinder wissen ja oft Namen nicht."

Chudoba fassungslos: „Wollten Sie dem Kind wirklich diese Fotos zeigen?"

Rechtsanwalt Teusch schaltet sich ein: „Meine Mandantin sagt, sie sei ebenfalls nackt fotografiert worden. Herr Pattar habe es angeordnet."

Wo aber sind die Fotos? Bei den Akten, wo sie hingehören, sind sie nicht. Teusch lässt nicht locker. Wo sind diese Fotos?

Zeuge: „Hat die Aktenführung."

Chudoba läuft rot an: „Ich bin seit Januar 1981 hier am Gericht. Noch kein Polizeibeamter hat je diesen Begriff verwandt!"

Zeuge: „Ich weiß nicht mehr, ob ich die Fotos aktenkundig gemacht habe."

Chudoba: „Sie können sicher sein, dass der Herr Verteidiger und das Gericht nichts gefunden haben in den Akten! Gibt es einen Grund, warum diese Aktion nicht dokumentiert wurde?"

Pattar: „Bestand der Verdacht, dass Jupp beim sexuellen Missbrauch fotografiert worden sein könnte?" – „Ja."

Chudoba: „Es gibt Körperteile, Herr Oberstaatsanwalt, da ähneln Männer sich sehr."

Pattar: „Oh, es gibt durchaus Unterschiede."

Nacktaufnahmen, Fotos von Geschlechtsteilen und ähnliche Methoden befördern bei manchen Menschen die Geständnisbereitschaft ernorm. Sie geben alles zu, nur damit die Quälerei ein Ende hat. Mangelnde Gründlichkeit kann man der Saarbrücker Polizei hier nicht vorwerfen.

Haftentlassung

Der Prozess zieht sich hin. Kein Ende in Sicht. Die Vernehmungsprotokolle werden verlesen. Es dauert und dauert. Der Vorsitzende Chudoba erkrankt mehrfach und fällt wochenlang aus. Sollte er auf Dauer ausscheiden, wäre der Prozess geplatzt und müsste mit anderen Richtern von vorn beginnen. Denn es gibt keinen Ersatzrichter. Ein Albtraum.

Am 87. Verhandlungstag, es ist der 12. Juni 2006, zieht die Kammer die vor Monaten angekündigte Zwischenbilanz. Eine Sensation! Alle noch in Haft befindlichen Angeklagten

– Christa, Andrea, R., Michael, Jupp und Dieter – kommen frei. Die Kammer gehe derzeit nicht mehr von einem dringenden Tatverdacht aus, sie habe erhebliche Zweifel an der verschworenen Tosa-Gemeinschaft, sagt Chudoba. Auch daran, dass Pascal je in der Tosa-Klause war. Überdies sei die Aussagetüchtigkeit eines Peter Sch. als äußerst problematisch einzuschätzen, ebenso die der intelligenzgeminderten Erika. Andrea leide an einer Persönlichkeitsstörung und genieße es, im Mittelpunkt zu stehen. Dazu komme ein erheblicher Vernehmungsdruck auf die Angeklagten. Die Vernehmungen seien „durchaus nicht frei von suggestiven Elementen" gewesen. Mehrfache Vergewaltigung und die Tötung hätten an jenem Tag, an dem besonders viele Gäste in das Lokal kamen, praktisch öffentlich stattfinden müssen. Nach wie vor gebe es keine Fotos, Filme oder sonstigen Beweise. Die Richtigkeit der Angaben von Andrea, Erika und Peter Sch. habe sich erheblich vermindert. Eine Fortdauer der Haft sei nicht mehr verhältnismäßig und nicht mehr vertretbar. Die Erörterung der Anklagepunkte bezüglich des Jungen Andi werde noch erhebliche Zeit beanspruchen. Ein Ende des Verfahrens sei nicht abzusehen. Aber dafür könnten die Angeklagten nichts.

Der Staatsanwaltschaft verschlägt es die Sprache. Oberstaatsanwalt Pattar, offensichtlich unvorbereitet auf diese „völlig unvorhersehbare Entscheidung", wie er sie nennt, rauscht aus dem Saal. Hatte er nicht bemerkt – oder nicht bemerken wollen –, in welche Richtung sich das Verfahren seit Monaten bewegte?

Eine längere Mittagspause zur Beruhigung. Der größere Teil der Zuschauer ist in heller Aufregung. Bedeutet das jetzt Freispruch? Ist der Prozess nun zu Ende? Wieso kommen diese Angeklagten frei? Journalisten interviewen, fragen, photographieren, filmen und senden. Die Anwälte Teusch und Rehberger erklären, man habe zwar eine Etappe hinter sich gebracht, doch gewonnen sei noch lange nichts.

Andrea freut sich, dass ihr Bild jetzt wieder in der Zeitung zu sehen sein wird. Gabi verdrückt sich. Erika sucht Zuflucht bei ihrem Anwalt. Christa humpelt über den Parkplatz hinter dem Landgericht. Es ist ein strahlender Tag. Teusch und einige andere Anwälte steuern das „Cochemar" an, ein kleines Lokal in der Nähe mit einigen Tischen im Freien. Christa folgt widerwillig in einigem Abstand. Keiner jubelt. Niemand fällt dem anderen um den Hals. Christa setzt sich schweigend an einen Tisch abseits im Innern des Lokals, sie will nicht gesehen werden. Sekt? Ein Glas Wein? Sie winkt ab. Kopfschüttelnd sitzt sie da und schweigt.

Die Stimmung im Lokal ist gedrückt. Christa will nichts essen, Michael auch nicht. Seit November 2003 saßen sie in Haft, zeitweise sogar im Hochsicherheitstrakt. Dreieinhalb Jahre. Wofür?

Am Nebentisch gestikuliert Martin R. Er ist noch am gesprächigsten. Seine Devise sei immer schon gewesen, grinst er, sich durchs Leben zu schlagen – im wahrsten Sinn des Wortes. Für eine Schlägerei war er immer zu haben, was man seinem Strafregister ansehe. Aber Sex mit Kindern, mit kleinen Buben – nie und nimmer. Er stehe auf Frauen, sei weder schwul noch pädophil.

Teusch versucht, mit seiner Mandantin Christa zu reden. Sie hört nur mit halbem Ohr zu. Dreieinhalb Jahre. Das ist Lebenszeit. Die bringt ihr niemand zurück. „Ich bin jetzt um eine Erfahrung reicher", sagt sie dann mit unbewegter Miene. „Aber mich machen die nicht kaputt." Jemand fragt, ob sie Andrea wieder zu sich nehmen werde. „Sie kann kommen, wenn sie will", sagt sie leise. „Sie kann doch nichts dafür."

Wie wird es weitergehen? Sie hebt die Schultern. In ihrem Riegelsberger Haus, darauf hat Teusch sie schon vorbereitet, sehe es aus wie nach einem Bombenangriff. Als die Wohnung durchsucht worden ist, trat die Polizei Türen ein und riss Wandverkleidungen ab. Mobiliar wurde zerschlagen. Aus den Schränken hat man alles herausgeworfen. Zurückgeblieben ist ein unbewohnbares Chaos . „Wie im Film“, sagt sie sarkastisch. Alles ist zerstört. Strom gibt es schon lange nicht mehr, die Wände sind feucht. Kein Mensch hat sich in den vergangenen Jahren um das Haus gekümmert. Doch das ist Nebensache.

„Mein Sohn war sechzehn, als ich verhaftet wurde. Jetzt ist er ein Mann.“ Ihre Hunde sind weg. Ihr Wochenendhäuschen am Rand von Saarbrücken abgerissen. Das Elternhaus hat inzwischen ihr Bruder. Das Haus in Burbach, das sie vermietet hatte, versteigert. „Schulden sind da en masse.“ Rente bekomme sie auch nicht mehr. Warum? Sie weiß es nicht. „Ist das jetzt der Beginn der Gerechtigkeit?“ Michael schweigt.

Was wird auf sie zukommen? „Spießrutenlaufen“. Gabi, die ja schon länger in Freiheit ist, ist aus dem Bus geworfen worden, weil die anderen Fahrgäste nicht neben ihr sitzen wollten. Als sie zu einer Speisung für Bedürftige ging – ebenso. Es sei den anderen Leuten nicht zuzumuten. Doch trotz allem: Teusch hat gesagt, das sei jetzt ein großer Schritt auf ein absehbares Ende zu, auch wenn noch nicht alles gewonnen ist.

Juli 2006. Sommerpause. Der Anklagekomplex „Mord an Pascal“ ist noch nicht abgeschlossen, der Komplex „Missbrauch“ noch nicht erreicht. Ein Vernehmungsbeamter von Peter Sch. wird als Zeuge gehört. Chudoba unterbricht ihn mehrfach, ob es denn nicht Kommunikationsschwierigkeiten mit Sch. gegeben habe. Nein. Sch. habe zwar manchmal auf den Boden geschaut. „Aber als es um die Schilderung dessen ging, was er gemacht hat, hat er frei und von sich aus geredet.“ Ohne zu stocken. Ohne zu stottern. Wie aus der Pistole geschossen.

„Hatten Sie Anlass, am Realitätsgehalt der Aussagen zu zweifeln?“, fragt der Vorsitzende.

„Nein.“

Richter Roth: „Hat er Hochdeutsch gesprochen?“

„Nein, Platt. Das kann man ja im Protokoll nicht hinschreiben. Deshalb versuchten wir, es so zu schreiben, dass man es lesen kann.“ Chudoba atmet tief durch. So etwas hat er noch nicht erlebt.

Teusch: „Haben Sie dem Anwalt von Sch. am Telefon gesagt, worum es in der Vernehmung gehen wird? Dass es auch um Pascal geht?“

Zeuge: „Nein. Es gab keine Veranlassung, uns mit diesem Verfahren zu beschäftigen. Den Namen Pascal hatten wir natürlich immer im Hintergrund. Dem Anwalt sagten wir, es gehe nur um Andi.“

Chudoba: „Professor Steller moniert Abweichungen in der Verschriftung der Videoaufnahmen. Dies trifft auch zu. Die Vernehmung liest sich bei Ihnen ganz klar. Wenn man sich die Videoaufnahmen allerdings ansieht, ergibt sich ein ganz anderes Bild.“

Zeuge: „Ja. Es ergossen sich Redeschwälle. Er driftete ab. Mein Kollege versuchte wohl, die Kerninhalte der Aussage zusammenzufassen, aktenmäßig handhabbar eben.“

Chudoba zornig: „Der Sinn eines Wortprotokolls ist doch, alles wörtlich wiederzugeben und nicht eine aktenmäßig handhabbare Darstellung des Inhalts abzuliefern!“

Zeuge: „Es war schwierig, das Ganze in Worte zu fassen. Und das bei einer Persönlichkeit, die ja wohl stark retardiert ist. Sch. ergoss sich ja in Schilderungen. Aber wenn es um konkrete Dinge ging, da war er verstockt. Da prustete und schnaubte er und zischte vor sich hin und sagte ‚Scheiße, Scheiße, Scheiße‘. Unsere Schreibkräfte brauchten mehr als zwanzig Stunden, um das abzuschreiben.“

Chudoba: „Wir haben ihn hier als Zeugen erlebt. Die Kommunikation war sehr schwierig bis unmöglich. Man musste ihm Vorgaben machen, die er dann höchstens bejaht hat oder verneint.“

Teusch: „Ich vermisse die Belehrung zu Beginn der Vernehmung.“

Zeuge: „Ich gehe davon aus, dass er belehrt wurde. Wir

belehren immer. Schreibt die Strafprozessordnung denn jeden Tag eine neuerliche Belehrung vor?"

Chudoba mit kalter Wut: „Darüber brauchen wir wohl nicht zu diskutieren."

Teusch: „Dann will Sch. seinen Anwalt sprechen – und Sie fragen einfach weiter?"

Chudoba: „Haben Sie mal überlegt, ob da vielleicht ein Mensch in einer Situation war, in der er Hilfe brauchte, einen Arzt oder einen Anwalt? Er ist ja bekanntlich nervenkrank."

Nichts hat der Beamte überlegt. Langsam wird er nervös, denn Chudoba fragt nun auch noch nach Passagen in der Vernehmung, die zwar auf dem Video zu sehen und zu hören sind, aber nicht verschriftet wurden. Zum Beispiel die Aussage Sch.s, etwas Falsches über Jupp gesagt zu haben. Ausgerechnet das Entlastende ist weggelassen worden. Dem Zeugen ist sichtlich unwohl.

„Die ganze Aussageentwicklung stimmt nicht!", resümiert der Vorsitzende. Er ist deutlich verärgert.

Am 31. August 2006, es ist inzwischen der 98. Verhandlungstag, meldet sich Andrea:

„Ich möchte meine Aussage, die ich vor Gericht und vor der Polizei gemacht habe, widerrufen!"

Chudoba: „Welche?"

Andrea: „Alles! Von der Kiesgrub' hat nichts gestimmt. Unter Psychodruck hab' ich der Polizei gesagt, was man gewollt hat. Es war ein ganz normaler Tag, dieser Kirmessonntag. Ich war mit Teddy auf dem Festplatz und nur kurz in der Tosa. Abends hab' ich Christa zu Hause erzählt, dass Pascal verschwunden ist. Teddy und ich haben auch gesucht. Ich weiß nicht, wo der Pascal ist. Ich weiß gar nichts."

Chudoba schaut sie durchdringend an. Sie könne, nachdem sie so viele Varianten des Tathergangs erzählt habe, nun nicht einfach mit „Psychodruck" daherkommen.

Andrea: „Ich hab' nach der Verhaftung zwölf Stunden auf der Polizei gesessen, und der Beamte hat mich angeschrien!"

Chudoba: „Aber in der Hauptverhandlung haben Sie doch vieles aufrechterhalten. Hab' ich Sie etwa auch angeschrien? Möglicherweise haben Sie inzwischen mit anderen Angeklagten gesprochen, und es wurde Ihnen gesagt, dass Sie widerrufen sollen!"

Andrea fällt ihm ins Wort: „Nein! Es hat mich keiner beeinflusst. Es kommt von mir."

Warum soll man ihr ausgerechnet jetzt glauben? Sie sei in Haft gekommen, rechnet der Vorsitzende ihr vor, sie habe schlimme Dinge über andere gesagt, sie habe andere Menschen in Haft gebracht. „Weiß ich", antwortet sie kleinlaut.

„Bezieht sich der Widerruf auch auf Andi? Und auch auf die Dinge, die in Frankreich gelaufen sein sollen mit Dieter? Ist das auch erfunden?" – „Ja." – „Warum? Warum haben Sie Dinge erzählt, die die Polizei überhaupt nicht wissen konnte? Oder hat Christa zu Ihnen gesagt, Sie sollen endlich die Wahrheit sagen? Das wäre ja legitim. Wenn überhaupt nichts geschehen ist, würde ja naheliegen, zu Ihnen zu sagen: Sag endlich die Wahrheit, dummes Huhn!" – „Christa hat nur gemeint, ich soll an meinen Sohn denken", antwortet Andrea.

Die Kammer legt eine Pause ein. Andreas viele Aussagen seien durch diese Erklärung nicht einfach aus der Welt geschafft, sagt der Vorsitzende. So einfach gehe das nicht.

Warum hat sie nicht schon viel eher den Rückzug angetreten? Andrea kaut auf ihren Lippen herum. Sie kann das alles nicht erklären. Chudoba stellt ihr Fragen über Fragen. Warum hat sie dies erzählt? Warum das? Und warum jenes? Immer antwortet sie, sie könne das alles nicht erklären. Es sei nichts passiert in der Tosa. „Wenn jemand an mein' Sohn 'gang wär, den hätt ich erschlagen!"

Der Vorsitzende schüttelt den Kopf: „Warum sollen wir das jetzt glauben? Warum haben Sie erzählt, die Christa habe Sie auf den Strich geschickt? Warum haben Sie gesagt, Ihr Sohn sei regelmäßig missbraucht worden? Ich dachte, Sie lieben den Andi?“ Sie nickt heftig. Ja, sie habe ihn ganz fest lieb. „War Pascal in der Tosa?“ Sie verneint mit entschiedener Stimme. „Kannten Sie das Kind?“ – „Vom Sehen. Der Vater hat den Pascal einmal mitgebracht.“ – „Kam er auch mal allein?“ – „Nein, nie.“ – „Warum haben Sie dann so etwas erzählt?“ Chudoba ist mit den Nerven am Ende. Er wischt sich die Stirn.

Richter Roth übernimmt: „Wie sind Sie heute ins Gericht gekommen?“ – „Mit dem Auto.“ Zusammen mit Michael, Christa und Dieter.

Roth: „Sie haben diese Leute übelst belastet. Die waren jahrelang im Gefängnis deswegen! Die Christa saß dreieinhalb Jahre! Ist die nicht sauer auf Sie?“ – „Ich weiß nicht, ob sie sauer ist. Wenn, dann würde sie's mir sagen. Ich möchte, dass mein Sohn keine Angst mehr haben muss“, antwortet Andrea mit bebender Stimme.

„Jetzt erklären Sie mir das mal“, fordert Roth sie auf. Andrea bricht in Tränen aus. Dann sagt sie trotzig: „Ich lass mich nicht anschreien! Auch nicht von der Polizei! Ich will, dass es meinem Sohn gut geht. Dass niemand zu ihm sagt: Dei' Mutter is' e' Kindermörderin!“

Auf Nachfrage von Anwalt Rehberger sagt sie, bei der Polizei habe man ihr als Gegenleistung für ein Geständnis in Aussicht gestellt, in der Sozialpsychiatrie untergebracht zu werden, zusammen mit Teddy, ihrer neuen Flamme. Deshalb habe sie sich freiwillig bei der Kripo gemeldet und gesagt, sie habe mit dem Verschwinden Pascals zu tun.

Oktober 2006. Luddi ist tot. Es war Krebs im Endstadium. Vorher ist er noch einmal auf der Straße furchtbar zusammengeschlagen worden. Er hat immer auf einen ordentlichen Freispruch gehofft.

Ein Ende des Prozesses ist weiterhin nicht in Sicht. Der gesamte Komplex „Missbrauch" steht noch aus und in dem Zusammenhang die Vernehmung der Pflegemutter. Die Verhandlungstage gehen dahin mit Videos von Tatrekonstruktionen.

Zeugen, die vor dem Prozess über Verwahrlosung und Misshandlung Andis in Christas Haushalt gelästert haben, machen Rückzieher. Entweder relativieren sie ihre früheren Aussagen oder sie geben zu, von Christas Bruder dazu angestiftet worden zu sein. Das Verhältnis der Geschwister ist offenbar wirklich so schlecht, wie Christa es beschrieben hat.

„Sie haben das Verfahren in Gang gebracht"

Vor dem Zeugenauftritt der Pflegemutter, der Wochen dauern wird, sagt die Psychologin aus der Beratungsstelle aus, die über Monate hinweg Verhaltensanleitungen zum Umgang mit dem Pflegejungen gegeben hat. Sie erwähnt vor Gericht unter anderem, dass sie Andis Verabschiedung von Pascal organisiert habe.

„Von Pascal verabschiedet"?, fragt Chudoba, das müsse sie ihm erklären.

„Ja, das war am 25. Juni 2003. Nachdem er gesagt hatte, er kenne Pascal, organisierten wir eine Psychotherapie für ihn. Er bekam über die Medien mit, dass Pascal tot ist. Er dachte, Pascal wird nun beerdigt. Er wollte sich von ihm verabschieden. Ich organisierte einen Besuch in der Kirche, in der Pascal getauft worden war. Sie musste gesperrt werden, denn wir wollte allein dorthin gehen, damit der Junge nicht von Leuten angesprochen wird, die schon wussten, dass seine Mutter wohl an dem Mord beteiligt ist. Er bastelte ein Gesteck. Wir fuhren nach Burbach. Er war sehr aufgeregt und suchte Kontakt zur Pflegemutter wie ein Dreijähriger. Warum? fragte er immer wieder, warum? In der Kirche sollte er dann einen Platz suchen für sein Gesteck. Er dachte wohl, dass irgendwo ein Bild von Pascal steht. Das hatte er in der Zeitung gesehen. Er ging dann zur Marienstatue. Ich fragte ihn, ob er etwas sagen wolle. Er konnte aber nicht. Ich sagte dann: Pascal hat dich gekannt. Da hat er genickt. Ich sagte weiter: Pascal ist froh, dass es dir gut geht. Da hat er wieder genickt!"

Im Saal herrscht atemlose Stille. Chudoba unterbricht die Ausführungen der Frau nicht mit einer Frage.

Vom 23. November 2006 an widmet sich das Gericht allein der Pflegemutter Andis. Zunächst geht es um Allgemeines. Teusch erkundigt sich, wie viel Geld sie für die Pflege des Jungen erhalte. Die Pflegemutter reagiert höchst empfindlich und weigert sich, einen Betrag zu nennen. Teusch insistiert. Er will wenigstens eine ungefähre Summe wissen. Sie redet sich heraus, bis er aufgibt.

Wenn Verteidiger sie befragen wollen, erkundigt sie sich häufig erst beim Vorsitzenden, ob sie wirklich antworten müsse. „So vieles, was der Junge erzählt hat, ist über Sie zur Polizei gekommen. Daher müssen wir, weil schwerwiegende Straftaten angeklagt sind, ganz besonders sorgfältig klären, wie diese Aussagen zustande kamen – auch wenn Sie dies manchmal als Zumutung empfinden mögen", entgegnet Chudoba. Er spricht jetzt noch eindringlicher: „Sie glauben sicher, was das Kind Ihnen erzählt. Aber Sie haben dieses Verfahren in Gang gebracht. Sie wollen uns überzeugen. Daher müssen wir fragen."

Etwas indigniert beschreibt sie daraufhin die Anfangsmonate mit Andi und wie sie ihm nach einer Zeit des Zögerns klargemacht hat, dass er in ihrer Familie aufwachsen dürfe.

Teusch merkt man seine Skepsis an: „Sie wussten noch nichts von sexuellem Missbrauch, sondern Sie hatten nur von Vernachlässigung gehört. Wieso gingen Sie von Dauerpflege aus?" – „Das war eine Absprache mit dem Jugendamt: Das

Kind dürfe nie mehr zu seiner leiblichen Mutter, hieß es." Sie berichtet, wie sie den Kontakt Andis zu Andrea und Christa sukzessive unterbunden habe. Keine Besuche mehr, immer weniger Telefonate. Mehrfach kommt sie auf den unangekündigten Besuch Andreas anlässlich der Einschulung des Kindes zu sprechen. Rechtsanwältin Neu, in Familiensachen erfahren, fragt, ob es keine Möglichkeit gegeben habe, die Begegnung etwas weniger traumatisierend für das Kind zu gestalten? Und ob es denn üblich sei in Pflegefamilien, auf einen überraschenden Besuch der Eltern so empört zu reagieren?

Die Pflegemutter verteidigt sich. „Ich hoffe, dass alle Pflegeeltern so konsequent sind wie ich. Der Junge war total aufgewühlt. Ich musste ihn schützen!" Wovor? Es wird unruhig im Saal. Chudoba gewährt fünf Minuten Pause. Andrea heult wie ein Kind. „Was macht die mit meinem Andi", schluchzt sie. Im und vor dem Saal wird aufgeregt debattiert.

Als die Verhandlung wieder aufgenommen wird, entspinnt sich eine längere Diskussion über den Vorfall am Swimmingpool, wo der Junge angeblich den „Liebesakt zwischen Mann und Frau" nachzuspielen versucht hat. Chudoba, selbst Großvater, hält die Interpretation der Pflegemutter für „nicht zwingend". Die Zeugin beharrt auf ihrer Meinung. „Ich habe nicht überreagiert. Das sehen Sie schon daran, dass ich die Sache erst mal abgehakt habe. Ich hab' ihn zwar zur Schnecke gemacht. Aber ich habe nur gesagt: ‚Wenn du das noch mal machst, fliegst du hier raus!'" Chudoba: „Dann war es also doch gravierend für Sie!" – „Ich hab' erst reagiert, als mein Sohn vom Sportplatz berichtete, dass Kumpels erzählten, der Junge habe dort sein Glied gezeigt." Chudoba: „Aber das war doch um drei Ecken rum, was Sie da hörten! Sie haben doch selbst gar nichts gesehen! Für ein Kind ist eine solche Situation peinlich, es kriegt Rechtfertigungsdruck!"

Sie wehrt ab: Sie habe nicht gedrängt. Sie habe nichts falsch gemacht.

„Als in den Medien kam, dass Pascal tot sei", sagt sie, „riet mir die Therapeutin, ich solle ihm das beibringen, ehe er es von Schulkameraden erfährt. Es ist ja immer besser, ein Kind vorzubereiten, wenn es erfährt, dass seine Mutter mit einem Mord zu tun hat.

Als Andi von Pascals Tod gehört habe, sei er in ein tiefes Loch gefallen. „Es war eine Art Ohnmacht. Er setzte sich dann ganz intensiv damit auseinander, dass es ihm ja auch hätte passieren können, weil seine Mutter ihm oft den Mund zuhielt und er sich dabei fast tot fühlte. Das hat ihn unheimlich erregt. Es ging natürlich auch an mir nicht spurlos vorüber. Da die Medien ohne Ende von Pascals Tod berichteten, habe sie ihm die traurige Nachricht überbracht, damit er sie nicht aus anderer Quelle erführe. Andi habe daraufhin gesagt, er habe auch mit Pascal oft Sex gemacht. „Ich hab' ihm das geglaubt. Auch, dass der Vater von Pascal an seinem Kind dran war und an dem Andi – das war alles so hammermäßig, was er sagte! Es hat mir gereicht."

Teusch rechnet nach: „Also Mitte August war die Sache am Sportplatz. Am 4. September nehmen Sie an einem Seminar teil und ‚wachen auf', wie Sie sagen. Was war in der Zwischenzeit auffällig an dem Kind?" – „Dazwischen war, ich sag mal, kein deutlicher Hinweis in dieser Richtung. Ich hab' ja nicht gefragt. Später war es dann, als ob ein Stein ins Rollen kommt."

„Er hat ja nichts erzählt von sich aus?", fragt der Vorsitzende „Nein, er hat geblockt, er hat nichts über sein Leben formuliert." Sie habe die Therapeutin in der Beratungsstelle gefragt, wie sie ihn zum Reden bringt.

Chudoba: „Am 7. September notieren Sie, er uriniere jede Nacht ins Bett." – „Ja, anfangs kam das kaum vor. Aber als dann bei uns die Erinnerungen kamen und er zu erzählen anfing, da passierte es immer öfter."

Sie habe ihn immer ermutigt: „Sei stark! Lass es raus!" Als sie bemerkt habe, dass er mit Erzählungen Aufmerksamkeit auf sich ziehen wollte, habe sie versucht gegenzusteuern. Nochmals: Es seien nur Gesprächsangebote gewesen; der Junge habe selbst entscheiden müssen, ob er darauf eingehe oder nicht. „Ich mach' das ja professionell", sagt sie.

Chudoba verbirgt sein Erstaunen nicht: „Er war sechs Jahre alt! Da mach' ich doch kein ‚Gesprächsangebot'! Da rede ich mit dem Kind und komm' dahinter." – „Es ist so, auch wenn Sie's nicht glauben", antwortet die Pflegemutter.

Seit wann sie erstmals an sexuellen Missbrauch gedacht habe, fragt der Vorsitzende. „Seit der Sache mit den Männern in der Tosa, wo er seinen Penis zeigen musste." Außerdem habe der Junge keine Grenzen gekannt: Er sei nackt durchs Haus gelaufen, ohne jedes Schamgefühl ... „Bei den 68ern war das üblich", wirft Chudoba ein und erntet Gelächter bei den Anwälten.

Sie habe beim Stadtverband Saarbrücken ausdrücklich darauf hingewiesen, dass sie kein Kind mit Missbrauchsproblematik wolle. Bis dahin hatte der Junge also als nicht missbraucht gegolten. Es bestand keinerlei Verdacht.

„Das kam dann erst, als ich in der Beratung war", sagt sie vor Gericht. „Als ich dann miterlebte, wie er das alles beschrieben hat – ich krieg' noch immer eine Gänsehaut! Mir war bis dahin nicht bewusst, dass es strafbar ist, wenn ein Kind Geschlechtsverkehr beobachtet. Als dann eine Frau vom Jugendamt sagte, die Mutter prostituiere sich, da dachte ich: Sicher hat er was gesehen."

Wenn der Junge erzählte, habe sich seine Stimmlage geändert. „Es wurde richtig unheimlich. Es war sehr bedrückend. Zwei, drei, vier Männer – das ist ja schlimm für ein Kind. Schon einer hätte mir gereicht." Sie habe ihm erklärt, dass Erwachsene Dinge mit ihm getan hätten, die verboten seien, und dass man dies nun der Polizei sagen müsse.

Nach der ersten großen Offenbarung, als Andi schreiend und in Panik zusammengekauert unter dem Tisch saß, habe sie ihn erst mal vor den Fernseher gesetzt und einen Kinderfilm laufen lassen. „Ich hatte das Gefühl, er geht ein. Er machte immer wieder den Mund auf und wollte es rauslassen. Aber es ging nicht mehr. Er war gefesselt von seiner Angst. Klar, da hab' ich sicher zwanzig- oder dreißig Mal gesagt, dass er die Christa nie wieder sehen wird. Dann musste ich erst mal für mich allein sein und durchatmen."

Oberstaatsanwalt Pattar ist beeindruckt: „Ich muss sagen, ich bewundere Sie, wie sie Ihre Erinnerungen und Emotionen rüberbringen !"

Chudoba: „Warum haben sie ihm eigentlich Bilder von Pascal gezeigt?"

Pflegemutter: „Weil ich wissen wollte, ob er ihn wirklich kennt. Er sagte, dass er die Wohnung von Pascal kennt. Er sei an einem Geburtstag dort gewesen. Als die Gäste dann wegwaren, habe der Vater ‚das' mit ihm und Pascal gemacht."

Chudoba: „Haben Sie mal gefragt, warum er dann immer wieder hingegangen ist?"

Pflegemutter: „Das wäre unprofessionell gewesen, ihm die Verantwortung zuzuschieben."

Teusch lenkt die Vernehmung der Zeugin auf die Warnungen Max Stellers vor suggestiver Beeinflussung: „Es gibt von dem Berliner Psychologen eine Stellungnahme vom März 2003 zu Ihren Notizen. Hat man mit Ihnen darüber gesprochen?"

„Nein", sagt die Pflegemutter. „Der Steller interessiert mich überhaupt nicht. Ich wollte, dass man mir glaubt. Daher habe ich alles festgehalten. Dieses ständige Angezweifelt-werden geht mir auf den Keks! Ich dachte mir: Ich zeichne alles auf, dann kann man mir nichts anhängen."

„Warum haben Sie dem Kind ‚Mutpillen' und ‚Anti-Peinlichkeitskugeln' gegeben?", fragt Teusch weiter. Sie fühlt sich von seinem etwas süffisanten Ton angegriffen, reagiert empört: „Also, das einfach so in den Raum zu schmeißen – das waren

Kugeln …" Währenddessen weint Andrea unablässig. Chudoba beobachtet sie genau.

Es werden Tonbänder abgespielt, die die Pflegemutter von Gesprächen mit Andi aufgenommen hat, „damit die Mama nichts vergisst": „Das war eines der letzten Gespräche. Ich weiß das, weil da Gedanken der Rettung von dem Kind kamen, die ich bis dahin nicht zugelassen hatte. Aber irgendwann müssen die Wunden heilen. Der Junge war noch immer in einem tiefen Loch. Da dachte ich, wir bauen einen Hund ein, der die Kellertreppe runterrennt und die Christa in den Arm beißt, ehe die Axt runtersaust. Der Hund rettet ihn dann."

Die Pflegemutter berichtet von weiteren Geschichten, die sie in ihre Gespräche mit Andi eingebaut habe. Es sind ihre Worte: „Die Mama hat Andi ein Brot geschmiert, und dann hat der Tim ihm sein Teil in den Po gesteckt. Und die Mama legt sich nackig auf ihn. Dann kommt der Hund und beißt die Mama blutig und schleift sie an den Haaren raus, dass es richtig wehtut. Und dann kommen andere große Hunde und knurren den nackten Tom an, bis der auf einen Baum klettert. Dann kommt die Polizei und bringt ihn in eine Klapsmühle. Und die Mama auch." Eine weitere Geschichte geht so: „Die Christa kriegt sicher lebenslänglich. Wenn die rauskommt, ist sie eine alte Frau. Und dann kommt sie in die Klapse."

Diese Rettungsgeschichten, so die Pflegemutter vor Gericht, habe sie ganz bewusst erst am Schluss der Befragungen eingesetzt, weil sie Andi „aus seinem Schmerz und seiner Ohnmacht in eine gewisse Handlungsfähigkeit" bringen sollten. Christa habe ihm schwer zugesetzt. Deshalb sollte er sich etwas ausdenken und herausschreien, was er ihr alles antun könnte. Er sollte die Sau rauslassen dürfen und selber das Ruder in die Hand nehmen. Denn er habe ja nicht mehr schlafen können aus Angst vor seiner Mutter und vor Christa. „Ich hatte auch Spaß daran, das muss ich zugeben", sagt sie kichernd. Und dann, nicht ohne Stolz: „Ich habe mit Andi gearbeitet.

Durch Nachfragen habe ich nur seine Aussagen strukturiert." Mutkugeln seien im übrigen keine Pillen gewesen, sondern sie habe Mut in ihre Hände geblasen und ihm diese Luftkugeln zugeblasen.

Chudoba: „Und wenn Sie ihn gefragt haben, was anschließend war, sagt er: ‚Wurde gefickt, habe gefickt!'"

„Ja. Das ist ja sein Trauma", bestätigt die Pflegemutter. „Da war er völlig ohnmächtig. Deshalb brauchte er Fantasiegeschichten wie die, dass er Hummeln auf seine Mutter hetzt, um wieder handlungsfähig zu werden." Mit Christa habe er auch vielerlei machen wollen. Aber sie habe ihn gefragt, ob er sich wirklich an dieser Person die Finger schmutzig machen wolle. „Das hat ihm dann gut getan."

Chudoba: „Sie überlegen dann weitere Foltermethoden, und die Fotos davon wollten Sie an die Zeitung schicken?" – „Ja, weil diese Christa so supergut in der Zeitung rüberkam."

Chudoba: „Aber 2003 war sie doch noch gar nicht in der Zeitung abgebildet!"

Rechtsanwalt Teusch fordert die Unterlagen zu diesen Gesprächen, er hält das Ganze für „krankhaft". „Ihre Mandantin ist krankhaft", schimpft die Pflegemutter zurück. Chudoba will „im Interesse der Angeklagten" auf die Unterlagen verzichten. „Sie fragen oft: ‚Wer hat das gemacht?'", fährt er fort, „dabei hat Andi noch gar nichts geschildert."

„Herr Vorsitzender, wenn Sie jahrelang mit einem Kind diese Peinlichkeiten durchgesprochen haben, dann wissen Sie, worum es geht."

„Also um die Fickerei?"

„Natürlich. Was meinen Sie, wie es mir dabei ging! Ich kann das alles nicht mehr hören! Das Schlimme war nur", sagt die Pflegemutter, „dass ich dachte, es geht ihm hinterher besser. Dabei ging es ihm noch genauso beschissen wie zuvor."

Christa ist jedes Mal von Neuem entsetzt über das, was die Pflegemutter, selbstbewusst und ohne sich je in Frage zu stellen, bis April 2007 dem Gericht vorträgt. In den Verhandlungspausen spricht Christa beruhigend auf Andrea ein, die in ihrer Hilflosigkeit manchmal völlig durcheinander ist. „Was macht die mit meinem Jungen?“, stammelt sie ein ums andere Mal.

Am 29. März 2007 legt sich die Pflegemutter schließlich mit dem Vorsitzenden an. Sie verlangt, dass während ihrer Befragung eine Schulklasse aus dem Zuschauerraum gewiesen wird. Was sie zu berichten habe, sei nicht für die Ohren Jugendlicher geeignet.

Chudoba: „Dafür sind wir zuständig, nicht Sie.“ – „Ich kann das mit meinem Gewissen nicht vereinbaren.“ – „Wir diskutieren das nicht mit Ihnen. Sie sind hier um auszusagen, nicht um Kommentare abzugeben.“ – „Dann sag ich nichts.“ – „Und wir werden dann strafprozessuale Mittel ergreifen, Ordnungsgeld oder Ordnungsstrafe.“ Chudoba wird laut: „Sie bestimmen hier nicht, was abläuft! Jetzt reicht’s mir!“ Er legt eine Pause ein.

Wieder ruhiger geworden, fährt er fort: „Wenn man Ihre Notizen so liest und Sie anhört, fragt man sich, was Sie denn noch alles wissen wollten von dem Kind. Es ist schwer nachzuvollziehen, was Sie noch wollten. Man hat den Eindruck, das Kind weiß gar nicht mehr, was es auf Ihre Fragerei hin noch antworten soll und macht es dann so, wie es denkt, dass Sie es so von ihm erwarten.“

Die Gesprächsaufzeichnungen brechen im April 2003 plötzlich ab: „Wir waren irgendwann an einem Punkt, an dem es mir reichte. Ich konnte das nicht mehr hören“, erläutert die Pflegemutter. Die Befragungen Andis waren vollends aus dem Ruder gelaufen.

Erst im Oktober 2003 ließ sie den Jungen wieder Tonbänder besprechen. Sie sind erschreckend anzuhören, das Kind ist nicht mehr bei sich. Fast in jedem Satz redet der Junge nun vom Ficken, egal in welchem Zusammenhang. „Da ist die Mama gegangen und hat mich gefickt. Und dann ist sie wiedergekommen und hat mich gefickt“ … Von Pascals Vater behauptet er, der habe auf dem Gesäß eine Tätowierung: „Komm, fick mich."

Oberstaatsanwalt Pattar fragt nach dem Zustand des Kindes heute. „Er hat immer wieder versucht, etwas zu berichten", sagt die Pflegemutter. „Er wurde dabei sehr chaotisch. Es hat ihm mehr geschadet als genutzt. Heute ist er unglaublich wütend auf seine Mutter und auf Tante Christa. Er merkt ja, wenn ich zum Prozess gehe, und wenn ich dann niedergeschlagen heimkomme. Er macht sich Sorgen, ob überhaupt verurteilt wird. Er macht sich wirklich sehr große Sorgen! Er befürchtet, dass Freisprüche kommen. Aber ich bin immer noch guter Dinge. Er hat große Angst und kann das alles nicht begreifen, was hier passiert. Ich hab' ihm eine Tonfigur gebastelt, die den Vorsitzenden darstellt. Die steht bei uns auf der Fensterbank. Es ist ja nicht möglich, einem Kind zu erklären, was hier abläuft. Er steht dann vor der Figur und fragt den Vorsitzenden bang, ob er den Fall wohl auf die Reihe bekomme."

Pattar kommt zu seiner letzten Frage: „Wie ist sein Stuhlgang?" Damit bezieht er sich auf die Aussage eines Rechtsmediziners, dass Andi einen „klaffenden Anus" gehabt habe wie bei Verstopfung. Dabei hat der Rechtmediziner das Kind gar nicht untersucht; die Information stammte von der Pflegemutter. „Bestens", antwortet sie.

Teusch ringt um Fassung. Es dauert einen Moment, bis er die nächste Frage stellt: „Wie ist seine schulische Entwicklung?" – „Gar nicht gut. Wir haben ihn herabstufen müssen auf Lernbehinderung. Er hat jetzt einen zusätzlichen Lehrer für vier Stunden pro Woche und täglich eine Extra-Lehrerin für zwei Stunden." Wie lange er noch psychologischer Betreuung bedürfe, sei nicht annähernd abzusehen. In Abständen komme er in die Psychiatrie. Den Pflegeeltern wurde inzwischen die Vormundschaft für Andi übertragen.

Am 30. Mai 2007 erstattet die Homburger Jugendpsychiaterin Petra Schwitzgebel ihr Gutachten über Andis Aussagetüchtigkeit und seine Erinnerungsfähigkeit, mit dem sie, wie erwähnt, am 29. Dezember 2004, als die Hauptverhandlung schon lief, beauftragt worden ist. Sie hat Andi am 5. März 2005 untersucht. Ergebnis: leicht minderbegabt, IQ 75, auffälliges Bindungsverhalten, ziemlich isoliert in der Pflegefamilie, nur sehr eingeschränkte Spontansprache. Höflich, angepasst, er wirke sehr zurückgezogen. Erhebliche Schwierigkeiten bei einfachen Aufgaben wie Puzzle legen. „Gleichaltrige können viel mehr." Posttraumatische Belastungsstörung, möglicherweise wegen Verwahrlosung. Globaler Entwicklungsrückstand, fast blind auf einem Auge, leichtes Zittern der Hände.

„Ingesamt gehe ich davon aus", so Schwitzgebel, „dass er 2002 aussagetüchtig war; 2005 hingegen, wegen suggestiver Einflüsse, nicht mehr". Der Junge trage ein hohes biologisches Risiko in sich, da seine Mutter als geistig behindert eingeschätzt werde. Außerdem habe sie während der Schwangerschaft Alkohol getrunken, geraucht und sei der Prostitution nachgegangen. Kinder solcher Mütter seien sehr früh auffällig, selbst wenn der Mutter Helfer zur Seite gestellt werden. Da Andis Mutter offenbar selbst Bindungsprobleme habe, habe sie dem Kind auch nichts Festigendes vermitteln können.

Zur Aussageentwicklung bemerkt die Psychiaterin: Die Suggestionshypothese lasse sich nicht zurückweisen. Dennoch: „Einige Übergriffe haben ziemlich sicher zu einer Zeit stattgefunden, als Andi sie sprachlich noch nicht abspeichern konnte. Sie habe den Eindruck, dass er Täter und Tatorte nicht auseinanderhalten könne. „Wahrscheinlich" habe Andi unterschiedliche sexuelle Übergriffe durch verschiedene Täter erlebt. Denn aufgrund seines Mangels an Fantasiebegabung und seiner Retardierung habe er „die Komplexität der verschiedenen sexuellen Übergriffe" nicht erfinden können.

Die Einschätzung Stellers, dass die Aussageentwicklung als geradezu „lehrbuchmäßig“ für suggestive Einflüsse anzusehen sei, teilt Schwitzgebel nicht. Wenn ein Kind „derart sexualisierte Verhaltensweisen wie beim Mann-Frau-Liebesspiel zeigt“, sei das ihrer Auffassung nach schon bemerkenswert. Gewiss sei Andi gegenüber der Pflegemutter in eine peinliche Situation geraten, als diese ihn fragte, warum er immer wieder seinen Penis zeige. „Naheliegend wäre es aber dann aus Sicht des Kindes, spontan auf eine Person aus der näheren aktuellen Umgebung zurückzugreifen.“

Keine Realkennzeichen, die Konstanzprüfung nicht machbar. Leider sei das Kind damals nicht gleich aussagepsychologisch begutachtet worden. Keine Aussagekonstanz bezüglich des Missbrauchs von Pascal: „Ich gehe davon aus, dass diese Aussagen nicht erlebnisfundiert sind.“ Die Qualität der Aussage lasse nach den Richtlinien des Bundesgerichtshofs nicht den Schluss zu, dass der Junge über Erlebtes berichte. Ihr klinischer Eindruck – was sie damit meint, erklärt sie nicht – besage, dass es einen „erlebnisfundierten Kern“ gebe. „Ich halte es für wahrscheinlich, dass er Übergriffe erlebt hat.“ Ob suggestive Einflüsse gewirkt haben, sei nicht mehr zu klären, nur dass sie vorhanden waren. „Ich halte es aber für möglich, dass Täter aus seinem nahen Umfeld kommen.“

Solche Meinungsäußerungen hat der Bundesgerichtshof in der Vergangenheit immer wieder kritisiert. Begutachtung ist nicht eine Sache des persönlichen Glaubens oder des Gefühls. Schwitzgebel glaubt, dass da etwas war. Nachweisen kann sie es mit ihren Methoden der Aussagepsychologie aber nicht. Und allein darauf kommt es an. Fazit: Auch Andis Erzählungen über angeblichen Missbrauch sind kein Beleg dafür, dass etwas Derartiges stattgefunden hat.

Bedauernd fügt Schwitzgebel abschließend hinzu: „Aussagepsychologische Methoden sind bei retardierten Kindern und traumatisierten Personen nicht anwendbar, da die Qualitätsmerkmale erlebnisfundierter Aussagen auf Datengrundlage normal begabter Personen ermittelt worden und die Ergebnisse dieser Studien auf Personen mit Intelligenzdefiziten und auf jüngere Kinder, insbesondere entwicklungsretardierte Kinder, nicht einfach übertragbar sind." Gerade besonders benachteiligte Menschen seien auch besonders oft Opfer. Ausgerechnet die Hilflosesten würden nach Meinung der Gutachterin durch die hohen Hürden des Bundesgerichtshofs am wenigsten geschützt.

Doch die Standards, die der Bundesgerichtshof 1999 für die Begutachtung von Aussageentstehung und Aussageentwicklung festgelegt hat und die die Gutachterin kritisiert, haben sich bewährt, vor allem in komplizierten Fällen. Vielerorts hat seitdem ein Umdenken stattgefunden. Die Mehrzahl der Gutachter hat sich weitergebildet. Und auch die Gerichte sind heute weitaus eher als früher imstande zu beurteilen, ob ein Gutachten nach den Regeln der Kunst erstellt worden ist oder nicht. Insbsondere in komplizierten Fällen helfen die Richtlinien des Bundesgerichtshofs, Irrtümer zu vermeiden, damit Staatsanwälte und Richter nicht länger auf fragwürdige Glaubensbekenntnisse unwissenschaftlich arbeitender Gutachter wie etwa im Münsteraner Montessori-Prozess oder den Wormser Missbrauchsverfahren vor dem Landgericht Mainz hereinfallen.

Die Plädoyers

Pattar ist empört

August 2007. Alle Zeugen sind gehört, die Gutachten erstattet. Der Vorsitzende schließt die Beweisaufnahme. Am 23. August 2007 plädiert Oberstaatsanwalt Pattar. Er beginn mit einer Klage über das „Vor-Urteil" der Kammer durch die Aufhebung der Haftbefehle. „Ich bitte um Nachsicht, dass ich mich an die Öffentlichkeit wende, weil ich einsehe, dass das Gericht wohl nicht hinter diese Entscheidung, die für die Staatsanwaltschaft nicht nachvollziehbar ist, zurückgehen wird." Er hält den Prozess also offenbar für gelaufen und plädiert daher nicht mehr ans Gericht, was seine Aufgabe wäre, sondern ans Publikum. Und verschafft seiner Empörung Luft: „Die Aufhebung der Haftbefehle kam aus dem Nichts! Es hat sich im Lauf der Hauptverhandlung nichts geändert! Ich hätte am dritten Verhandlungstag schon plädieren können." Pattar ist noch immer aufgebracht. Der langsame Zusammenbruch seiner Anklage in der jahrelangen Hauptverhandlung ist ihm offenbar entgangen.

Kritik an suggestiven Befragungen durch die Polizei, wie sie die Kammer geäußert habe, weist er entschieden zurück. „Dass die Polizei gerade nicht ein Ermittlungsergebnis erzwingen wollte, ergibt sich aus den Vernehmungen der Halbschwestern Pascals." Die Polizei habe sogar Professor Steller hinzugezogen, „um ein zweites Worms zu verhindern". „Es waren alles gesetzestreue Ermittlungen! Das muss vom Gericht zugrunde gelegt werden!"

Die Staatsanwaltschaft teile die Auffassung der Gutachterin Schwitzgebel, fährt er fort, dass sich mit den Angaben Andis allein kein Vorwurf belegen lasse. Aber sie seien dennoch nicht bedeutungslos, sondern „der Grundstein der Annahme, dass schwerster sexueller Missbrauch stattfand“. Fraglich sei nicht das „ob“, sondern nur „wann, wo, wie, wer“. Fast schon tragisch sei, dass die Pflegemutter mit „mütterlichem Einfühlungsvermögen erahnt, was dann zur Gewissheit wurde“.

Der Oberstaatsanwalt nimmt weiter die Vernehmungsbeamten in Schutz, vor allem die Beamtin, die die Notizen der Pflegemutter bearbeitet hat. „Ich warte auf den Tag“, polemisiert er, „an dem die Justiz von einem Vierjährigen verlangt, Tagebuch zu führen!“ Das „sexualisierte Verhalten“ des Kindes, das sich selbst als „dreckigen Ficker“ bezeichne und sich Selbstvorwürfe mache wegen seines Lustempfindens – Pattar holt zu einem Treffer gegen die Kammer aus: „Der Vorsitzende zweifelt ja, wie man an seinen Fragen sieht, ob so etwas überhaupt sein kann. Bei der Jugendschutzkammer hatte niemand solche Zweifel. Da weiß man, dass es so etwas gibt!“ Der Oberstaatsanwalt spielt damit darauf an, dass Peter Sch. von der Jugendschutzkammer verurteilt worden ist. Vorbildlich offenbar, nach seiner Meinung.

Anschließend geht er auf „all die lügenhaften Zeugen“ ein, die von der Prostitution Andreas nichts mitbekommen haben wollen: „Die Tosa müsste ja die Größe einer Messehalle haben, wenn dort mal alle ihre Freier zusammengekommen wären!“, höhnt er.

Eine längere Passage seines Plädoyers widmet Pattar dem Fall Peter Sch. „Der ist nicht irgendein Idiot“, sagt er, sondern ein Mann, der seine Schandtaten eben „nicht über die Lippen brachte“. „Suggestion fand nicht statt. Die Leistung der Polizeibeamten ist hervorzuheben, die nichts in ihn hineingefragt haben!“

„Härteste Strafen“ seien zu verhängen: zwischen sechseinhalb und neuneinhalb Jahren wegen Missbrauchs.

Daraufhin kommt er zum 30. September 2001, dem, wie er ihn nennt, „Kinderschändertag“. Wieder ist sein Gewährsmann Peter Sch. „Waren Karaoke auf der Kirmes und sexueller Missbrauch gleichzeitig möglich?“ Der Oberstaatsanwalt beantwortet die Frage selbst: „Sicher! Da geh’ ich eben mal ein Kind ficken.“ Am Missbrauch Pascals durch Peter Sch. bestehe „kein ernsthafter Zweifel“.

Zwar gebe es für den Mordvorwurf „keine objektiven Tatbeweise“. Doch das „Kerngeschehen“ sei schließlich von fünf Angeklagten „unabhängig und übereinstimmend“ berichtet worden. „Wollte man das abstreiten, hieße das ja, dass fünf Leute sich eine Falschaussage zurechtlegen, die dann auch stimmt. Die Unwahrscheinlichkeit steigt dann exponentiell ins Unermessliche!“

Pattar ist nun bei Andrea und holt zu einem Schlag gegen die forensischen Psychologen aus: „Aus tiefster persönlicher Seele sage ich: Hier ist der Kernbereich der Justiz! Die Schwarzkittel sind gefordert!“ Ein „Wahrsager oder was immer auch für ein Sachverständiger“ helfe hier nicht weiter. Andrea und Erika hätten „völlig unabhängig voneinander“ einen schrecklichen Sachverhalt geschildert. Dabei sei die Glaubwürdigkeit von Gabi „von zentraler Bedeutung“. Und auch Erika sei für ihn, den Oberstaatsanwalt, geradezu „die Glaubwürdigkeit in Person“. Sie stehe zu ihrer Mitverantwortung und habe immer wieder ihre Betroffenheit ausgedrückt.

Natürlich könne man einen Mordvorwurf nicht allein auf die Geschichten von Wolfgang D. stützen. Aber die Staatsanwaltschaft gehe davon aus, dass er Pascal in die Tosa gebracht habe.

Pattar spitzt in immer wieder neuen Bildern und Formulierungen zu: Angeklagte, die zumindest „partiell Menschen“ seien. Christa, die „Spinne im Netz“, die „intelligente Steuerfrau“, eine „Person, die sich mit alten, pensionsberechtigten Männern einließ“, aber ohne Tötungsvorsatz gehandelt habe. Denn: „Keiner tötet die Kuh, die er melkt.“ Sie habe die Tatherrschaft gehabt, sei die Zentralfigur gewesen, die kassiert hat. „Sie hat sicher einen Hang zur Begehung von Straftaten“, konstatiert der Ankläger. Über Andrea sagt er: „Warum soll sich eine Gebärmutter auch auf einmal in eine Ziehmutter verwandeln?“ Für ihn ist die Würde eines Menschen offensichtlich antastbar.

Pattars Strafantrag lautet daher auf Lebenslang mit besonderer Schwere der Schuld und Sicherungsverwahrung für Christa, ebenso für Martin R., die „brutalste unter den Zentralfiguren“. Für die angeblichen Kinderschänder Jupp, Michael und Dieter Lebenslang. Für Erika wie auch für Gabi sieben Jahre. Neun Jahre für Wolfgang D. Für Andrea, „die die Wohltat eines Geständnisses selbst aus der Hand gegeben hat“, 14 Jahre neun Monate. Dafür, dass Pattar selbst nicht an eine Verurteilung glaubt, sind das ziemlich schneidige Strafanträge.

Die Kammer unterbricht die Verhandlung. Alle sind wie erschlagen von dieser dröhnenden Rede, die dreieinhalb Jahre Hauptverhandlung ignoriert und offensichtlich nur der Stimmungsmache dient.

Pattar kehrt nach der Pause nicht pünktlich zurück, er lässt die Kammer warten. Chudoba: „Ich empfinde dieses Verhalten als grobe Unhöflichkeit. Es gibt zwei Sprichwörter: Pünktlichkeit ist eine Tugend der Könige. Und: Ist der Ruf mal ruiniert, lebt man völlig ungeniert. So ist das hier wohl.“ Selten ist ein Oberstaatsanwalt von einem Gericht so gerüffelt worden.

Rechtsanwalt Lars Nozar und zwei weitere Kollegen als Vertreter der Halbschwestern Pascals plädieren nicht. Sie enthalten sich jeder Stimmungsmache.

27. August 2007, der 146. Verhandlungstag. 294 Zeugen sind im Lauf der Hauptverhandlung gehört worden. Bei der Polizei haben 454 Zeugenvernehmungen stattgefunden. Die Kammer muss gleichwohl noch einmal in die Beweisaufnahme eintreten. Denn nun will auch Erika widerrufen.

Chudoba: „Warum haben Sie gelogen?"
Erika: „Weil ich im Stress war."
Chudoba: „Wenn ich jedes Mal, wenn ich im Stress bin, lügen würd'! Warum widerrufen Sie erst jetzt? Ich könnt' ja nicht schlafen, wenn ich andere Menschen des Mordes bezichtigen würde und es war nicht so."
Erika nickt. Das versteht sie. Der Vorsitzende könnte dann nicht schlafen.

„Nicht ein einziger Sachbeweis"

Rechtsanwalt Teusch, der die Verteidigung geführt hat – es war ein elendes, mühsames, zermürbendes Geschäft –, beginnt am letzten Verhandlungstag vor dem Urteil für seine Mandantin Christa zu plädieren. In den drei Jahren Hauptverhandlung hat er sie nicht nur gegen die Vorwürfe der Staatsanwaltschaft verteidigt, sondern zeitweise auch gegen einige Mitverteidiger, die Öffentlichkeit und die Medien.

Jetzt zeichnet er eine „lückenlose Indizienkette" nach. Er will beweisen, dass dreizehn Angeklagte nicht nur Glück hatten, weil ihnen nichts nachzuweisen war, sondern nach seiner Auffassung tatsächlich unschuldig sind. Er will beweisen, dass Christa nicht gemordet, nicht gequält und nicht missbraucht hat.

Die Staatsanwaltschaft habe 84 Zeugen aufgeführt für den Mord an Pascal. Und 74 Zeugen für den Missbrauch Andis. Nicht ein Zeuge habe Missbrauch, Mord oder Totschlag bestätigt. Sollen sie alle gelogen haben? Alles, was in der Tosa und in Riegelsberg nicht niet- und nagelfest war, habe man intensivst untersucht, ohne auch nur einen einzigen Sachbeweis zu finden. Immer wieder spricht Teusch den Oberstaatsanwalt an: „Glauben Sie wirklich, dass unsere Sachverständigen und Wissenschaftler so dilettantisch arbeiten? Dass sie DNA nicht finden, nur weil Erika geputzt hat?"

Dann beschreibt er noch einmal den Weg der Ermittlungen. Andi, „der seiner Mutter unter falschen Voraussetzungen weggenommen wurde". Die Pflegemutter, die den Jungen regelrecht einschnürt in ihre Vorstellungen vom sexuellen Missbrauch. „Wollten Sie nicht ein zweites Worms verhindern, Herr Oberstaatsanwalt? Aber Sie haben Herrn Steller wieder heimgeschickt. Wer heute noch behauptet, ein Kind könne sich so etwas nicht ausdenken, der hat nichts gelernt aus den Justizkatastrophen von Münster und Mainz."

Die Geständnisse der Mitangeklagten „sind nicht einen Pfifferling wert", fährt Teusch fort, nicht weil sie widerrufen worden sind, sondern weil sie unter psychischem und körperlichem Druck zustande gekommen seien. Tagelange Verhöre, Nacktfotos. „Warum bei meiner Mandantin und bei Andrea nicht? Warum bei Luddi, dem Missbrauch gar nicht vorgeworfen wurde?"

Weil die einen gestanden haben und die anderen nicht.

„Was muss passiert sein, dass ein junges Mädchen fälschlicherweise zugibt, den kleinen Bruder mit einer Eisenstange erschlagen zu haben? Und die Schwester will zugeschaut haben! Die Ältere sagte später zu Rechtsanwalt Nozar, sie hätte auch zugegeben, gesehen zu haben, wie Christus ans Kreuz geschlagen wurde. Junge Mädchen in solche Aussagen hineinzutreiben, das ist psychische Folter!"

Teusch fragt weiter: Kann man einen Fünfjährigen über Monate vergewaltigen, ohne dass Eltern, Ärzte, Freunde, Kindergärtnerinnen irgendetwas bemerken? Sagt ein kleines Kind nichts, wenn ihm wehgetan wird? Keinen Ton zu niemandem? Wird eine Gabi von heute auf morgen in einen angeblich hochkriminellen, organisierten Kinderschänderring aufgenommen? Nein, nein und nochmals nein.

Dann geht der Anwalt auf die zwei angeklagten Verstöße gegen das Betäubungsmittelgesetz ein, die Christa angelastet werden. Sie hat zugegeben, einmal Haschisch und einmal Ecstasy-Tabletten für ihren älteren Sohn ins Gefängnis geschmuggelt zu haben. „Vor zehn Jahren war der Sohn inhaftiert. Er drohte, Heroin zu nehmen, wenn sie ihm nichts mitbringe. Sie wollte ihn nicht tot im Straßengraben finden. Die Tat ist nicht gerechtfertigt, es gibt keine Entschuldigung. Aber niemand hat das Recht zu sagen: Wer das tut, der mordet auch Kinder!" Eine Verwarnung mit Strafvorbehalt reiche aus. „Es ist kein Grund ersichtlich, dass die Rechtsordnung die Verhängung einer schwereren Strafe verlangt."

Alles Übrige – Misshandlung, Vernachlässigung, eine gefühllose Haltung – entbehre bei seiner Mandantin jeder Grundlage. Das „rechtswidrige, grob fahrlässig herbeigeführte Urteil gegen Peter Sch." – nicht einen einzigen Beweis gebe es für die Anklage. „Ich bitte Sie, Hohes Gericht, zum Ausdruck zu bringen, dass alle Angeklagten wegen erwiesener Unschuld freizusprechen sind."

Als Nächster ist Verteidiger Rehberger an der Reihe. Es ist sein erstes großes Plädoyer. Er befasst sich mit den Ermittlungen und den nicht vorhandenen Fakten. Die Kiesgrube, das verschwundene Fahrrad. Die Entwicklung der Geständnisse, unterlegt von den Berichten der Pflegemutter. Wolfgang D., „der Schlüssel zu diesem Verfahren". Die Fragen der Vernehmungsbeamten. „Die Staatsanwaltschaft will uns weismachen, niemand habe einen Zusammenhang zwischen Pascal und Andi vermutet. Doch!" Rehberger zitiert Vernehmungsbeamte wörtlich. Zum Beispiel die Zusage Pattars gegenüber Gabi: „Wenn Sie nur neugierig reingekuckt haben, passiert Ihnen nichts." Die Geständnisse seien weder unabhängig voneinander entstanden noch deckungsgleich. Ordnungsgemäß zustande gekommen sind sie auch nicht.

Rehberger kommt auf die richterliche Vernehmung Erikas zu sprechen, bei der die anale Vergewaltigung Pascals nachgespielt wurde. Und Oberstaatsanwalt Pattar sich rühmte, eine Wurstsemmel währenddessen gegessen zu haben. „Der Beamte der Geschäftsstelle musste dabei das geschundene Kind darstellen!“ Wie geschmackvoll.

Zum Schluss seines Plädoyers wendet sich Rehberger direkt an Pattar. „Ist die gesamte Beweisaufnahme eigentlich an Ihnen vorbeigegangen? Ist Ihnen nicht aufgefallen, dass Sie die Falschen angeklagt haben? Wissen Sie nichts von den Standards für Glaubhaftigkeitsbegutachtung des Bundesgerichtshofs? Kamen die Gutachter nicht zu dem Ergebnis, dass Andrea, Erika und Peter Sch. nur höchst bedingt aussagetüchtig sind?“ Und: „Glauben Sie wirklich an hervorragende Arbeit der Polizei?“

Rehberger fordert für seinen Mandanten Michael Freispruch.

Auch Rechtsanwalt Haseneier, der Martin R. verteidigt, erhebt schwere Vorwürfe gegen die Staatsanwaltschaft. „Es ging nicht darum, ob die Angeklagten es überhaupt waren, sondern nur noch, wie hoch man sie verurteilen kann. Die Beweislage, so dünn sie auch war, wurde nie in Frage gestellt. Mein Mandant befand sich zur Tatzeit gar nicht auf freiem Fuß!“

Der Vorsitzende Richter Chudoba nickt: „Richtig. Es wurde überprüft.“

Rechtsanwalt Schröder plädiert für Andrea. Er gibt zu, vor drei Jahren nicht geglaubt zu haben, dass er heute Freispruch beantragen würde. Doch nun tut er es, überzeugt und überzeugend.

Für Erika ist ein neuer Verteidiger erschienen, der offenbar das Plädoyer seines Vorgängers „völlig überarbeiten musste“, nachdem die Angeklagte kurz vor Torschluss, auf eigene Faust offenbar und in den Grenzen ihrer Möglichkeiten, doch noch widerrufen hat. Er erledigt die unangenehme Aufgabe routiniert.

„Als Verteidiger tut man sich schwer mit einer Anklage, die auf den ersten Blick schlüssig erscheint“, sagt Rechtsanwalt Hennig offen. Doch von den Angaben seines Mandanten

Wolfgang D. sei leider „gar nichts“ zu halten. „Er glaubte, eine schlüssige Aussage machen zu müssen, und vergaß, dass er die Wahrheit sagen sollte.“ Treffender kann man D. nicht charakterisieren.

Jetzt, nach dreieinhalb Jahren Hauptverhandlung, sind sich alle Verteidiger einig. Der Verdacht, in der Tosa-Klause seien Kinder sexuell missbraucht worden, sei haltlos. „Alles Kappes“, sagt Rechtsanwalt Valentin am Ende seines Plädoyers trocken. Es kommt Gelächter auf, das aber im Hals stecken bleibt.

Das Urteil

„Kann sein – kann nicht sein"

Wenn eine Straftat nicht nachzuweisen ist, kann in einem Rechtsstaat nicht verurteilt werden. Ein Freispruch kann aus rechtlichen Gründen ergehen, wenn zum Beispiel die angeklagte Sache verjährt ist. Oder aus tatsächlichen Gründen, wenn nach der Beweisaufnahme kein hinreichender Tatverdacht mehr besteht. Oder es nicht genügend Beweise dafür gibt, dass der Angeklagte die Tat begangen hat. Wenn aber nicht ein einziger Beweis für eine Tat vorhanden ist, liegt der Gedanke nahe, dass sich diese Tat wohl nicht ereignet hat.

Im Fall Pascal ist nach sechs Jahren Ermittlungstätigkeit und drei Jahren Prozessdauer weder erwiesen, dass der Fünfjährige ermordet worden ist, noch von wem. Und ob in der Tosa-Klause je ein Kind missbraucht worden ist, ist so fraglich, dass sich eher das Gegenteil denn ein solcher Verdacht beweisen ließe.

Also werden am 7. September 2007, dem 147.Verhandlungstag des Pascal-Prozesses, alle Angeklagten vom Vorwurf des Mordes und des sexuellen Kindesmissbrauchs freigesprochen. Nur Christa wird wegen zweier Verstöße gegen das Betäubungsmittelgesetz zu einem Jahr Freiheitsstrafe auf Bewährung verurteilt.

Sieben Angeklagte seien für die erlittene U-Haft zu entschädigen, so das Gericht. Andrea aber, Erika, Gabi, Horst und Wolfgang D., die sich und andere bezichtigt, dies widerrufen und als unwahr bezeichnet haben, in der Hauptverhandlung jedoch zum Teil erneut Geständnisse vorgebracht haben, sei eine solche Entschädigung zu versagen. Ihr Aussageverhalten, so die Kammer, sei die wesentliche Ursache für die Anordnung und Dauer ihrer Untersuchungshaft gewesen, so dass es dem Gericht angemessen erscheine, ihnen eine Entschädigung zu versagen.

Trotz umfassender Aufklärungsbemühungen hatten sich die Richter entweder nicht zu einer einheitlichen Meinung durchringen können – oder sie wollten die Erwartungen der Öffentlichkeit nicht irritieren, indem sie unmissverständlich erklären, es habe sich weder Mord noch Kindesmissbrauch nachweisen lassen. Sonst hätten sie ihr freisprechendes Urteil anders begründet. Etwa mit folgenden Worten:

Die Hauptverhandlung hat nicht den Beweis erbracht, dass der am 30. September 2001 in Saarbrücken verschwundene fünfjährige Pascal, wie von der Anklage behauptet, in der Burbacher Tosa-Klause brutal missbraucht und dann getötet wurde. Die Angeklagten sind daher vom Vorwurf der Vergewaltigung und des Mordes freizusprechen.

Und dann hätte die Kammer jene Gründe aufgezählt, die sie zu dieser Überzeugung bewogen haben. Zum Beispiel:

Dass nach der Beweisaufnahme nicht sicher festzustellen ist, ob Pascal überhaupt in der Tosa-Klause war. Dass auch nicht von der Richtigkeit der Angaben Peter Sch.s auszugehen ist. Dass ein systematischer Missbrauch von Kindern in der Gaststätte nicht nachweisbar ist. Dass die Eltern Pascals nichts bemerkt haben. Dass die angebliche Verabredung zur Tötung Pascals ein Fantasieprodukt der Angeklagten Erika ist. Dass Jupp nicht vor 17 Uhr in der Tosa gewesen sein kann und bezüglich Wolfgang D.s und Peter Sch.s gar nichts sicher festzustellen ist.

Die Kammer hätte außerdem die vielen anderen Gründe aufgeführt, die Widersprüche in den Geständnissen, die suggestiven Einflüsse, die unzulässigen Vorhalte in den Vernehmungen, die vorschnelle Festlegung der Ermittler auf die Vermutungen der Pflegemutter und so fort.

Der Vorsitzende hätte bereits in der mündlichen Urteilsbegründung, wie später auf Seite 278 und 279 des schriftlichen Urteils ausgeführt, die naheliegenden, die Anklage auslösenden Faktoren aufgezählt:

„Denkbar ist insofern die These, dass ausgehend von den Angaben Andis … eine sich verselbständigende ‚Lawine' in Gang gesetzt wurde. Hierbei ist zu bedenken, dass nach den Angaben Andis zunächst in großem Stil die mutmaßlichen Mitglieder einer ‚organisierten Kinderschänderbande' verhaftet wurden und der Tatort, eine Kneipe mitten im Stadtteil Burbach, versiegelt wurde. Bereits dies war einerseits von einer nicht unerheblichen Medienpräsenz begleitet und führte andererseits zu weitverbreiteten Gerüchten im Stadtteil. Weiter ist der immense Aufwand und insbesondere der erhebliche Polizeidruck zu berücksichtigen. Sowohl die über ein Jahr erfolglos nach Pascal ermittelnde ‚Soko Hütte' als auch die zur Hebung des ‚Kinderschänderringes' gebildete ‚Soko Riegel' bestand aus jeweils zehn bis zwanzig festen Mitgliedern sowie insgesamt über 100 ermittelnden Beamten, die keinerlei objektive Beweise, sondern nur die zu Vernehmenden zur Verfügung hatten. Es könnte dann ausgerechnet der Anklagte D. mit seinen mutmaßlichen Fantasiegeschichten gewesen sein, der die vorherige, zwar plausible, aber zunächst reine Arbeitshypothese der ermittelnden Beamten verstärkt haben und gemeinsam mit den Angaben Andis die ‚Lawine vergrößert' haben könnte. Die Verbindung des ‚Kinderschänderringes' mit dem für sich genommen bereits Aufsehen erregenden Verschwinden des fünfjährigen Pascal könnte wiederum einerseits die Gerüchte, andererseits den – verständlichen – Ehrgeiz der ermittelnden Beamten verstärkt haben. Das weitere Problem könnte dann vor dem Hintergrund insbesondere darin gelegen haben, dass die unter der sich zuvor bestätigten Arbeitshypothese durchgeführten Vernehmungen insofern auf einen fruchtbaren Boden gefallen sein könnten, als dass die ‚gestehenden' Angeklagten bzw. Zeugen ausnahmslos randständige, debile oder jedenfalls suggestible Personen gewesen sind, die sich dann durch gegebenenfalls ausgiebige Vorhalte – was von den hierzu in der Hauptverhandlung als Zeugen vernommenen Vernehmungsbeamten jedenfalls teilweise bestätigt wurde – gegenseitig bestärkt haben könnten. Dass vor diesem Hintergrund in diesem Umfeld und in diesem Verfahren falsche Geständnisse und falsche, diese falschen Geständnisse bestätigende Zeugenaussagen nicht nur theoretisch möglich sind, zeigen die diesbezüglichen ‚Geständnisse' der Schwestern Pascals, der Zeuginnen Maria und Daniela, die darüber hinaus noch von der damaligen ‚Zeugin' Anna bestätigt wurden, sowie darüber hinaus die Bekundungen und ebenfalls ‚geständigen' Einlassungen des Angeklagten D. Soweit sich mithin die dargestellten Einlassungen und Bekundungen der Angeklagten Gabi, Andrea, Erika, Wolfgang D., Horst sowie des Verurteilten Peter Sch. scheinbar – teilweise – gegenseitig stützten, erfährt dies vor dem Hintergrund der Hypothese, dass die genannten Personen vorsätzlich, aufgrund von suggestiver Beeinflussung oder wegen ihrer grundsätzlich mangelnden Aussagetüchtigkeit die dargelegten Vorwürfe der Wahrheit zuwider schilderten und die von anderen behaupteten Vorgänge lediglich im Nachhinein bestätigten, keine zusätzliche Beweiskraft."

Doch all dies sagt Chudoba in der mündlichen Urteilsbegründung nicht. Im Gegenteil.

Er sagt: „Dem Gericht erscheint es durchaus möglich, dass sich das Tatgeschehen so abgespielt hat, wie es in der Anklage beschrieben ist." Es sei weder der Nachweis der Schuld noch der Nachweis der Unschuld gelungen. „Der Verdacht bleibt." Es gebe sogar „deutlich überwiegende Gründe, dass sich Christa, Andrea und Martin R. im Sinne des Kerngeschehens strafbar gemacht haben".

Es spreche „viel für irgendeinen sexuellen Missbrauch Andis, der sich im Umfeld von Andrea und Christa ereignet hat". Bei einer Gesamtwürdigung komme die Kammer sogar zu dem Schluss, dass die Angeklagten die Taten „höchstwahrscheinlich begangen haben". Die Schilderung „scheußlicher Taten durch die Angeklagten" sei durchaus belastend. Die Staatsanwaltschaft habe ein „schlüssiges und in sich stimmiges Bild von den Vorwürfen" gezeichnet, „was passiert sein könnte und möglicherweise so war". Das Gericht teile manches durchaus. Es spreche jedenfalls mehr für als gegen die Anklage. Einerseits.

„Dies alles reicht aber nicht für eine zweifelsfreie Überzeugung", fährt Chudoba fort. Auf einen Verdacht lasse sich keine Verurteilung stützen. Denn es fehle an Beweismitteln, die die Geständnisse stützten. Es gebe keine neutralen Zeugen, die die Angeklagten belasteten. Und bei keinem der Angeklagten seien einschlägige Vorstrafen zu verzeichnen. Zahlreiche Angaben in den Geständnissen seien eindeutig widerlegt, etwa der angebliche Ablageort der Leiche Pascals in der Kiesgrube sowie Zeitangaben.

Auch habe man für eine „verschworene Tosa-Gemeinschaft" keinen Beleg gefunden. Zudem gebe es bei den geständigen Angeklagten psychiatrische Besonderheiten und Motive für Falschbeschuldigungen. Auch „im Kern des Angeklagegeschehens" finde man Widersprüche und Unstimmigkeiten. „Zweifel bleiben", sagt Chudoba, „ein Bild ergibt sich nicht." Andererseits.

Dann verliest der Vorsitzende noch einmal die Behauptungen der Anklage mit sämtlichen schaurigen Details – es ist nach der Verlesung der Anklageschrift zu Prozessbeginn und dem Plädoyer von Oberstaatsanwalt Pattar nun das dritte Mal, dass sie in aller Ausführlichkeit öffentlich vorgetragen wird –, um am Ende hinzuzufügen: „Doch die Täterschaft und die Beteiligung daran ist nicht nachzuweisen."

Er zählt die Angaben von Wolfgang D., Gabi, Horst, Erika und Andrea zum Ablauf des Nachmittags am 30. September

2001 auf, „die im Wesentlichen die Anklage bestätigen". Die aber auch widerrufen worden seien. „Wenn Peter Sch. und Wolfgang D. zweifelsfrei zu glauben wäre, wäre eine Verurteilung der Angeklagten möglich", so Chudoba. „Hätte Peter Sch. tatsächlich Andi missbraucht, wäre das ein gewichtiges Indiz." Doch auf Sch.s Angaben ließen sich keine Feststellungen stützen. „Von der Richtigkeit seiner Angaben kann man nicht ausgehen." Die Mutter Pascals habe wie auch Ärzte, Erzieher und Betreuer nicht den geringsten Verdacht eines systematischen Missbrauchs des Kindes gehabt und so weiter und so fort.

Hier liege „ein Grenzfall" vor, so der Vorsitzende. „Sowohl die Annahme von Schuld als auch von Unschuld ist möglich." Die Unschuld der Angeklagten jedenfalls sei nicht bewiesen. Was die Verteidiger Teusch und Rehberger gegen die Anklage angeführt hätten, sei „wenig wahrscheinlich, aber auch nicht ganz auszuschließen".

Es fällt immer schwerer, Chudoba zu folgen. Seit wann müssen Angeklagte ihre Unschuld beweisen? Die Justiz hat ihnen eine Schuld nachzuweisen, nicht umgekehrt.

Es gebe keinen Anhalt, sagt der Vorsitzende weiter, dass die Vernehmungsbeamten „bewusst und gewollt" etwas in die Beschuldigten hineingefragt hätten. Den Beamten sei „nicht der geringste Vorwurf" zu machen, ihr Verhalten sei absolut verständlich gewesen. Und der Pflegemutter, deren Angaben zu den Ermittlungen Anstoß gegeben hatten, dankt er „im Namen der Kammer ausdrücklich für ihre Bemühungen zur Aufklärung". Sie werde mit dem Ergebnis des Prozesses bestimmt „äußerst unzufrieden" sein, und es sei sicher schwer, Andi dieses Urteil zu vermitteln, „ohne noch weitere Schäden anzurichten".

War das nun Ironie? Oder Zynismus? Oder eine Anweisung von „oben"?

Hat die Polizei die Geschichte mit dem „Frischfleisch" etwa unbewusst und ungewollt erfunden, die der törichte Wolfgang D. am Ende bestätigt hat? Ist ihr Anerkennung dafür zu zollen, dass in manchen Vernehmungen massiv gegen rechtsstaatliche Gebote verstoßen worden ist? Verdient sie Lob, weil sie sich zur Jagd nach einer Chimäre hat verleiten lassen und andere Spuren möglicherweise nicht ernst genug nahm oder übersah?

Wird ein Kind noch weiter geschädigt, möchte man fragen, wenn es erfährt, dass seine Mutter *keine* Mörderin ist?

Diese Ehrenerklärungen gegenüber einer Polizei und Staatsanwaltschaft, deren Ermittlungen fehlgingen, und der ausdrückliche Dank für die fabelhafte Aufklärungshilfe der Pflegemutter widersprechen jedenfalls den bisweilen sarkastischen und mit Kritik getränkten Anmerkungen des Vorsitzenden während der Hauptverhandlung in Richtung Polizei und Staatsanwaltschaft.

Eine Party für die Polizei

Die mündliche Begründung der Freisprüche, passagenweise auch das schriftliche Urteil der Kammer, ist streckenweise bald so widersprüchlich wie die Geständnisse eines Teils der Angeklagten. Auf der einen Seite wird aus tatsächlichen Gründen freigesprochen, weil das Ergebnis der Hauptverhandlung kein anderes Ergebnis zulässt. Auf der anderen Seite bringt die Kammer größtes Verständnis für die Anklage auf.

Wenn es keinen Beweis dafür gibt, dass Pascal am Kirmessonntag 2001 überhaupt in der Tosa-Klause war, dann kann es auch keinen Beweis für irgendeine Tat zu seinem Nachteil dort geben. Da es tatsächlich nicht einen einzigen Beweis für irgendeine solche Tat in der Kneipe gibt, kann sie nicht gleichzeitig „höchstwahrscheinlich" doch geschehen sein. Eine solche Argumentation einer Landgerichtskammer ist überaus ungewöhnlich, vor allem nach einer so langen, gründlich geführten und mit einem eindeutigen Ergebnis endenden Hauptverhandlung. Wie muss man sich das erklären?

Das unentschlossene und unbefriedigende „Kann sein – kann nicht sein“ des Gerichts mag damit zu tun haben, dass zu Prozessbeginn die Reihenfolge der zu behandelnden Anklagevorwürfe unglücklich gewählt worden war. Man fing erst einmal an, über den Mordvorwurf zu verhandeln, ehe man nach mehr als zwei Jahren zum Thema Missbrauch kam. Hätte man in der Hauptverhandlung die zweifelhafte Entstehung und Entwicklung von Andis Aussagen rechtzeitig von einem ausgewiesenen Fachmann begutachten lassen – denn aus ihnen speiste sich ja der Verdacht der Pflegemutter vom Missbrauch in der Tosa-Klause, und dieser wiederum nährte die Vorstellungen der Polizei vom Mordgeschehen –, dann wäre die Kammer möglicherweise zu klareren und eindeutigeren Schlussfolgerungen gelangt. Das späte Gutachten der Psychiaterin Schwitzgebel, das zu dem Schluss kam: „Es war was, aber ich weiß nicht, was“, hat dem Gericht nicht weitergeholfen.

Doch es drängt sich noch eine andere Frage auf. Kam es dem Gericht bei der Formulierung des Urteils vielleicht auch darauf an, das Vertrauen der Bevölkerung in die Polizei und die Gerichtsbarkeit nicht zu erschüttern? Das Saarland ist ein kleines, überschaubares Bundesland, in dem das Ansehen von Polizei und Staatsanwaltschaft nicht in Misskredit geraten soll. Unter Umständen ist eine solche Erwartungshaltung auch von der politischen Führung angedeutet worden – sofern es sich in dem verfilzten Ländchen am Rand der Republik nicht ohnehin von selbst verstand. Kurz nach Beginn des Pascal-Prozesses hieß es in Regierungskreisen bereits, das Verfahren werde wohl ausgehen „wie das Hornberger Schießen“. Da war Solidarität mit der Polizei angesagt. Die Ermittlungsbeamten wurden jedenfalls von der damaligen CDU-Innenministerin Annegret Kramp-Karrenbauer zum Dank für ihre erfolgreiche Aufklärungsarbeit zum privaten Grillfest eingeladen – eine auch von den Medien viel beachtete Geste.

Der Gedanke, das Ansehen der Justiz keinesfalls beschädigen zu dürfen, ist schon deshalb nicht abwegig, weil Polizei und Staatsanwaltschaft in ihren öffentlichen Äußerungen bereits frühzeitig den Eindruck erweckt hatten, dass Missbrauch und Tötung Pascals durch ihre Ermittlungen zwingend nachgewiesen seien. Die Medien zweifelten denn auch nicht daran. Wie aber soll eine Öffentlichkeit, der seit 2002 die Geschichte vom organisierten „Kinderschänderring" in Burbach und der durchtriebenen, geldgierigen Hexe Christa eingetrichtert wird, den Freispruch aller Angeklagten verstehen, wenn das Gericht sich am Ende auch noch vor einer klaren Begründung drückt?

Freisprüche wie im Pascal-Prozess liefern die Angeklagten dem Volkszorn aus. Der Makel bleibt an ihnen haften, während die Richter sich die Hände in Unschuld waschen. Gegen einen Freispruch kann ein Angeklagter sich nicht wehren. Es steht ihm kein Rechtsmittel zur Verfügung, wenn ein Gericht ihm dabei nachsagt, „höchstwahrscheinlich" habe er die Tat doch begangen. Das Saarbrücker Gericht urteilte pflichtgemäß „im Zweifel für die Angeklagten". Im Grunde aber urteilte es „im Zweifel *gegen* die Angeklagten".

Nachwort
Lehren aus dem Saarbrücker Prozess

Von Günter Köhnken

Von Pascal fehlt seit dem 30. September 2001 jede Spur. Dreizehn Personen wurden des sexuellen Kindesmissbrauchs, des Mordes oder der Beihilfe dazu beschuldigt, in Untersuchungshaft genommen und angeklagt. Einige von ihnen gestanden in den Vernehmungen, das Kind getötet zu haben. Nur wenig später widerriefen sie ihr Geständnis. Schließlich widerriefen einige den Widerruf und auch den Widerruf des Widerrufs. Ein umfangreiches Strafverfahren wurde durchgeführt. Es endete mit Freisprüchen, obwohl, so das Gericht in seiner Urteilsbegründung, es durchaus möglich erschien, dass sich die Tat wie in der Anklage geschildert, ereignet haben könnte. Die Schilderung scheußlicher Taten durch die Angeklagten habe diese belastet. Die Selbstbezichtigungen der Angeklagten scheinen für die Meinungsbildung des Gerichts eine besondere Rolle gespielt zu haben.

Gisela Friedrichsen hat in diesem Buch die Entwicklung der Ermittlungen und des Strafverfahrens aus der Perspektive der Gerichtsreporterin nachgezeichnet. Sie hat dabei eine Verbindung hergestellt zu den großen Missbrauchsverfahren der 1990er Jahre vor den Landgerichten Mainz und Münster. Zahlreiche Kinder hatten damals zunächst einzelne, später immer mehr Personen beschuldigt, sie in manchmal bizarrer Weise missbraucht und misshandelt zu haben. Die Gerichtsverfahren endeten letztlich mit Freisprüchen für alle Angeklagten.

In Münster und Mainz war es vor allem die Ignorierung der internationalen Forschung zur suggestiven Beeinflussung von Kindern, die zu massiven Problemen für die Beweiswürdigung geführt hatten. Längst vorhandene Erkenntnisse der Suggestionsforschung waren nicht zur Kenntnis genommen, bagatellisiert oder als auf diese Fälle nicht anwendbar hinwegdiskutiert worden.

Immerhin wurden Lehren aus diesen Justizdebakeln gezogen. Das Problem der Verfälschung von Aussagen, der Erzeugung von sogenannten Pseudoerinnerungen durch suggestive Beeinflussungen, wurde von Polizei, Justiz, Gutachtern und auch von Opferschutzorganisationen weithin zur Kenntnis genommen. Der Bundesgerichtshof hat sich mit fachlich unzulänglichen Glaubwürdigkeitsgutachten befasst und Mindestanforderungen für diese Gutachten zusammengestellt. Auch die später veröffentlichten Mindestanforderungen für Schuldfähigkeits- und für Prognosegutachten lassen sich auf die defizitären Glaubwürdigkeitsgutachten in den früheren Verfahren über sexuellen Kindesmissbrauch zurückführen.

Können wir aus dem Saarbrücker Prozess um den verschwundenen Pascal ähnliche Lehren ziehen? Kann er uns zu Erkenntnissen verhelfen, die über den Tag hinausreichen, die Bestand haben, wenn die Emotionen abgeklungen sind?

Waren es in Mainz und Münster suggestiv beeinflusste Zeugenaussagen, so sind es in Saarbrücken darüber hinaus fragwürdige Geständnisse, die zum Nachdenken zwingen. Vielleicht trägt dieses Verfahren dazu bei, sich mit der Problematik falscher Geständnisse ebenso intensiv auseinanderzusetzen wie seinerzeit mit dem Problem suggestiv beeinflusster Zeugenaussagen. Wie verlässlich, so müssen wir uns fragen, sind Geständnisse? Können Geständnisse überhaupt falsch sein? Gibt es wirklich Menschen, die sich einer Tat bezichtigen, die sie gar nicht begangen haben?

Falsche Geständnisse – gibt es die überhaupt?

Falsche Geständnisse sind eigentlich – so wird vielfach argumentiert – ein zu vernachlässigendes Problem. Wer ist schon so dumm, sich selbst einer Tat zu bezichtigen, die er gar nicht begangen hat – abgesehen vielleicht von einer Handvoll psychisch gestörter Personen? Ist das wirklich so? Schaut man in die einschlägige Fachliteratur, so stellt man schnell fest, dass es sich hier keineswegs um ein neu entdecktes Phänomen handelt. Hugo Münsterberg hat bereits 1908 in seinem berühmt gewordenen Buch „On the witness stand" dem Problem falscher Geständnisse ein ganzes Kapitel gewidmet. Er betrachtete falsche Geständnisse als ein „normales" Verhalten von Menschen, welches durch außergewöhnliche Umstände wie dem Schock durch die Festnahme, der Isolierung sowie der Vernehmung als Beschuldigter ausgelöst werden kann.

Bald geriet das Thema allerdings weitgehend in Vergessenheit. Nur einige Psychoanalytiker haben sich noch damit befasst und Falschgeständnisse als einen Selbstbestrafungsmechanismus interpretiert, mit dem das Über-Ich zum Beispiel auf nicht hinreichend unterdrücktes Verhalten reagiert. In der Justiz hat dies kaum eine nennenswerte Rolle gespielt.

Erst seit den 1990er Jahren beobachten wir eine inzwischen bemerkenswert dynamische Entwicklung in den wissenschaftlichen Publikationen zum Phänomen des falschen Geständnisses. Auslöser hierfür waren, wie so oft bei derartigen Entwicklungen, einige spektakuläre Justizirrtümer.

Im Jahr 1989 wurde eine junge Frau im New Yorker Central Park überfallen, vergewaltigt und so schwer misshandelt, dass sie lebensgefährliche Verletzungen erlitt. Bereits wenige Tage nach diesem Überfall wurden mehrere farbige Jugendliche festgenommen. Vier von ihnen gestanden in den nachfolgenden Vernehmungen die Tat. Die Videoaufzeichnungen dieser Geständnisse wurden im Gericht vorgeführt und überzeugten die Geschworenen so sehr, dass sie zu einem Schuldspruch kamen. Die Angeklagten schilderten in ihren Geständnissen detailliert, wie die Frau angegriffen wurde und wer in welcher Weise an der Tat beteiligt gewesen sein soll. Einer der Jugendlichen demonstrierte sogar, wie er dem Opfer die Hose heruntergezogen haben wollte.

Dreizehn Jahre später gestand ein bereits wegen anderer Vergewaltigungen inhaftierter Mann aus eigener Initiative, dass er diese Tat im Central Park allein begangenen habe. Eine nachträglich durchgeführte DNA-Analyse bestätigte seine Angaben. Die zunächst verurteilten Jugendlichen konnten als Täter ausgeschlossen werden (Kassin, 2002; Saulny, 2002). Dieser Fall löste heftige Diskussionen in der amerikanischen Öffentlichkeit aus und führte in der Folge zu einer Intensivierung der Forschung über Häufigkeit und Ursachen falscher Geständnisse. Vor allem Saul Kassin, Psychologieprofessor am Williams College in den USA, hat dieser Forschung entscheidende Impulse gegeben.

In Großbritannien hatte der Fall der sogenannten „Birmingham Six" einen ähnlichen Effekt. Im Jahr 1975 waren sechs Iren wegen Mordes in 21 Fällen zu langjährigen Haftstrafen verurteilt worden. Sie sollten für zwei Bombenanschläge in Birmingham verantwortlich gewesen sein. Während der Vernehmungen waren sie unter Druck gesetzt worden. Man hatte ihnen vorgehalten, dass an ihrer Kleidung Sprengstoffspuren entdeckt worden seien. Vier der sechs Beschuldigten unterschrieben schließlich ein schriftliches Geständnis. Im Jahr 1991 wurde das Urteil vom britischen Court of Appeal aufgehoben, unter anderem weil Beweismittel unterdrückt worden waren. Die hierdurch in Großbritannien ausgelöste breite Diskussion hatte zur Folge, dass von der Regierung auf der Grundlage wissenschaftlicher Gutachten verbindliche Richtlinien zur Vernehmung von Beschuldigten und deren Dokumentation erlassen wurden.

Kann man von diesen – und ähnlichen – Einzelfällen auf die Verbreitung des Problems falscher Geständnisse schließen? Die tatsächliche Häufigkeit falscher Geständnisse lässt sich kaum zuverlässig abschätzen, da es an objektiven Außenkriterien mangelt. Und außerdem: Ist ein Urteil erst einmal rechtskräftig geworden, sind die Hürden für eine Wiederaufnahme des Verfahrens sehr hoch. Wer wird sich der Mühe unterziehen, in einer nahezu aussichtslosen Konstellation nach Unschuldsbeweisen zu suchen, die es möglicherweise gar nicht gibt? Für den (vielleicht zu Unrecht) Verurteilten kann es ungünstig sein, sich gegen das Urteil aufzulehnen. Dies könnte ihm als mangelnde Einsicht ausgelegt werden, die einer Resozialisierung im Wege steht. Und schließlich hat er doch gestanden. Wo also ist das Problem?

Wie kann die Häufigkeit falscher Geständnisse angesichts dieser Schwierigkeiten überhaupt einigermaßen verlässlich abgeschätzt werden? Gisli Gudjonsson, Psychologieprofessor am Londoner King's College, ist neben Saul Kassin einer der führenden Wissenschaftler in diesem Bereich. Er hat in einer Reihe von Untersuchungen Personen dazu befragt, ob sie jemals ein falsches Geständnis abgelegt haben. In Island wurden inhaftierte Straftäter befragt. Von diesen räumten 12 Prozent ein, sich schon einmal fälschlicherweise einer Tat bezichtigt zu haben. Nach den Gründen befragt, gab die Mehrzahl dieser Personen (51 Prozent) an, dass sie dadurch dem auf sie ausgeübten (oder subjektiv erlebten) Befragungsdruck entkommen wollten. Den Schutz anderer Personen nannten 48 Prozent, 40 Prozent wollten durch ein Geständnis einer Inhaftierung entgehen. Weniger als ein Drittel derjenigen, die ein falsches Geständnis abgegeben hatten, gaben an, es vor der Hauptverhandlung zurückgezogen zu haben. 72 Prozent berichteten, dass es aufgrund des falschen Geständnisses zu einer Verurteilung gekommen sei.

In einer sehr umfangreichen Fragebogenstudie haben Gisli Gudjonsson und Mitarbeiter (2006) mehr als 10 000 isländische Schüler im Alter von 16 bis 24 Jahre befragt. Etwa jeder Fünfte (18,6 Prozent) gab an, schon einmal wegen eines Deliktes befragt worden zu sein. Von denjenigen, die schon einmal als Beschuldigte vernommen worden waren, gaben 7,3 Prozent an, ein falsches Geständnis abgegeben zu haben. Dieser Anteil war mit circa 12 Prozent am höchsten bei denjenigen Personen, die mehrfach vernommen worden waren.

Diese Daten können aufgrund der Probleme bei der Schätzung der Häufigkeit falscher Geständnisse nur vorsichtig interpretiert werden. Sie zeigen jedoch, dass es sich hierbei nicht etwa um ein extrem seltenes, unwahrscheinliches Phänomen handelt. Falsche Geständnisse kommen vor, und sie kommen offenbar deutlich häufiger vor, als man es angesichts der teilweise schwerwiegenden Konsequenzen für die Betroffenen erwarten würde.

Papier ist geduldig, so mag man gegen diese Forschungsergebnisse einwenden. In einer anonymen Befragung anzugeben, man habe schon mal ein falsches Geständnis abgelegt, ist nicht vergleichbar mit einem Ernstfall, in dem möglicherweise eine langjährige Haftstrafe droht.

Inzwischen gibt es jedoch auch zahlreiche Erkenntnisse aus realen Strafverfahren, die die Ergebnisse von Gudjonsson und seinen Mitarbeitern in besorgniserregender Weise bestätigen. In der Fachliteratur werden spektakuläre Fälle berichtet, in denen sich Personen manchmal eines schweren Verbrechens bezichtigen. Manche Menschen erscheinen mit einer gewissen Regelmäßigkeit bei der Polizei, um immer wieder neue Delikte zu „gestehen". Nach der Entführung des Lindbergh-Babys im Jahr 1932 bezichtigten sich fast 200 Personen der Tat. In den 1980er Jahren hat ein gewisser Henry Lee Lucas sich für mehrere Hundert ungeklärte Mordfälle als Täter ausgegeben (Kassin & Gudjonsson, 2004). Radelet, Bedau & Putnam (1992) haben von einer (tatsächlich unschuldigen) Person berichtet, die sich eines Mordes bezichtigt hat, um der Freundin zu imponieren.

Eine Frau, so wird berichtet, hat ein Delikt gestanden, um dadurch eine außereheliche Affäre zu vertuschen. Gudjonsson (2003) berichtet von einem Mann, der aus Verärgerung über seine Festnahme während einer Party einen Mord „gestand", um sich bei der Polizei durch deren Irreführung zu rächen. Diese Beispiele mögen auf den ersten Blick bizarr erscheinen, aber sie dokumentieren, dass es selbst bei schwersten Straftaten falsche Geständnisse gibt und dass diese teilweise eben aus geradezu bizarr erscheinenden Gründen abgegeben werden.

Im Jahr 1992 wurde in den USA von dem Juraprofessor Barry Scheck und dem Strafverteidiger Peter Neufeld das „project innocence" (www.innocenceproject.org) gegründet, eine Non-Profit Organisation, die sich die Aufklärung von Justizirrtümern zum Ziel gesetzt hat. Dabei stützt man sich vor allem auf DNA-Analysen, eine Methode, die zum Zeitpunkt vieler früherer Verurteilungen noch nicht verfügbar war. (Scheck, Neufeld und Dwyer, 2000; Drizin & Leo, 2004). Inzwischen (Stand Juli 2008) konnten in mehr als 200 Fällen Personen, die zu langjährigen Haftstrafen und teilweise sogar zum Tode verurteilt worden waren, aufgrund von DNA-Analysen als Täter ausgeschlossen werden. In etwa 25 Prozent dieser Fälle hatten die Verurteilten ein Geständnis abgelegt!

Diese Zahlen zeigen: Falsche Geständnisse sind ein ernst zu nehmendes Problem. Sie kommen vor, und zwar nicht nur in Extremfällen oder in lebensfremden Laborsituationen. Es sind auch nicht nur geistig verwirrte Personen, die falsche Geständnisse ablegen. Falsche Geständnisse sind wahrscheinlich viel stärker verbreitet, als es gemeinhin angenommen wird. Gisela Friedrichsen hat angesichts dieser Forschungsergebnisse Recht, wenn sie schreibt: „Wer glaubt, er würde nie eine Tat zugeben, die er nicht begangen hat, irrt. Niemand kann sicher sein. Auch seiner selbst nicht." (S. 13)

Wie entstehen falsche Geständnisse?

Wie kommt es zu falschen Geständnissen? Warum gestehen Menschen Taten, die sie nie begangen haben? Gibt es, wie Gisela Friedrichsen fragt (S. 10), gemeinsame Merkmale dieses Phänomens, die regelmäßig festzustellen sind, wenn falsche Geständnisse abgelegt werden? Die bisher vorliegenden Forschungsergebnisse deuten darauf hin, dass es auf diese Frage keine einfache Antwort gibt. Es sind vielmehr sehr unterschiedliche Faktoren, die Menschen dazu veranlassen, sich eines Verbrechens zu bezichtigen. Man wird deshalb die Ursachen falscher Geständnisse nur richtig verstehen können, wenn man sie als ein komplexes System von ineinandergreifenden Zahnrädern begreift. Der in diesem Buch geschilderte Fall der juristischen Abarbeitung des Verschwindens eines Kindes demonstriert das Funktionieren dieses Räderwerks in geradezu frappierender Eindringlichkeit.

Die Beschuldigten

Betrachten wir zunächst die Seite der Beschuldigten, die falsche Geständnisse ablegen. Vor allem Gisli Gudjonsson ist der Frage nachgegangen, ob es bei ihnen bestimmte Merkmale gibt, die das Risiko falscher Geständnisse erhöhen.

Persönlichkeitsmerkmale

Gudjonsson hat falsche Geständnisse mit den Ergebnissen verschiedener Persönlichkeitstests in Beziehung gesetzt. Dabei zeigte sich, dass Personen, die falsche Geständnisse abgelegt hatten, im Durchschnitt ängstlicher und nachgiebiger waren und außerdem häufiger Persönlichkeitsstörungen aufwiesen als diejenigen Personen, die keine falschen Geständnisse berichtet haben. Falschgesteher sind zudem in höherem Maße suggestibel als andere Personen und neigen zu einer Unterordnung unter Autoritäten.

Alter

Das jugendliche Alter von Beschuldigten scheint ein besonderer Risikofaktor für Falschgeständnisse zu sein. In einer Untersuchung von Drizen & Leo (2004) wurden 125 Fälle von schweren Gewaltdelikten analysiert (in 83 Prozent handelte es sich um Tötungsdelikte). Die Autoren berichten, dass ein Drittel der Personen ein Falschgeständnis abgelegt hatten, als sie noch nicht 18 Jahre alt waren. Auch in verschiedenen experimentellen Studien konnte eine erhöhte Anfälligkeit für Falschgeständnisse nachgewiesen werden (Drizin & Colgan, 2004; Redlich, Silverman, Chen, & Steiner, 2004). Die Gründe werden zum einen in der größeren Anfälligkeit für suggestive Beeinflussungen und zum anderen in der Unerfahrenheit Jugendlicher gesehen.

Daniela und Maria, die beiden Halbschwestern des verschwundenen Pascal, waren zum Zeitpunkt ihrer ersten polizeilichen Vernehmungen 17 und 18 Jahre alt.

Intelligenzminderung

Wenn die Suggestibilität bei Personen mit intellektuellen Defiziten größer ist als bei normal begabten Personen und wenn außerdem die Neigung zu einem Falschgeständnis mit dem Ausmaß der individuellen Suggestibilität zusammenhängt, dann ist zu erwarten, dass Personen mit einer Intelligenzminderung eher ein Falschgeständnis ablegen als normal begabte Menschen. Dies ist tatsächlich der Fall. In den von Drizin & Leo (2004) untersuchten Fällen waren mindestens 22 Prozent der geständigen Personen in ihrer Intelligenz eingeschränkt. Personen mit einer Intelligenzminderung haben eine stark ausgeprägte Tendenz, Fragen mit „Ja" zu beantworten, auch wenn diese Antwort unsinnig ist (sie bejahen beispielsweise die

Frage, ob es jemals im Sommer schneit; vgl. Finlay & Lyons, 2002). Ferner ist gezeigt worden, dass intelligenzgeminderte Personen stärker durch in Fragen versteckte irreführende Informationen zu beeinflussen sind (Perlman, Ericson, Esses, & Isaacs, 1994) und die Folgen ihres Verhaltens in Vernehmungen nur begrenzt überblicken (Clare & Gudjonsson, 1995). Eine aktuelle Literaturübersicht zu diesem Thema haben Fulero & Everington (2004) zusammengestellt.

Bei Erika etwa wurde ein IQ von 50 festgestellt.

Psychische Störungen

Gudjonsson (2003) hat mehrere Fälle falscher Geständnisse von Personen beschrieben, die als psychisch gestört diagnostiziert waren. Mindestens zwölf der 125 von Drizen & Leo (2004) analysierten Fälle von Falschgeständnissen lag die Diagnose „psychisch gestört" zugrunde. Vermutlich erhöhen Erinnerungs- und Wahrnehmungsverzerrungen sowie vor allem Defizite in der Realitätskontrolle das Risiko von Falschgeständnissen. Bisher gibt es allerdings erst wenig systematische Forschung über die genauen Wirkungszusammenhänge zwischen bestimmten Formen psychischer Störungen und der Neigung zu Falschgeständnissen (Redlich, 2004).

Die Vernehmungsbedingungen

Die Vernehmungssituation und das Verhalten der vernehmenden Polizeibeamten können das Risiko eines Falschgeständnisses drastisch erhöhen. Gisela Friedrichsen beschreibt in diesem Buch zahlreiche Beispiele für ein fragwürdiges Einwirken auf die Beschuldigten:

Drohungen. Die Nötigung zu einem Geständnis kommt besonders deutlich zum Ausdruck in dem Brief des Oberstaatsanwaltes Pattar an die Beschuldigte Gabi (S. 133). Er hält ihr in diesem Brief vor, dass gegen den Beschuldigten Peter Sch. ohne dessen Geständnis eine deutlich höhere Freiheitsstrafe verhängt worden wäre. Es bedürfe keiner Erwähnung, so fährt er fort, dass die Bereitschaft zur Aufklärung des Sachverhalts auch in ihrem Falle sich im Strafmaß deutlich zu ihren Gunsten auswirken würde.

Beschimpfungen und Vorwürfe. In einer Vernehmung des Beschuldigten Horst K.: „Warum sagen Sie nicht die Wahrheit? Wen wollen Sie decken?“

Ein Polizeibeamter in der Vernehmung Danielas: „So, du hast uns erneut sechs Seiten lang die Unwahrheit gesagt. Jetzt reicht's. Überleg' dir gut, was du jetzt sagst. Wir haben dir schon heute Mittag gesagt, dass du uns nicht verarschen sollst!“ (S. 47). Etwas später: „Willst du uns verarschen? Du lügst doch!“ (S. 48).

Versprechungen. Andrea wurde von Rechtsanwalt Rehberger gefragt, was man ihr bei der Polizei als Gegenleistung für ein Geständnis in Aussicht gestellt habe. Ihr sei, so antwortet sie, gesagt worden, dass sie in die Sozialpsychiatrie komme und dass Teddy dort bei ihr sein könne. Deshalb habe sie gesagt, dass sie mit dem Verschwinden von Pascal etwas zu tun habe (S. 188).

Physische und psychische Überforderung. Physisch erschöpfte, übermüdete Personen sind in besonderem Maße anfällig für suggestive Beeinflussungen. Sie wollen vor allem der extrem unangenehmen Situation entkommen. Die Realitätskontrolle wird zunehmend eingeschränkt. In dieser Verfassung stimmen sie fast allem zu. Daniela beispielsweise. Sie wurde bis 22.45 Uhr vernommen und dann mit einem Polizeifahrzeug nach Burbach gefahren. Gegen 4 Uhr morgens erfolgt dann eine „Nachvernehmung“. Gegen 4 Uhr morgens! Eine 17 Jahre alte Jugendliche!

Vorhalt von Informationen. Wenn mehrere Personen der Beteiligung an der gleichen Tat beschuldigt werden, liegt eine besonders brisante Situation vor. Man kann dann (angebliche oder tatsächliche) Angaben des einen Beschuldigten dem anderen vorhalten. Dadurch wird dieser nicht nur unter Druck gesetzt. Er kann sich auch der vorgehaltenen Informationen bedienen, um damit sein „Geständnis" anzureichern. Später wird ebendies als Beleg für die Glaubhaftigkeit des Geständnisses gewertet: wer nicht selbst an der Tat beteiligt gewesen ist, so wird argumentiert, hätte diese Details nicht beschreiben können!

Gisela Friedrichsen beschreibt ein Beispiel genau dieser Konstellation auf S. 135f. Die Vernehmungsbeamten tauschten sich offenbar regelmäßig darüber aus, was sie von jeweils anderen Zeugen bzw. Beschuldigten gehört hatten und transportierten dann dieses Wissen in die nachfolgenden Vernehmungen anderer Beschuldigter. So wurde Andrea unvermittelt gefragt: „Wer ist eigentlich auf die Idee gekommen, die blaue Nylontüte für den Pascal zu benutzen?" Davon hatte Andrea bisher nichts gesagt. Nun gibt sie an: „Der Dieter hatte die Idee. Ich habe die Tüte geholt."

Wir kennen dieses Phänomen durch Forschungsarbeiten von Elisabeth Loftus und anderen schon seit fast dreißig Jahren. Es ist in der Fachliteratur als *postevent misinformation effect* oder „Falschinformationseffekt" bekannt. Man konfrontierte die Probanden in zahlreichen Untersuchungen mit einem Ereignis. Später wurden ihnen, zum Beispiel in Fragen versteckt, weitere Informationen zu diesem Ereignis gegeben. Einige dieser Informationen waren falsch. Wenn sie anschließend zu dem ursprünglichen Ereignis gefragt wurden, berichteten sie (falsche) Details, die ihnen nachträglich untergeschoben worden waren, als eigene Wahrnehmungen!

Zusammenwirken verschiedener Faktoren

Nach den bisher vorliegenden Forschungsergebnissen müssen wir annehmen, dass weder Persönlichkeitsmerkmale noch situative Faktoren jeweils für sich allein falsche Geständnisse hinreichend erklären können. Offenbar ist es eine spezifische

Kombination verschiedener Umstände, die letztlich zu einem Falschgeständnis führt. Unstreitig ist, dass Menschen Taten „gestehen", die sie nie begangen haben. Ebenso unstreitig ist, dass es für dieses Verhalten zahlreiche höchst unterschiedliche Gründe geben kann. Menschen unterscheiden sich in ihrer persönlichkeitsbedingten Anfälligkeit für Suggestionen, ihrer Unsicherheit, Ängstlichkeit und Autoritätshörigkeit. Auf der anderen Seite können Vernehmungssituationen in unterschiedlichem Maße suggestibel, durch Befragungsdruck gekennzeichnet und belastend sein. Suggestionsresistente, selbstsichere Personen können auch einem starken Vernehmungsdruck widerstehen, während andererseits besonders empfindliche Menschen sehr leicht zu verunsichern sind und durch (auch subtile) Drohungen bzw. Versprechung von Vergünstigungen sowie durch Autoritätshörigkeit zu Falschgeständnissen verleitet werden können.

Im hier beschriebenen Fall trafen offenbar besondere Anfälligkeiten bei den Beschuldigten/Zeugen (Minderbegabung, soziale Randständigkeit, Unsicherheit, Schuldgefühle) einerseits und eine Kombination fataler Befragungsmethoden andererseits zusammen und konnten so ihre sich gegenseitig verstärkende Wirkung entfalten.

Die Ermittler

Die Ursachen für falsche Geständnisse nur und ausschließlich bei den Beschuldigten zu suchen, wäre eine allzu verkürzte Sichtweise. Sie würde wesentliche Elemente dieses ineinandergreifenden Räderwerkes ausblenden und deshalb in die Irre führen. Wir kennen dies bereits aus der Suggestionsforschung. Lange Zeit beschränkte man sich darauf zu fragen, welche Merkmale bei den *befragten* Personen das Risiko einer Beeinflussung erhöhen. Eine ganz andere – und keineswegs weniger wichtige – Frage lautet: was veranlasst eigentlich die *Befrager*, die *Ermittler*, dazu, in den Vernehmungen Verhaltensweisen zu zeigen, die man fast schon als ein sicheres Rezept für fragwürdige Geständnisse betrachten muss? Was veranlasst sie zu einem Befragungsverhalten, welches die Glaubhaftigkeit der damit erlangten Angaben systematisch unterminiert und sie damit als Beweismittel letztlich wertlos macht?

Wir versuchen seit einigen Jahren, Antworten auf diese Fragen zu finden (Schulz-Hardt & Köhnken, 2000; vom Schemm & Köhnken, 2008; vom Schemm, Dreger & Köhnken, 2008). Auslöser für unsere Überlegungen waren die Missbrauchsprozesse in Münster und in Mainz. Auch hier war bei einer neutral-distanzierten Betrachtung nicht nachvollziehbar, wie selbst erfahrene Personen die vermeintlich betroffenen Kinder beeinflusst haben und letztlich blind waren für die Verfälschung von Aussagen.

Es scheint, dass in Saarbrücken ebenso wie Jahre zuvor in Münster und Mainz mehrere Faktoren in verhängnisvoller Weise zusammengetroffen sind und schließlich die höchst zweifelhaften Aussagen (von Zeugen wie von Beschuldigten) hervorgerufen haben. Eine wichtige Rolle spielt dabei offenbar die starke emotionale Betroffenheit: ein Kind ist verschwunden, möglicherweise wurde es sexuell missbraucht. Vielleicht lebt es noch. Vielleicht kann es noch gerettet werden, wenn man von den mutmaßlichen Tätern verwertbare Hinweise bekommt. Wer wollte angesichts dieser Situation kühl und distanziert bleiben?

Hinzu kommt der durch Medien und Politiker sowie – auch das darf man nicht unterschätzen – der aus dem sozialen Nahraum der Ermittler verursachte Erfolgsdruck. In dieser Situation entstehen Überzeugungen – Hypothesen – darüber, was wohl geschehen und wer dafür verantwortlich ist. Diese Hypothesen entwickeln nun eine Tendenz, sich selbst zu bestätigen – und zwar auch dann, wenn sie eigentlich falsch sind. Sie immunisieren sich gegen eine Widerlegung. Diese Immunisierung erfolgt durch verschiedene Mechanismen:

Selektive Informationssuche. Man sucht bevorzugt nach Informationen, die mit diesen Überzeugungen in Einklang zu stehen scheinen. Die Strategie besteht darin, die Ausgangshypothese zu bestätigen und nicht, mögliche Gegenhypothesen, alternative Erklärungen für bestimmte Ermittlungsergebnisse, zu widerlegen.

Ignorierung diskrepanter Informationen. Abwegige Äußerungen wie etwa die Behauptung, man habe „Öl und heißes Wasser in die Augen gemacht und mit einem Nagel am Auge rumgestochen" (S. 81), werden ignoriert. Die an dieser Stelle sich eigentlich aufdrängende Frage, ob nicht möglicherweise auch andere, nicht so offensichtlich realitätsfremde Angaben, falsch sein könnten, wird nicht gestellt. Ihre Antwort könnte ja die inzwischen verfestigte Überzeugung ins Wanken bringen. Andere Informationen, die nicht zur Ausgangshypothese – die eigentlich keine Hypothese mehr ist, sondern längst eine Überzeugung – passen, werden bagatellisiert oder ignoriert. So blieb zum Beispiel die bereits sehr frühzeitig von Max Steller, einem der erfahrensten Rechtspsychologen in Deutschland, abgegebene kritische Stellungnahme zur Verwertbarkeit der vorliegenden Aussagen unberücksichtigt.

Selektive Interpretation mehrdeutiger Informationen. Wir haben in unseren Untersuchungen zu diesem Problem festgestellt, dass mehrdeutige Informationen bevorzugt so interpretiert werden, dass sie zur Ausgangshypothese passen und diese zu bestätigen scheinen. Je unklarer die Angaben sind, desto größer ist der (Um-)Deutungsspielraum. Unverständliche, zusammenhanglose Äußerungen intellektuell begrenzter, in ihren verbalen Möglichkeiten eingeschränkter Beschuldigter (wie etwa Peter Sch.; S. 118f.) bieten sich für derartige Umdeutungen besonders an. So wird aus dem Bemühen, die Redefetzen eines minderbegabten (IQ 60) Beschuldigten protokollmäßig aufzuarbeiten und für Leser verständlich zu machen, eine interpretierte, zur Ausgangshypothese passend gemachte Aussagedeutung. Ähnliche Probleme ergeben sich, wenn Beschuldigte nach langer Vernehmungsdauer, physisch und psychisch erschöpft, zunehmend konfuse Äußerungen produzieren.

Falsche Deutung des nichtsprachlichen Verhaltens. Es gibt (welt-)weit verbreitete Stereotype über angebliche nichtsprachliche Begleiterscheinungen von Lügen. So wird beispielsweise angenommen, dass ein Lügner Blickkontakt vermeidet, unruhig ist und nervös wirkt (The Global Deception Team, 2006; Köhnken, Kraus & vom Schemm, 2007). Selbsternannte Experten wie etwa Reid und Mitarbeiter (Inbau, Reid, Buckley & Jayne, 2001) haben diese Stereotype in umstrittenen Vernehmungsanleitungen noch befördert, obwohl die gesamte internationale Forschung der letzten fünfzig Jahre zeigt, dass es eben keine generellen Lügensymptome im nonverbalen Verhalten gibt.

Was es allerdings gibt ist der sogenannte „Othello-Fehler" (Ekman, 1985). Wenn Menschen in Vernehmungen unter Druck gesetzt, beschuldigt werden, wenn ihnen Misstrauen entgegenschlägt, dann werden bei ihnen nichtsprachliche Verhaltensweisen ausgelöst, die die Vernehmer als Lügensymptome deuten. Sie sehen sich dadurch in ihrem anfänglichen Verdacht bestätigt. Die Ausgangshypothese verfestigt sich immer mehr. Das Dumme ist nur, dass auch unschuldige, zu Unrecht verdächtigte Personen genau die gleichen Verhaltensmuster zeigen.

Auch auf Seiten der Ermittler sind somit mehrere Faktoren wirksam, die in einer verhängnisvollen Kombination das Risiko falscher Geständnisse erhöhen. Die weitgehende Ausblendung des Problems falscher Geständnisse, das Nicht-zur-Kenntnis-Nehmen dieses Phänomens, führt dann weiter dazu, dass die Gefahr nicht mehr gesehen wird. Es fehlt schon am Problembewusstsein.

Was ist zu tun?

Können wir Lehren aus der Analyse dieser Zusammenhänge ziehen? Gibt es Möglichkeiten, der Produktion falscher Geständnisse entgegenzuwirken?

Zunächst einmal muss das Problembewusstsein geweckt werden. Wir müssen zur Kenntnis nehmen, dass es falsche Geständnisse gibt und dass dieses Problem vermutlich weiter verbreitet ist, als man es bisher angenommen hat.

Zweitens zeigt die Analyse, dass eine der zentralen Ursachen für Falschgeständnisse in der Art und Weise liegt, wie Informationen gesucht und bewertet werden. Man muss Vernehmungen als eine Methode zur *ergebnisoffenen* Überprüfung von Hypothesen betrachten und nicht als eine Überführungsmethode. Dabei kommt es entscheidend darauf an, auch Gegenhypothesen aufzustellen und zu verfolgen. Nahezu jedes Indiz, jede Information kann verschieden erklärt werden. Die Einengung der Sichtweise auf die eigene Ausgangshypothese als scheinbar einzige Erklärungsmöglichkeit fördert einen Tunnelblick, der womöglich wichtige Erkenntnisse verhindert.

Das ist das Gegenteil der sogenannten „Reid-Methode", die sich auch in einigen deutschen Polizeibehörden einer gewissen Beliebtheit erfreut. Diese Methode zielt genau darauf ab, Geständnisse zu produzieren (vielleicht sollte man besser sagen: den Beschuldigten Geständnisse abzupressen).

Den Mitarbeiterinnen und Mitarbeitern der Strafverfolgungsbehörden den Gedanken des ergebnisoffenen Testens von Hypothesen und Gegenhypothesen nahezubringen, ist eine notwendige, aber in manchen Fällen vermutlich keine hinreichende Bedingung zur Vermeidung von Falschgeständnissen. Wir wissen, dass die menschliche Informationsverarbeitung unter großen Belastungen zunehmend ineffizient wird, dass Rationalität mehr und mehr verloren geht. Die bloße Kenntnis einer optimalen Vorgehensweise ist noch längst keine Garantie dafür, dass sie auch umgesetzt wird. Dann hilft nur noch eine externe Kontrolle. Vielleicht sollten die Strafverfolgungsorgane den hier beschriebenen Fall zum Anlass nehmen, sich Gedanken darüber zu machen, wie Kontrollmechanismen bei derartigen Ermittlungen implementiert werden können. Vielleicht wäre es sinnvoll, Sonderkommissionen einen „advocatus diaboli" zur Seite zu stellen, dessen Aufgabe es ist, Ermittlungsergebnisse kritisch zu hinterfragen, systematisch Gegenhypothesen aufzustellen und deren Prüfung zu verlangen.

Wenn das Saarbrücker Strafverfahren über den verschwundenen Pascal dazu beitragen würde, Überlegungen und Initiativen zur Lösung dieser Probleme zu fördern, dann wäre am Ende vielleicht doch nicht alles vergeblich gewesen.

Literatur

Drizin, S.A., & Colgan, B.A. (2004). Tales from the juvenile confessions front. In G.D. Lassiter (Ed.), *Interrogations, confessions, and entrapment* (pp. 127–162). New York: Kluwer Academic.

Drizin, S.A., & Leo, R.A. (2004). The problem of false confessions in the post-DNA world. *North Carolina Law Review, 82*, 891–1007.

Ekman, P. (1985). *Telling lies*. New York: W. W. Norton.

Finlay, W., & Lyons, E. (2002). Acquiescence in interviews with people who have mental retardation. *Mental Retardation, 40*, 14–29.

Fulero, S.M., & Everington, C. (2004). Mental retardation, competency to waive Miranda rights, and false confessions. In G.D. Lassiter (Ed.), *Interrogations, confessions, and entrapment* (pp. 163–179). New York: Kluwer Academic.

Gudjonsson, G. (2003). *The psychology of interrogations and connfessions. A Handbook*. Chichester, West Sussex: Wiley.

Gudjonsson, G.H., & Sigurdsson, J.F. (1999). The Gudjonsson Confession Questionnaire-Revised (GCQ-R): Factor structure and its relationship with personality. *Personality and Individual Differences, 27*, 953–968.

Gudjonsson, G.H., & Sigurdsson, J.F., Asgeirsdottir, B.B., & Sigfusdottir, I.D. (2006). Custodial interrogation, false confession and

individual differences: A national study among Icelandic youth. *Personality and Individual Differences, 41*, 49–59.
Inbau, F.E., Reid, J.E., Buckley, J.P., & Jayne, B.C. (2001). Criminal interrogation and confessions (4th ed.). Gaithersberg, MD: Aspen.
Kassin, S.M. (2002, November 1). False confessions and the jogger case. *New York Times*, p. A31.
Kassin, S., & Gudjonsson, G.H. (2004). The psychology of confessions. A review of the literature and issues. *Psychological Science in the Public Interest, 5*, 33-67.
Köhnken, G., Kraus, U., & vom Schemm, K. (2007). Fünfzig Jahre und kein bisschen weise – gibt es wirklich Lügensymptome im nonverbalen Verhalten? In C. Lorei (Hg.), *Polizei und Psychologie.*
Münsterberg, H. (1908). *On the witness stand.* Garden City, New York: Doubleday.
Perlman, N.B., Ericson, K.I., Esses, V.M., & Isaacs, B.J. (1994). The developmentally handicapped witness: Competency as a function of question format. *Law and Human Behavior, 18*, 171–187.
Radelet, M.L., Bedau, H.A., & Putnam, C.E. (1992). *In spite of innocence: Erroneous convictions in capital cases.* Boston: Northeastern University Press.
Redlich, A.D. (2004). Mental illness, police interrogations, and the potential for false confession. *Law and Psychiatry, 55*, 19–21.
Redlich, A.D., Silverman, M., Chen, J., & Steiner, H. (2004). The police interrogation of children and adolescents. In G.D. Lassiter (Ed.), *Interrogations, confessions, and entrapment* (pp. 107–125). New York: Kluwer Academic.
Saulny, S. (2002, December 8). Why confess to what you didn't do? *New York Times*, Section 4, p. 5.
Scheck, B., Neufeld, P., & Dwyer, J. (2000). *Actual innocence.* Garden City, NY: Doubleday.
Schulz-Hardt, S., & Köhnken, G. (2000) Wie ein Verdacht sich selbst bestätigen kann: Konfirmatorisches Hypothesentesten als Ursache von Falschbeschuldigungen wegen sexuellen Kindesmißbrauchs. *Praxis der Rechtspsychologie.*10, 60-86.
The Global Deception Team (2006). A world of lies. *Journal of Cross Cultural Psychology, 37*, 60–74.